대한민국임시정부 외교특파원
서영해

대한민국임시정부 외교특파원

서영해

초판 1쇄 인쇄 2021년 7월 28일
초판 1쇄 발행 2021년 8월 10일

저 자 김민호

발행인 윤관백
발행처 선인

디자인 박애리
편 집 이경남 · 박애리 · 이진호 · 임현지 · 김민정 · 주상미
영 업 김현주

등 록 제5-77호(1998. 11. 4)
주 소 서울시 마포구 마포대로4다길 4 곳마루 B/D 1층
전 화 02)718-6252/6257
팩 스 02)718-6253
E-mail sunin72@chol.com

정 가 25,000원
ISBN 979-11-6068-499-5 93990

대한민국임시정부 외교특파원
서영해

김민호

서영해

보베 고등중학교 시절의 서영해 첫 번째 줄 가운데가 서영해이다

리세 마르소 시절의 서영해 첫 번째 줄 오른쪽에서 두번째가 서영해이다.

파리고등사회연구학교 입학 등록증

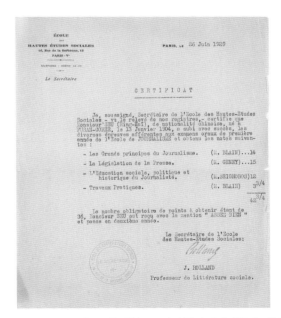

파리고등사회연구학교 학점취득증명서(부산시립박물관 제공)

파리 시내 말브랑슈 7번지에 위치한 고려통신사 건물

SOCIETE DES NATIONS
70me SESSION DU CONSEIL
Genève, janvier 1933.

CARTE DE PRESSE

Délivrée à M⁰. SEM RING HAI

représentant le Journal "Agence Korea"

Signature

No. 78.

Strictement personnelle

1933년 1월 제네바 국제연맹 제70회 회의 신문기자증

SEU RING-HAI

서영해 저

AUTOUR
D'UNE
VIE CORÉENNE

韓國歷史小說 한국역사소설

ÉDITIONS AGENCE KOREA

2ᵉ édition

1929년 서영해가 저술한 한국역사소설 『어느 한국인의 삶과 주변』

SEU RING HAI

서영해 저

MIROIR, CAUSE
DE MALHEUR !

ET AUTRES CONTES CORÉENS

AL'ENSEIGNE DES
DEUX FIGUIERS

ÉDITIONS EUGÈNE FIGUIÈRE
PARIS - 166, Boul. Montparnasse - PARIS

1934년 서영해가 간행한 『거울, 불행의 원인 그리고 기타 한국 우화』

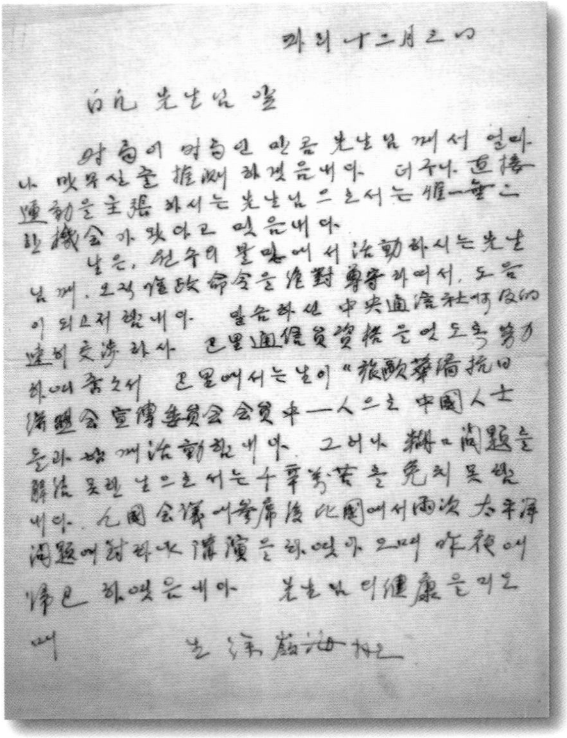
파리 十二月 三日

白凡 先生님 앞

生 徐嶺海 拜上

「서영해가 김구에게 보낸 서신」(1937. 12. 3)

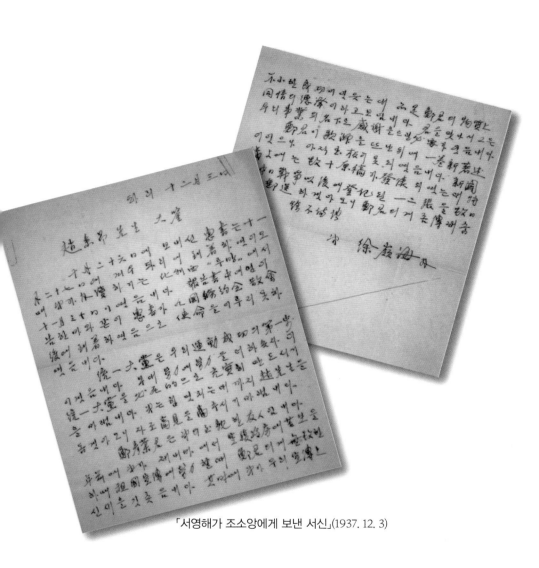

「서영해가 조소앙에게 보낸 서신」(1937. 12. 3)

大韓民國臨時政府公報

第六十一號

大韓民國十八年十一月二十七日

臨時政府祕書局發行

臨時議政院紀事

▲國務委員選舉

一、臨時政府國務委員의任期가滿了되엿슴으로大韓民國十八年十一月十日臨時議政院定期會議에서國務委員을選舉を行한바 宋秉祚 李始榮 趙琬九 車利錫 金九 崔東旿 曹成煥 諸氏가選舉되다

▲常任委員選舉

一、臨時政府國務委員會에서當選되다

一、十一月十日臨時議政院定期會議에서常任委員의選擧를行한바 圖內吉 安昌根 嚴恒燮等이臨時議政院常任委員으로當選되다

國務會議紀事

▲部署組織

一、大韓民國十八年十一月十日臨時政府國務會議에서各部의責任主務를互選한結果 國務委員兼主席에金九、內務長에趙琬九、外務長에金九、軍務長에李始榮、法務長에李始榮、秘書長에宋秉祚가當選되다

▲職員任免

重要紀事

▲臨時議政院會議經過

臨時議政院第二十九回定期會議는本年十一月十日에開하야會議를進行하엿는대大祭選擧를맛치고...

▲臨時政府政務狀況

臨時政府에서過去一年間에도國務委員들이極히敦和한中에서一...

一、大韓民國十八年七月六日臨時政府國務會議에서駐美外務行

署外務部駐法特派委員에徐嶺海를臨

時政府外務部駐法特派委員으로選任하다

『대한민국임시정부공보』제61호에 실린 서영해의 주법특파위원 선임 기사

1947년 7월 24일 경교장을 방문한 죠지 피치 박사 내외와 함께한 서영해.
뒷줄 오른쪽에서 네번째가 서영해이다(홍소연 제공).

1948년 2월 6일 경교장을 방문한 UN한국임시위원단과 함께한 서영해.
뒷줄 맨 오른쪽이 서영해이다(홍소연 제공).

上海朝鮮人民仁成學校一九五五年度畢業紀念

1955년 상해 인성학교 필업기념 사진속의 서영해.
가운데 줄 왼쪽에서 두번째가 서영해이다(김광재 제공).

책을 내면서

대학원 석사과정 시절 인물 연구에 대한 우려의 얘기를 들은 적이 있다. 그 이유는 크게 두 가지였다. '인물 연구를 하게 되면 역사를 보는 시야가 좁아져 폭 넓은 연구를 할 수 없다.', '특정 인물에 매몰되어 역사적 사실을 제대로 바라볼 수 없다.'가 그것이다.

우리가 역사적으로 큰 족적을 남긴 인물의 생애를 연구하는 데는 목적이 있다. 그의 삶을 객관적으로 온전히 복원하여 그의 삶과 그가 살다 간 시대를 보다 정확히 이해하기 위해서이다. 특정 인물을 신화로 만들려는 것이 아닌 객관적 연구를 통해 올바른 사실을 복원하여 그것이 가지는 의미 연구에만 중점을 두는데 의의가 있는 것이다. 이러한 연구를 통해 관련 국가, 조직, 인물 등과의 상호 연결 관계와 성향 등을 보다 정밀하게 파악할 수 있다. 또 이러한 성과는 앞으로 연구대상의 폭을 넓혀 가는 데도 영향을 미칠 수 있다고 생각한다.

처음 서영해를 알게 된 것은 대학원 수업을 통해서였다. 『대한민국임시정부공보大韓民國臨時政府公報』를 강독하면서 유럽에서 대한민국 임시정부의 외교특파원으로 활동하며 외교활동의 기틀을 마련한 인물이 서영해라는 것을 알게 되었다. 서영해는 대중적으로 널리 알려진 독립운동가는 아니었다. 그래서인지 단편적인 활동만 알려져 있을 뿐, 생애와 활동상을 정리한 연구는 전무한 실정이었다.

서영해의 존재가 머릿속에 계속 맴돌았다. '어떤 인물일까?', '그는 왜 유럽으로 건너가서 독립운동을 전개해야 했을까?' 막연한 관심은 머릿속에서만 헤맬 뿐, 구체적인 연구로 진척을 이루지 못했다. 연구자로서 실천적 자세를 갖지 못한 필자의 게으름 탓이었다. 그렇게 한동안 서영해를 잊고 지냈다.

서영해를 다시 만나게 된 것은 박사학위논문을 준비하는 과정에서였다. 대한민국 임시정부와 연합국의 관계를 조명하는 연구를 진행하는 과정에서 서영해와 다시 만나게 되었다. 대한민국 임시정부와 프랑스의 관계를 비롯한 유럽지역 독립운동을 논할 때, 그의 이름이 나타나지 않는 곳이 없을 정도였다.

이번에는 연구를 실천에 옮기고 싶었다. 국내에서 그의 이름이 언급된 자료들을 찾아보았다. 생각보다 자료가 많지 않았다. 그렇지만 이 자료들을 활용하여 그의 독립운동을 정리해 보는 것도 의미 있는 일이라는 생각이 들었다. 부족하지만 그의 생애와 활동을 정리한 글을 작성해 보았다.

하지만 예상치 못한 상황이 발생했다. 같은 시기 프랑스 현지 자료를 활용한 훌륭한 연구 성과가 나오게 된 것이다. 서영해를 주제로 한 최초의 연구 성과였다. 연구의 차별성을 위해서는 보완이 필요했다. 연구 방법과 주제, 자료 등에 대해서 다양한 각도에서 검토하기 시작했다.

그러던 중 기회가 찾아왔다. 서영해 관련 자료가 부산의 경남여고에 기증된다는 소식이었다. 서영해의 부인인 황순조 여사가 작고하기 전에 지인에게 맡긴 자료였다. 필자는 당시 업무 담당자분의 허가를 얻어 자료를 살펴볼 수 있는 기회를 가질 수 있게 되었다. 비행기를 타고 부산으로 향하는 내내 설레임과 긴장이 교차했다.

세찬 소나기가 내리던 어느 봄날, 드디어 보자기에 싸인 '서영해 자료'와 마주할 수 있었다. 기증된 자료에는 서영해의 모습이 담긴 사진첩과 독립운동가들과 오고간 서신, 통신문, 신문기사 원고 등이 포함되어 있었다. 이전까지 알려지지 않았던 서영해의 생애와 활동을 보다 선명하게 규명해줄 귀중한 자료들이었다.

이 자료들을 활용하여 서영해가 유럽에서 전개한 독립운동을 새롭게 규명할 수 있게 되었다. 그동안 베일에 가려졌던 리세에서의 유학생활과 프랑스에서의 초기 행적을 파악할 수 있었다. 또 유럽지역에서 전개한 외교활동의 실상에 대해서도 알 수 있게 되었다.

새로운 자료를 접하면서 서영해의 생애와 그가 유럽지역에서 전개한 독립운동을 온전히 복원하고 싶은 생각이 들었다. 아울러 유럽지역에서 전개된 한국독립운동의 실상과 해방이후 국내에서의 활동상까지 밝혀내어 연구의 폭을 확장하고자 하였다.

　이 책은 필자의 박사학위논문(「서영해 연구」, 단국대학교대학원, 2020)을 수정·보완해 간행한 것이다. 이 연구를 시작할 때 서영해의 생애는 물론, 유럽지역에서 전개된 한국독립운동을 종합·정리한다는 생각으로 출발하였다. 그러나 이 책을 발간하면서 당초 가졌던 의욕이나 의도만큼 만족스럽지 못한 점이 많다. 우선 서영해의 생애를 온전히 다루지 못한 점이다. 1955년 이후 서영해는 북한으로 향한 것으로 알려져 있다. 그것이 사실이라면 그가 왜 북한으로 향해야만 했는지, 북한에서 그의 활동은 어떠했는지를 밝히고 싶었다. 그러나 이와 관련된 자료를 찾지 못했다. 추후라도 찾게 된다면 수정·보완할 생각이다. 또 유럽에서 전개된 한국독립운동을 종합적으로 다루지 못했다. 서영해의 활동에 관심을 갖다보니, 유럽에서 전개된 한국독립운동의 전개양상과 특성 같은 큰 틀에서 총체적인 문제를 정리하지 못하였다. 바로 이러한 문제들에 대한 이해를 위해 시작된 연구임에도 불구하고, 아직 제자리에 머물고 있다는 생각이 든다. 이러한 점들은 장차 필자가 계속 관심을 가지고 살펴보아야 할 과제라고 생각한다.

　연구를 진행하면서 견지하고자 노력했던 것이 있다. 바로 객관적 자세를 유지하는 것이었다. 인물 연구에서 나타날 수 있는 미화, 왜곡, 과장 등의 주관성과 거리를 유지하기 위함이었다. 하지만 이를 엄격하게 지키는 것은 쉽지 않았다. 때문에 자료에 근거한 사실만을 언급하고자 노력하였다.

이 작은 책을 발간하기까지 많은 분들의 도움을 받았다. 먼저 지도교수이신 한시준 선생님께 깊이 감사드린다. 선생님께서는 학부 때부터 지금까지 모자람 투성이인 필자를 지도해 주셨다. 선생님께서 보여주신 학문에 대한 열정과 수많은 가르침은 평생 잊지 못할 학은學恩으로 남아 있다.

박사학위논문을 심사하는 과정에서 세심한 조언과 격려를 아끼지 않으신 선생님들께도 감사드린다. 최기영 선생님께서는 논문에 대한 조언과 비평을 아끼지 않으셨다. 부족한 논지를 채우고, 논문의 체계와 오류를 바로잡아 주셨다. 장석흥 선생님은 논문의 큰 틀과 방향성을 제시해 주시며 필자를 격려하셨다. 예리하면서도 따뜻한 가르침을 주신 두 분 선생님께 이 자리를 빌려 머리 숙여 감사드린다.

지금까지 학문의 길을 함께한 선배·동학들의 고마움도 잊을 수 없다. 특히 필자가 해결하기 힘든 문제에 봉착할 때마다 함께 고민하고 조언을 아끼지 않은 이재호·오대록 선생님께 감사드린다. 두 분은 학문적 선배로써, 또 인생의 선배로써 필자에게 많은 도움을 주고 이끌어 주셨다. 학부 시절부터 지금까지 고락苦樂을 함께한 김영장 선생과 필자의 잦은 부탁에도 싫은 내색 않고 기꺼이 수고해 준 이지은 선생에게도 고마움을 전한다. 늘 따뜻한 격려와 진심어린 배려를 아끼지 않으신 김형목·박성섭·유필규·양지선·김호진·조철행·윤종문·서일수·이홍구 선생님의 고마움도 잊을 수 없다. 힘든 고비의 순간, 이분들의 조력과 조언은 큰 힘이 되었다.

자료로 필자에게 도움을 주신 분들에게도 감사의 말씀을 드린다. 경남여고에 기증된 귀한 자료를 선뜻 허락해 주신 이해련 선생님, 다양한 사진 자료를 제공해 주신 홍소연 선생님과 김광재 선생님께 이 자리를 빌어 감사를 표한다. 또 난해한 일본어 문서를 번역해 주신 박재용 선생님께도 감사드린다. 박재용 선생님은 필자의 무리한 부탁에도 흔쾌히 도움을 주셨다. 정성스럽게 번역해 주신 자료는 연구에 중요하게 활용되었다.

부모님과 아내를 비롯한 가족들의 고마움도 여기에 포함시켜야 할 것 같다. 부모님은 부족한 자식 걱정에 아직도 생업을 놓지 못하고 노심초사하신다. 이 작은 결실이 부모님께 위안이 되었으면 한다. 당신의 딸을 고생시키는 사위를 소주 한잔으로 맞아 주시는 장인어른과 친아들처럼 대해 주시는 장모님께도 감사의 말씀을 드린다. 그리고 공부하는 사람을 인생의 동반자로 만나 마음고생이 심한 아내 백지아와 사랑하는 딸 주은에게 미안함과 고마움을 전한다. 가족에게는 늘 바쁘고 여유 없는 가장이었다. 직장업무와 연구를 병행한다는 이유로 남편과 아버지로서 역할을 충분히 해내지 못했다. 아내는 이 모든 것을 감내하며 한결같은 믿음으로 바라봐 주었고, 딸은 밝고 건강하게 자라 주었다. 이 책이 우리 가족에게 희망의 씨앗이 되었으면 한다.

　끝으로 이 책의 출판을 맡아주신 도서출판 선인의 윤관백 사장님과 난삽한 원고를 깔끔하게 편집·정리해 주신 박애리 실장님께 감사의 마음을 전한다.

　첫 책의 출간을 앞두고 기쁨보다는 걱정이 앞선다. 잘못된 점이 있다면 질정을 받을 것이고, 기꺼이 수정할 것이다. 의연히 감당할 부분이다. 독자 여러분의 애정 어린 비판과 조언을 바란다.

2021년 6월

김 민 호

차례

머리말

한국독립운동의 가장 커다란 특징의 하나는 세계 각지를 무대로 하였다는 점이다. 중국을 비롯하여 러시아·미국·멕시코·쿠바 등 한국인이 머무는 곳이면 어디에서든지 독립운동을 전개한 것이다. 프랑스를 중심으로 한 유럽지역에서도 독립운동이 전개되었다. 이상설·이준·이위종이 네덜란드 헤이그에서 개최된 만국평화회의에 참가한 것, 김규식 등이 프랑스 파리에서 개최된 파리강화회의에서 활동한 것이 대표적인 예이다.

유럽지역에서 전개된 한국독립운동은 주로 외교활동이었다. 외교활동은 유럽 각지에서 개최되는 국제회의에 대표를 파견하여 참석하도록 하는 것, 그리고 유럽지역에 거주하고 있던 인물들이 주도하는 방법으로 이루어졌다. 유럽지역에 거주하며 독립운동을 전개한 인물들이 적지 않다. 그 중에서도 가장 오랜 시간 동안, 또 대한민국 임시정부와 연계하여 외교활동을 전개한 대표적인 인물이 있다. 바로 서영해이다.

서영해는 프랑스에 유학하던 유학생이었다. 그는 부산 출신으로 중국으로 망명하였다가 1920년 프랑스로 유학을 떠났고, 프랑스에서 보베 고등중학교를 거쳐 1929년 파리고등사회연구학교에서 수학하였다. 그리고 1929년 고려통신사를 설립하여 독립운동에 나섰다. 고려통신사는 파리강화회의 당시에 설치하였던 파리위원부를 이은 것이라 할 수 있다. 이후 고려통신사를 운영하면서 유럽지역에서 개최되는 국제회의에 참석하여 일제의 침략상과 한국민족의 독립에 대한 의지와 열망을 전 세계에 알리는 외교활동을 전개하였다.

서영해의 활동은 대한민국 임시정부와 연계하여 이루어졌다는 점에서 특별히 주목을 받고 있다. 프랑스 파리를 중심으로 활동하면서 중국에서 활동하고 있던 임시정부의 김구·조소앙과 오랫동안 연락을 유지하였고, 서신을 통해 유럽의 정세와 자신의 활동을 보고하였다. 뿐만 아니라 임시정부에서는 서영해를 주파리특파원과 주불대표로 임명하는 등 서영해에게 임시정부의 외교활동을 맡기기도 하였다.

서영해는 외교활동 뿐만 아니라, 다양한 활동을 펼치기도 하였다. 기자로 활동하며 프랑스에서 발행하는 신문과 잡지에 한국인의 독립의지와 열망에 관한 많은 글들을 발표한 것을 비롯하여 『어느 한국인의 삶과 주변』·『거울, 불행의 원인 그리고 기타 한국 우화』 등 한국의 역사와 문화를 소재로 한 여러편의 소설과 저술을 유럽사회에 소개한 것이다.

서영해의 활동은 해방 이후에도 멈추지 않고 이어졌다. 각종 신문 관련 강연에 나서기도 했으며, 자신의 이름으로 프랑스어 교재를 제작하고, 대학에서 강의를 펼쳤다. 임시정부와도 협력과 협조의 끈을 놓지 않았다. 임시정부 세력과 지속적인 만남을 가지며, 임시정부가 추진한 자주독립 국가 건설을 위한 '통일운동'에 참여하여 활발한 활동을 펼쳤다. 1948년 12월에는 프랑스 외무부 아시아-대양주국장과 만남을 갖고 한국과 프랑스 정부 간의 협력 관계 구축을 위해 힘썼다. 이처럼 변혁의 시기를 살다간 서영해는 독립운동 시기부터 해방 이후까지 폭넓은 삶의 자취를 남겼다.

본 연구에서는 한국독립운동사에서 전개된 외교활동의 흐름 속에서 대한민국 임시정부의 일원으로, 유럽지역 외교활동을 담당했던 서영해가 수행한 역할과 활동상에 대해 구명해 보고자 한다. 서영해는 독립운동시기 한민족의 최고기구였던 임시정부의 대유럽 지역을 담당한 외교특파원이었다는 점에서 남다른 의미를 갖는다. 뿐만 아니라 그 활동에 있어서도 프랑스 파리·스위스 제네바·벨기에 브뤼셀·스페인 등 유럽 정치외교무대의 중심에서 활동하고 있었고, 유럽 내에서 프랑스·중국 인사들과 활발한 교류·협력을 추진하고 있었다는 점에서 다른 독립운동가들에 비해 독특한 위상을 갖고 있다. 또한 해방정국에서 전개했던 임시정부 요인들과의 협력 관계도 주목된다. 국제외교의 중심인 유럽과 국내에서 활동하며 임시정부의 외교활동을 수행했던 서영해에 대해 체계적인 이해를 갖는 것은 한국독립운동이 전개했던 외교활동은 물론이고, 해방 이후 국내에서 전개된 임시정부 활동의 실상을 파악하는데도 주요한 과제가 된다.

그동안 서영해에 대한 심도 있는 연구는 이루어지지 않았다. 그 이유는 자료적 한계가 아닌가 생각된다. 서영해는 1919년 중국으로 망명한 이후 해방될 때까지 프랑스를 비롯한 유럽 등지에서 폭넓은 활동을 벌였지만 그 관련 자료들이 많이 남아있지 않다. 때문에 서영해의 행적과 활동의 실상을 밝혀내거나 체계적으로 정리하는 일이 쉽지 않았다. 그런 면에서 서영해의 생애와 활동에 대한 구명은 그 자체로 의미가 있으며 꼭 필요한 작업의 하나라고 할 수 있다.

서영해에 대해 가장 먼저 관심을 가지고 접근을 시도한 것은 언론계였다. 언론계에서는 1980년대 후반 프랑스 파리에서 최초로 발견된 서영해의 저작물을 조명하고 나섰다.[1] 이전까지 잘 알려지지 않았던 독립운동가

---

[1] 『한국일보』, 1987년 3월 6일, 「한국인이 쓴 첫 佛語小說 발견」; 『일간스포츠』, 1987년 3월 20일, 「최초 佛語소설 저자 徐嶺海씨 上海 臨政 유럽대표로 밝혀져」.

인 서영해가 저술한 『어느 한국인의 삶과 주변』의 내용을 집중 보도하면서 서영해라는 인물에 대한 간략한 소개를 덧붙였다. 한국인이 프랑스어로 소설을 썼다는 점과 소설에 3·1독립선언서 전문이 그대로 실려 있고, 일제의 탄압상과 우리 민족의 독립운동을 상세히 기술하고 있다는 것에 깊은 관심을 보였다. 이러한 관심은 서영해의 생애를 조명하는 보도로 이어졌다. 서익원은 총 4차례에 걸쳐 서영해에 관한 기사를 연재하였다.[2] 주변 인물들의 회고와 관련 자료 확보를 통해 서영해의 어린 시절부터 해방 이후 활동까지를 다루었다. 체계화된 연구라고 보기는 어렵지만 서영해의 삶의 윤곽을 어느 정도 파악할 수 있게 되었다는 점에서 중요한 참고가 되고 있다. 그러나 주변 인물들의 인터뷰 내용에 치우쳐 역사적 사실에 충실하지 못한 아쉬움을 남겼다. 또한 자료의 검증이 불충분한 상태로 서술되거나 제대로 된 근거가 제시되지 못한 부분도 있었다.

이후 한국독립운동사 가운데 외교활동 분야 연구가 활발해지면서 유럽에서 전개된 서영해의 역할과 활동에 대해서는 많은 언급이 있었다. 특히 임시정부와 프랑스의 관계를 비롯한 유럽지역 독립운동, 고려통신사의 활동과 관련해서는 그의 이름이 나타나지 않는 곳이 없을 정도였다.[3] 이 가운데 고정휴와 한시준의 연구는 서영해에 대한 연구를 보다 진전시킨 것으로 평가된다. 고정휴는 서영해가 저술한 책의 일부를 번역하는

---

2 서익원, 『주간한국』, 1987년 3월 8일, 「한국인이 쓴 최초의 불어판 한국소설 파리서 발견」; 서익원, 『주간한국』 제1159호, 1987년 3월 15일, 「최초의 佛語소설 쓴 徐嶺海는 이런 人物－上」; 서익원, 『주간한국』 제1160호, 1987년 3월 22일, 「최초의 佛語소설 쓴 徐嶺海는 이런 人物－中」; 서익원, 『주간한국』 제1161호, 1987년 3월 29일, 「최초의 佛語소설 쓴 徐嶺海는 이런 人物－下」.

3 고정휴, 『한국독립운동의 역사』 54, 독립기념관 한국독립운동사연구소, 2009; 고정휴 外, 『대한민국임시정부의 현대사적 성찰』, 나남, 2010; 국사편찬위원회, 『유럽한인의 역사』 상, 2012; 국사편찬위원회, 『유럽한인의 역사』 하, 2013; 정상천, 『나폴레옹도 모르는 한·프랑스 이야기』, 국학자료원, 2013; 한시준, 「중경시기 대한민국 임시정부의 외교활동」, 『한국독립운동사연구』 53, 독립기념관 한국독립운동사연구소, 2016, 71~108쪽; 한시준, 「대한민국 임시정부와 프랑스」, 『한국근현대사연구』 77, 한국근현대사학회, 2016.

등 선전활동의 실상을 정리하였고, 『대한민국임시정부자료집』을 활용하여 유럽에서 전개된 서영해의 활동을 구체적으로 밝혀냈다. 그리고 한시준은 임시정부의 외교활동 측면에서 서영해의 활동을 상세하게 규명하였다. 특히 한국독립운동과 밀접한 관계를 가지고 있는 프랑스와의 관계를 집중조명하면서 고려통신사 통신원과 임시정부 외교특파원으로 활동한 서영해의 활동상을 보다 면밀하게 밝혀냈다. 이러한 연구 성과들은 서영해에 대한 이해의 폭을 확장시키는데 기여했다는 의의가 있다.

서영해에 대한 관심과 연구는 주목할 만한 연구 성과로 나타났다. 바로 장석흥의 연구이다.[4] 장석흥의 연구는 서영해를 직접적인 연구대상으로 삼은 첫 연구논저라는 점에서 큰 의의를 지닌다. 서영해의 주 활동무대였던 프랑스 현지 자료를 활용하여 1930년대 서영해가 전개한 외교선전활동의 실상을 보다 선명하게 규명하였다.

이를 보다 구체화시킨 연구도 이루어졌다. 서영해가 소장하고 있던 새로운 자료를 발굴하여 그의 활동을 체계적으로 고찰한 것이다. 그동안 알려지지 않았던 서영해의 프랑스 유학생활을 비롯하여 언론활동·국제회의 참석 활동·임시정부 요인들과의 관계 등을 새롭게 밝혀냈다. 특히 베일에 가려졌던 당시 프랑스 리세에서의 생활과 대유럽 외교활동의 실상을 상세히 밝힘으로써 서영해의 행적뿐만 아니라 임시정부 외교활동의 일면을 드러냈다는데 의의가 있다.[5]

서영해를 주제로 한 단행본도 발간되었다. 일반 대중에게 서영해를 알

---

4 장석흥, 「대한민국 임시정부 주불특파위원, 서영해의 독립운동」, 『한국근현대사연구』 84, 한국근현대사학회, 2018, 215~249쪽.
5 김민호, 「서영해의 재불선전활동과 독립운동」, 『서강인문논총』 53, 서강대학교 인문과학연구소, 2018, 85~132쪽.

리기 위한 목적에서 쓴 교양서이다.[6] 생애와 주요활동을 다루었고 해외에 거주하고 있는 후손들에 대한 이야기도 담았다.

그 밖에 문학사적인 차원에서도 연구가 이루어졌다. 프레데릭 불레스 텍스는 프랑스에 망명한 한국인들의 저서를 소개하면서 서영해의 저서 『거울 불행의 원인 그리고 기타 한국 우화』를 언급하였다.[7] 최정원은 비교문학적 관점에서 서영해의 작품을 다루었다.[8] 서영해 작품의 소재인 '거울'에 주목하여 프랑스 문학작품과의 비교·분석을 시도한 것이다. 그리고 박성창은 디아스포라적 관점에서 서영해의 작품이 가지는 의미를 설명하였고,[9] 황인순은 서영해가 저술·간행한 책의 구성과 체계를 밝히고, 그 텍스트가 가진 문학적 정체성을 밝혀냈다.[10] 이와 같은 연구를 통해 서영해의 작품이 한국과 프랑스 문학사에서 갖는 중요성을 인식할 수 있게 되었다.

이러한 선행 연구업적들로 인해 서영해 연구의 토대가 마련되었다. 서영해라는 인물의 존재와 그 활동상이 밝혀지게 되었고, 임시정부가 추구하고자 했던 대유럽 외교활동의 일면도 살펴볼 수 있었다. 또한 문학사적으로 연구의 지평이 확대되기도 하였다.

지금까지 서영해에 대한 연구는 단편적인 연구 성과로만 나타났다. 단편적인 일부 자료를 바탕으로 한 것이기 때문에 서영해에 대한 전체적인

6 정상천, 『파리의 독립운동가 서영해』, 산지니, 2019.
7 프레데릭 불레스텍스 지음, 이향·김정연 옮김, 『착한 미개인 동양의 현자』, 청년사, 2001.
8 최정원, 「한·불 설화와 문학작품에 나타난 거울에 대한 고찰」, 고려대학교 대학원 박사학위논문, 2011.
9 박성창, 「디아스포라와 로컬리티의 문화적 재현 : 서영해의 프랑스어 창작을 중심으로」, 『로컬리티 인문학』 16, 부산대학교 한국민족문화연구소, 2016, 67~101쪽.
10 황인순, 「근대 프랑스어설화집의 기술 체계 연구 - 〈거울, 불행의 원인〉을 대상으로」, 『구비문학연구』 45, 한국구비문학회, 2017, 305~338쪽.

모습을 밝히는 데는 한계가 있다고 보여 진다. 또한 서영해를 보다 객관적으로 검토해야 할 필요성도 있다. 주변인물의 인터뷰에 따른 추측성 내용에 의해 역사적 사실과 다른 부분들이 일부 발견되었기 때문이다. 따라서 서영해에 대해 보다 진전되고 체계적인 이해를 갖기 위해서는 종합적인 고찰이 필요하다고 생각된다.

본 연구는 선행 연구에 기초하여 서영해의 생애와 활동을 종합적으로 조명해 보고자 한다. 이에 따라 본 연구는 모두 5장으로 구성하였다. 제1장에서는 서영해의 출생부터 프랑스 유학시기까지를 다루고자 한다. 이는 서영해의 민족의식이 형성되어 가는 과정을 파악하기 위함이다. 국내에서 중국으로 망명하는 과정과 프랑스 유학생활의 실상을 규명해보고자 한다.

제2장에서는 서영해가 유럽에서 수행한 외교활동에 대해 규명해 보려고 한다. 이를 위해 먼저 서영해가 외교활동 수행을 위해 설립했던 고려통신사의 설립 경위에 대해 살펴볼 것이다. 이어서 서영해가 임시정부 대표로 참석하여 활동한 국제회의의 실상을 밝혀보고자 한다. 마지막으로 프랑스와 스페인에서 전개된 반파시즘 운동에 참여한 서영해의 활동에 대해 검토할 것이다.

제3장에서는 서영해가 유럽에서 전개한 저술·언론활동에 대해 다루었다. 우선 서영해의 저술활동에 대해 언급할 것이다. 그의 저서에 대한 이해를 갖는 것은 당시 서영해가 가지고 있는 인식과 사고의 흐름을 파악할 수 있다는 점에서 의의가 있다. 저서를 만든 목적과 내용을 살펴보고, 그것의 배포와 선전 활동에 대해서도 밝힐 것이다.

제4장에서는 서영해가 대한민국 임시정부와 연계하여 수행한 활동과

주불대표로 임명되어 수행한 역할에 대해 다루고자 한다. 서영해가 임시정부와 연계하여 실행한 활동은 세 가지로 구분하였다. 첫째, 윤봉길 의거 당시 프랑스 정부를 상대로 안창호와 한인들의 석방을 위해 힘썼던 서영해의 역할과 활동을 규명하고자 한다. 둘째, 서영해가 한국국민당에 참여하게 되는 과정을 검토할 것이다. 셋째, 서영해가 임시정부의 핵심 인물인 김구·조소앙과 교류하며 수행한 활동에 대해서도 살펴보고자 한다. 이어서 서영해가 임시정부의 주불대표로 임명되는 과정을 살펴보고, 프랑스 정부에 임시정부의 승인을 위해 노력했던 서영해의 역할에 대해서도 언급하고자 한다.

제5장에서는 해방 이후의 국내 활동에 대해 다루고자 한다. 해방정국에서 학계·언론계·정계에서 전개한 서영해의 활동상을 검토할 것이다. 특히 국내에서 임시정부의 통일정부 수립운동에 적극 참여한 서영해의 활동상과 역할에 대해 밝혀보고자 한다. 그리고 1948년 파리에서의 활동 이후 행적에 대해서도 검토할 것이다.

본 연구를 진행하는데 있어 기존의 공개된 자료는 물론이고, 새로운 자료를 발굴하여 폭넓게 활용하였다. 서영해와 관계된 자료는 크게 '서영해 기증자료'·프랑스 측 자료·일제 측 자료·임시정부에서 생산한 자료·국내 신문자료·국립중앙도서관의 '영해문고' 자료 등이 있다.

본 연구에는 최근 부산시립박물관에 기증된 '서영해 기증자료'를 우선적으로 활용하였다.[11] 또한 프랑스 현지에서 서영해의 활동을 증명해주는

---

11 이 자료는 서영해의 부인인 황순조 여사가 작고하기 전에 지인에게 맡긴 것을 다시 경남여고 역사관에 기증하면서 세상에 알려졌다. 서영해의 프랑스에서 활동을 뒷받침해 줄 각종 서류를 비롯해 국제무대에서 각국 유력 인사들과 주고받은 서신·임시정부 요인들과 오고간 서신·통신문·프랑스 언론에 발표한 신문원고 등이 포함되어 있다. 이전까지 알려지지 않았던 서영해의 생애와 활동상을 보다 선명하게 규명해줄 귀중한 자료들이라는 점에서 주목되는 것들이다.

프랑스 측 자료[12]와 국제무대에서 서영해의 활동을 감시·보고한 일제 정보문서[13]도 큰 도움이 되었다. 아울러 서영해와 임시정부의 관계를 명확히 밝혀줄 각종 보고서와 서신 등을 적극 이용하였다.[14]

12 프랑스 측 자료로는 서영해가 프랑스 언론에 게재하거나 언론사와 인터뷰한 기사 그리고 프랑스 경찰당국에서 서영해를 사찰한 문서가 있다. 프랑스 언론에 게재한 신문기사는 주로 일제의 한국 침략을 비판하고 한국의 실상을 국제사회에 알리는 역할을 한 것으로, 서영해가 유럽에서 전개한 언론활동을 파악하는데 적극 활용하였다. 또 서영해가 프랑스 언론과 인터뷰한 기사를 통해서는 당시 서영해가 가지고 있던 인식과 국제정세를 바라봤던 관점을 파악할 수 있었다. 프랑스 경찰당국의 사찰 문건은 세계 각지에 식민지를 두고 있는 프랑스 측에서 자국 내에서 활동하는 식민지 독립운동가의 활동을 주시할 목적에서 만든 것으로, 파리에서 서영해에 대한 언론·정치활동 등에 대한 내용을 담고 있다. 이와 함께 국제연맹 관계자들과 주고받은 서신도 연구에 많은 도움이 되었다. 이는 서영해가 국제무대에서 폭넓은 관계를 맺고 활동을 전개했음을 증명해주는 것이라 할 수 있다.

13 일제 측 자료는 일제에서 서영해의 활동을 파악한 정보문서인「反帝国主義及民族独立期成同盟 関係一件」을 적극 활용하였다. 이 자료에는 서영해가 유불한인회 대표로 제2회 반제국주의연맹 회의에 참석하여 활동한 사실이 담겨져 있다.

14 서영해와 임시정부와의 관계를 밝혀줄 대표적인 자료로는「뿌류쉘 九國公約會參席報告書」와「김구 · 조소앙과 오고간 서신」이 있다.「뿌류쉘 九國公約會參席報告書」는 서영해가 임시정부의 요청에 의해 1937년 벨기에 브뤼쉘에서 열린 회의에 참석하여 활동한 사실을 보고한 것이다. 서영해가 국제무대에서 펼친 외교활동을 새롭게 규명해 줄 자료이다.「김구 · 조소앙과 오고간 서신」은 1930년대 서영해가 임시정부와 지속적인 연락을 취하며 활동을 전개했다는 사실을 알려주는 중요한 자료이다. 또한 당시 임시정부의 대유럽 외교정책과 그에 따른 서영해의 임무와 역할을 확인할 수 있다는 점에서 그 가치가 매우 높다고 할 것이다.

I

중국
망명과
프랑스 유학

서영해는 1902년 1월 13일 경남 부산 영선동에서 아버지 서석주徐錫籌
와 어머니 김채봉金采鳳의 8남 2녀 중 넷째로 태어났다. 본관은 달성達城
이고, 본명은 서희수徐羲洙였다. 서영해란 이름은 그가 국내에서 중국으
로 망명할 때부터 사용하기 시작했다. '영해嶺海'란 이름은 본래 그의 호
였다. 조선시대 무학대사가 경상도를 '심해대령深海大嶺'이라고 평한 것에
서 따온 것으로, 그의 이모부인 이문형李文衡이 지어주었다고 한다.[1]

서영해 가계도[2]

서영해는 비교적 부잣집 가정에서 성장하였다. 아버지 서석주는 부산
에서 3대 명의로 꼽히는 한의사였고, 많은 재산을 가지고 있던 부자였다.

1 서익원, 「최초의 佛語소설 쓴 徐嶺海는 이런 人物－中」, 『주간한국』 제1160호, 1987년 3월 22일,
  31쪽.
2 「徐嶺海 民籍簿」. '서영해 가계도'는 「서영해 민적부」에 기재된 내용을 근거로 작성한 것이다. 장
  남과 관련된 사항은 기록되어 있지 않아 표기하지 않았음을 밝혀둔다.

모친 김채봉(좌측), 부친 서석주(우측)

부산 지역사 연구에 의하면, 서석주는 독성이 강한 부자附子를 조제하여 환자를 치료하였는데, 약의 효험이 뛰어나 각지에서 환자들이 몰려들었다고 한다.[3] 유명한 한의사로 알려지면서 많은 재산을 모았다. 그에게는 별명이 두 가지 있었다. 하나는 한약을 조제하는데 부자를 사용한다고 하여 '서부자徐附子'로, 또 많은 재산을 축적하였다고 하여 '서부자徐富者'로 불렸다는 것이다.[4]

서영해의 성장과정에 대해서는 거의 알려진 것이 없다. 알려진 것이라곤, 1916년 3월 24일 부산공립보통학교(현 부산 봉래초등학교)를 졸업하였

---

3 『국제신문』, 1995년 3월 4일, 「부산 秘話 – 歷史에 묻힌 人物과 사건」.
4 서익원, 「최초의 佛語소설 쓴 徐嶺海는 이런 人物 – 中」, 『주간한국』 제1160호, 1987년 3월 22일, 30쪽.

다는 것 정도이다.[5] 부산공립보통학교는 1909년 4월 부산 중구 초량동에 개교하였는데, 1912년 1월부터는 영주동에 위치한 분교장을 본교사로 삼아 운영되고 있었다.[6] 아마도 서영해는 부산공립보통학교가 영주동에 자리 잡았을 때 졸업한 것으로 여겨진다.

서영해가 성장하면서 크게 영향을 받은 것은 중국 화교들이었다. 부친의 한의원이 중국인 거류지역에 위치해 있었기 때문이다. 당시 부산에도 중국인들이 거주하고 있었다. 대체로 중국인들이 한국에 거주하기 시작한 것은 1882년 발생한 임오군란 때부터였다. 임오군란이 일어났을 때 청나라 군대가 들어왔고, 군인들을 따라 많은 중국인 상인들도 들어와 거주하기 시작한 것이다.[7] 이들은 주로 청국영사관이 위치한 초량동과 영주동 일대에 거주하며 자리를 잡아갔다.[8]

서영해 부친의 한의원이 있던 곳을 흔히 '청관淸館'이라고 불렀다. '청관'이란 청국영사관을 의미하는 것으로, 중국인 거류지역 안에 청국영사관이 자리하고 있었기 때문에 붙여진 명칭이었다.[9] 그곳에는 많은 중국인들이 거주하고 있었다. 대부분 목수·미장이·석공·벽돌공·대장장이·철물

---

5 『봉래초등학교 졸업명부』, 부산공립보통학교(현 봉래초등학교) 제7회 졸업명부(졸업장 연번 226번)에는 서영해가 1916년 3월 24일 졸업한 것으로 기록되어 있다.

6 강기수, 「부산초등교육 100년사 고찰」, 『부산교육』 300, 부산광역시 교육과학연구원, 2001, 47~48쪽.

7 부산발전연구원 부산학연구센터편, 『내안의 타자, 부산차이니스 디아스포라』, 2009, 56쪽; 장세훈, 「부산 속의 아시아」, 부산 초량동 중화가의 사회생태학적 연구」, 『경제와 사회』 통권 81, 비판사회학회, 2009, 311쪽.

8 김의환, 「釜山華僑의 歷史에 얽힌 哀痛의 祕話」, 『海技』 100, 한국해기사협회, 1975, 14~16쪽; 구지영, 「동아시아 해항도시의 이문화 공간 형성과 변용 : 부산 초량동 '차이나타운'을 사례로」, 『석당논총』 50, 동아대학교 석당학술원, 2011, 629쪽.

9 지금의 부산시 중구 광복동의 용두산 부근에 초량왜관이 위치해 있어, 동구 초량동에 자리한 청국영사관 부근을 왜관과 대비되는 말로 '淸館'으로 불렀다 한다(부산광역시사편찬위원회, 『부산의 자연마을』, 2006, 43쪽; 조세현, 「개항기 부산의 청국조계지와 淸商들」, 『동북아 문화연구』 25, 2010, 516쪽).

제조·간장 제조·표구·세탁·이발업 등의 기술을 가진 노동자들이 주를 이루었다.[10] 그들은 주택과 점포를 겸한 건물을 짓고 각종 상점을 운영하였는데, 그러면서 자연스럽게 청관거리가 조성되었다.[11]

View of Sinamachi, Fusan. 草梁支那金町最 (41) (釜山鳳景)

부산 초량 중국인 거리

서영해는 중국인들과 함께 거주하며 어린 시절을 보냈다. 그는 부산 영선동에 거주했는데, 중국인 거류지가 형성되어 있는 영주동·초량동 일대와 가까운 곳이었다. 또한 서영해가 다닌 부산공립보통학교 역시 중국인 거류지역 내에 위치해 있었다. 이러한 환경은 그가 자연스럽게 근대사상을 받아들이고, 새로운 문화를 접할 수 있는 토대가 되었다.

---

10 박은경, 『한국 화교의 종족성』, 한국연구원, 1986, 75~78쪽.
11 總理各國事務衙門(臺灣近代檔案館館藏號 : 01-25-013-01-004); 相澤仁助, 『韓國二大港實勢』, 日韓昌文社, 1905, 448쪽; 釜山商業會議所編, 『釜山要覽』, 1921.

2. 중국 망명

서영해가 중국 망명을 결행한 것은 3·1만세시위운동 직후였다. 1919년 3월 1일 서울에서 시작된 만세시위는 빠르게 전국으로 퍼져 나갔다. 3월 10일을 전후해서는 경상도·전라도·강원도·충청도로 확대되어 전국적 규모로 확산되었다.

만세시위는 부산에서도 치열하게 전개되었다. 부산지역의 3·1만세시위운동은 부산진일신여학교의 만세시위를 시작으로 4월 27일까지 2,000여 명의 사람들이 참여하였다. 학생·기독교도·천도교도·농민·노동자들이 시위를 주도하였고, 특히 순수 학생층의 주도적인 참여는 일본에 대한 항일의식과 저항이 남달랐음을 보여주었다.[12]

3·1만세시위운동의 열기를 직접 목격하면서 서영해는 중국 망명을 결심한 것으로 보인다. "따뜻한 부모 슬하의 이별도 주저치 않았"[13]듯이 망명에 대한 의지는 남달랐다. 그는 가까운 지인에게 이 사실을 알렸던 것 같다. 그 지인은 "바라건대, 모름지기 정성과 공경으로 자신을 지키고, 온화하고 공경함으로 다른 사람을 대하며, 하는 일마다 공경하고, 일을 처리할 때 공경하여 잘 성취하여 밤낮으로 바라시는 부모님의 큰 뜻에 부

---

12 김진호·박이준·박철규, 『한국독립운동의 역사』 20, 독립기념관 한국독립운동사연구소, 2009, 243~255쪽.
13 서영해, 『海外서 지낸 十五星霜을 도라다보며』, 1~2쪽.

응하는 것이 어떻겠는가?"[14]하며 서영해를 보내는 아쉬운 마음을 편지에 적어 보냈다.

1919년 6월, 서영해는 중국으로 망명을 실행하였다. 이름도 '희수'에서 이모부가 지어준 호인 '영해嶺海'로 바꾸었다. 그는 기차를 타고 압록강 철교를 건너 국경을 넘었다. 그리고 무사히 상해上海에 도착하였다.[15]

중국 상해 황포강가의 황포탄로 전경

상해에 도착한 서영해가 찾아간 곳은 대한민국 임시정부(이하 임시정부)였다. 그는 아무런 연고

---

14 이경일, 「徐君羲洙暫照」. 서영해의 지인으로 보이는 이경일은 편지에 다음과 같은 시도 적어 보냈다.
〈주역을 보며 서군에게 부치다〉
하늘은 운행을 쉼 없이 꾸준하니,
사람이 반드시 스스로 강해야지.
오시가 지나면 날이 저물 것을 알고,
샛별이 다하면 아침 해를 보리라.

즐거움과 괴로움을 마주 대한 듯
곤궁과 통달도 항상 그러하지.
그대를 전송하며 두 글자 보내니,
誠과 敬이 몸을 보호하는 방책이지.
15 서영해, 「海外서 지낸 十五星霜을 도라다보며」, 3쪽.

가 없었지만 임시정부 요인들의 도움으로 그곳에 머무를 수 있었다. 임시정부는 1919년 4월 11일 중국 상해에서 수립된 독립운동의 최고기구로, 당시 임시정부에는 국내외에서 활동하던 많은 독립운동가들이 참여하고 있었다.

서영해는 임시정부에서 1년 반 정도를 머물렀다. 생활은 고향에서 아버지가 보내주는 돈으로 충당하였다. 서영해는 상해의 이곳저곳을 돌아다녔다. 특히 영국 조계지를 둘러보며 새로운 문화를 접할 수 있었다.[16]

서영해는 임시정부에 머무르며 임시정부 요인들로부터 유학을 권유받은 것 같다. 하지만 유학을 권유한 임시정부 요인이 누구인지는 분명하지 않다. 선행연구에 의하면 서영해는 장건상으로부터 유학을 권유받았다고 한다.[17] 장건상은 임시정부 외무부 위원과 임시의정원 의원을 역임한 독립운동가이다. 부산에서 유년시절을 보낸 장건상은 1908년 미국 유학길에 올라 발프레이죠 대학에서 법학을 전공하였고, 1916년 상해로 와서 신규식과 함께 동제사同濟社에서 활동한 경험을 가지고 있었다.[18] 또 서영해가 중국에 도착했을 쯤에는 임시정부 외무부 위원으로 활동 중이었다.[19]

장건상

한편 임시정부 요인들 중에는 서영해처럼 상해로 모여든 청년들에 주목한 이들이 있었다. 신규식이 대표적이라 할 수 있다. 신규식은 1913년부

16 서영해, 『海外서 지낸 十五星霜을 도라다보며』, 4쪽.
17 장석흥, 「대한민국 임시정부 주불특파위원, 서영해의 독립운동」, 『한국근현대사연구』 84, 한국근현대사학회, 2018, 220~221쪽; 김성혜 번역·장석흥 해설, 『어느 한국인의 삶』, 역사공간, 2019, 220쪽.
18 강대민, 「宵海 張建相의 生涯와 民族獨立運動」, 『文化傳統論集』 1, 경성대학교부설 향토문화연구소, 1993, 491~492쪽.
19 국사편찬위원회, 『대한민국임시정부자료집』 2, 2005, 20~21쪽.

터 상해 프랑스 조계 내에 박달학원博達學院을 설립하
여 상해로 오는 청년들을 수용하고 예비교육을 실시
해 왔다. 교육을 마친 청년들에 대해서는 중국 혁명지
사들과의 친분관계를 활용하여 중국과 구미 각국으
로의 유학도 주선해 주었다.[20] 젊은 인재를 양성하여
독립운동의 기반확대와 활성화를 도모하고자 하는   신규식
의도에서였다.

　아마도 서영해는 장건상·신규식과 같은 임시정부 요인들을 만나 프랑
스 유학을 권유 받았을 것으로 여겨진다. 거기에는 세 가지 이유가 있었
던 것으로 판단된다. 첫째, 프랑스는 일본의 감시를 피해 활동할 수 있는
최적의 조건을 갖추고 있는 곳이었다. 그것은 일본과 이해관계가 없는 국
가이기 때문이다. 영국과 미국은 일본과 밀접한 동맹관계 내지 협력관계
에 있는 국가들이었다. 때문에 언제든지 일본의 감시와 통제를 받을 수
있었다. 반면에 프랑스는 독립운동가들이 활동하는데 적격이었다. 둘째,
프랑스에 대한 긍정적인 인식이다. 프랑스는 자유와 평등을 이상으로 하
는 국가이고, 정치 망명가들에게 관대하다는 인식은 널리 알려진 사실이
다. 특히 대한제국 때 프랑스 공사를 지냈던 민영찬閔泳瓚이 1906년 상해
프랑스총영사관에 신변보호를 요청하자 이를 받아들인 사건은 한국인들
에게 좋은 인상을 남겼다. 셋째, 당시 프랑스는 국제외교의 중심지였다.
프랑스는 유럽의 중심지로서, 다양한 정치·경제·종교·문화적 네트워크
를 형성하고 있었다. 스페인·영국·이탈리아 등과 교류하면서 정치적 관계

---

20 강영심, 「申圭植의 생애와 독립운동」, 『한국독립운동사연구』 1, 독립기념관 한국독립운동사연구
　소, 1987, 242~243쪽.

를 형성하였고, 종교와 문화적인 교류망의 중심 역할을 맡았다.[21] 때문에 국제무대의 중심인 프랑스는 한국독립운동을 국제사회에 알릴 수 있는 중요한 곳이었고, 이곳에서 외교활동을 펼칠 사람이 필요했다.[22]

서영해는 임시정부 요인들로부터 유럽에 대한 많은 이야기를 들은 듯하다. "늘 화려하고 웅장하다고 말만 들었고 별별하게 공상으로 거저보는 이 구라파 땅에 직접으로 발을 대일 때,

1920년경 상해에서 체류할 당시의 서영해
(부산시립박물관 제공)

나의 첫 소감은 비상히 깊었다."[23]라는 표현이 이를 방증한다.

서영해는 임시정부 요인들의 권유에 따라 프랑스로 가서 독립운동을 펼치기로 결심하였다. 그는 당시의 심정을 "대저大抵 나이 20전前에는 엇지 그렇게도 간이 크며 어렵고 무서운 것이 없었던지 태산泰山을 끼고 북해北海라도 능히 넘을 것 같았다. 기미년 조선 청년의 환경도 환경이겠지마는 나로서는 그때 당시에 불과 15세의 소년으로 따뜻한 부모 슬하의 이별도 주저치 안하였으며, 흉중胸中에는 깊이 남모를 천진天眞한 어린 포부

21 통합유럽연구회, 『도시로 보는 유럽통합사 : 영원의 도시 로마에서 EU의 수도 브뤼셀까지』, 책과함께, 2013, 65쪽.
22 원희복, 「수지의 뿌리찾기 아리랑」, 『주간경향』 통권 1139호, 2015, 35쪽.
23 서영해, 『海外서 지낸 十五星霜을 도라다보며』, 2쪽.

를 가지고 용감스러히 세계 정복을 떠난 것이다."[24]라고 밝혔다.

　서영해는 프랑스로 출발하기 전 국적도 중국으로 바꾸었다. 여권 발급을 용이하게 하려는 의도였다.[25] 또한 일본의 감시망을 피하기 위한 목적도 있었다. 이렇게 모든 준비를 마친 서영해는 1920년 11월 6일 21명의 한국인 청년들과 함께 프랑스로 향했다.[26]

---

24 서영해, 『海外서 지낸 十五星霜을 도라다보며』, 1~2쪽.
25 서영해가 프랑스에 거주하며 경시청, 상공부, 영사관 등에 작성 · 제출한 서류가 남아있다. 서류에는 그의 국적이 모두 중국으로 기록되어 있다. 특히 파리의 중국영사관에서 발행한 등록증명서에도 서영해를 '중국 시민'으로 인정하고 있다(Consulat Général de la République de Chine a Paris, 'CERTIFICAT d'Immatriculation', 1927년 3월 22일).
26 정석해 지음, 『진리와 그 주변』 2(서산 정석해 자료집), 사월의 책, 2017, 209~211쪽. 정석해의 회고에 따르면, 1920년 11월 6일 서영해는 21명의 한국인들과 같은 배를 타고 프랑스로 향했다고 한다.

3. 프랑스 유학

1) 보베 고등중학교

서영해는 1920년 12월 13일 아침 프랑스에 도착하였다. 그는 프랑스 남부에 위치한 마르세유Marseille항을 통해 프랑스에 첫발을 내딛었다. 프랑스에 도착한 서영해의 감정은 남달랐다. 가슴은 두근거렸고, 아무 이유 없이 눈물이 맺혔다. 앞날에 대한 두려움과 책임감 때문이었다.[27] 그는 "내가 1년 반 전에 압록강 철교를 통하여 국경을 넘을 때에 생긴 깊고도 슬픈 감상에 지지 않을 만큼 큰 감상이었다."라고 당시를 회상하였다.[28]

서영해의 목적지는 파리Paris였다. 그는 마르세유에서 기차를 타고 다음날인 12월 14일 아침 파리에 도착하였다. 정거장에는 동포들이 나와 있었다. 서영해는 동포들의 도움을 받아 숙소를 마련할 수 있었다. 그리고는 매일 파리 시내 곳곳을 돌아다니며 새로운 환경에 적응해갔다.[29]

서영해가 프랑스에 도착해서 처음 추진한 계획은 언어를 배우는 것이었다. 언어를 빨리 배워야만 공부를 시작할 수 있었기 때문이다. 서영해는 여러 동포들과 상의한 끝에 파리에서 북쪽으로 79km 떨어진 보베 Beauvais지역에 있는 리세Lycée에 입학하기로 결정하였다.[30]

---

27 서영해, 『海外서 지낸 十五星霜을 도라다보며』, 2~3쪽.
28 서영해, 『海外서 지낸 十五星霜을 도라다보며』, 3쪽.
29 서영해, 『海外서 지낸 十五星霜을 도라다보며』, 4쪽.
30 서영해, 『海外서 지낸 十五星霜을 도라다보며』, 5쪽; 서영해는 프랑스 당국에 출생연도와 프랑스 도착연도를 각각 2년 늦은 1904년 1월 13일과 1년 늦은 1921년으로 신고하였다

리세는 프랑스 정규 교육제도이다. 초등교육·중등교육·고등교육으로 구분할 수 있고, 우리나라와는 달리 초급반인 10반부터 최상급반인 1반까지 구성되어 있다. 상급반으로 진급하기 위해서는 평상시험·학기시험·연말시험을 통과해야만 했다. 낙제하지 않고 리세를 졸업하기 위해서는 만 11년의 기간이 소요된다고 한다.[31]

서영해가 입학할 학교는 1897년에 설립된 보베 고등중학교이다. 그가 이 학교에 입학하기로 결정한데는 이유가 있었다. 그것은 두 가지이다. 하나는 이 학교가 고등중학교 단계의 리세지만, 초등교육 단계도 포함하고 있다는 점이었다.[32] 초등교육 단계를 포함하고 있기 때문에 서영해가 처음부터 언어를 배우는데 적격이었던 것이다.

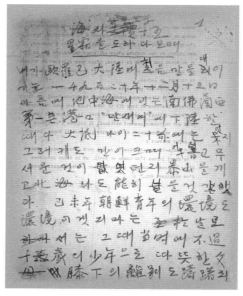

『海外서 지낸 十五星霜을 도라다보며』 서영해가 해외에서 독립운동을 펼쳐 온 15년의 세월을 회상하며 작성한 글이다.

('PREFECTURE D'EURE–&–LOIR 3ème Division–Bureau Millitaire', 1926년 4월 21일; 'CERTIFICAT d'Immatriculation', 1927년 3월 22일; 'EXTRAIT DU REGISTRE D'IMMATRICULATION', 1927년 12월 13일; 'CERTIFICAT', 1929년 6월 26일; 'DÉCLARATION AUX FINS D'IMMATRICULATION', 1929년 9월 28일; 'MINISTÈRE DU TRVAIL ET DE LA PRÉVOYANCE SOCIALE. RETRAITES OUVRIÈRES ET PAYSANNES. CARTE D'IDENTITÉ', 연도미상; 'EXTRAIT DU REGISTRE D'IMMATRICULATION', 1931년 10월 13일).

31 서영해, 『海外서 지낸 十五星霜을 도라다보며』, 10쪽.
32 서영해, 『海外서 지낸 十五星霜을 도라다보며』, 10쪽.

서영해가 이 학교를 선택한 또 다른 이유는 우수한 시설을 갖추고 있었기 때문이었다. 보베 고등중학교는 시설 면에서 상당히 뛰어난 학교 가운데 하나였다. 수업을 받게 될 교사校舍는 붉은 벽돌로 웅장하게 지어진 5층 건물이었고, 기숙사와 상당한 규모의 식당도 갖추고 있었다.[33] 이 가운데 기숙사는 학생들의 옷 세탁을 비롯하여 의료·위생·청소·수선 등 다방면에서 학생들이 공부에 집중할 수 있는 좋은 여건을 제공하였다.

서영해는 프랑스 학생들과 똑같은 대우를 받으며 정해진 규칙에 의거해 학교생활을 시작하였다. 오전 6시에 기상한 후, 오전 8시부터 오후 4시까지 정규수업을 받았다. 이후 5시부터 8시까지는 복습선생의 감독 하에 복습시간을 가졌다. 재학생 대부분은 기숙사 생활을 하며 학업을 이어갔다. 재학생 700여 명 가운데 530여 명이 기숙사에서 생활하였고, 나머지는 통학하는 학생들이었다.[34]

보베 고등중학교 일과표[35]

일과시간	일과	비고	
06:00~06:30	기상	이불정리, 세면, 의복 착용	
06:30~07:20	복습실로 이동	수업준비	
07:20~07:35	아침식사		
07:35~08:00	교실로 이동		
08:00~08:55	제1공과 수업		
09:00~10:00	제2공과 수업		
10:15~11:15	제3공과 수업		
11:15~12:00	자습시간		
12:00~12:30	식당 이동		

33 서영해, 『海外서 지낸 十五星霜을 도라다보며』, 21~23쪽.
34 서영해, 『海外서 지낸 十五星霜을 도라다보며』, 32쪽.
35 서영해, 『海外서 지낸 十五星霜을 도라다보며』, 23~29쪽.

12:30~13:30	점심식사 및 휴식	
13:30~14:00	복습시간	
14:00~14:55	제4공과 수업	
15:00~16:00	제5공과 수업	
16:00~17:00	휴식	
17:00~20:00	복습시간	
20:00~20:30	저녁식사	
20:30~21:00	취침	

서영해 역시 기숙사에서 생활하였다. "지금 가만히 생각하니 내가 구라파에 와서 제일 부지不知 중에 자미滋味있게 지낸 때가 첫 7년 동안 이리세 기숙사 생활을 하던 때다. 이 기숙사 생활을 생각만 하여도 벌써 저 중등생 시대의 추억이 처음부터 끝까지 활동사진처럼 상세하게 눈앞에 진전이 된다."[36]라고 회상할 만큼 보베 고등중학교 기숙사 생활은 그에게 잊지 못할 추억을 남겼다.

서영해가 보베 고등중학교에 입학한 목적은 프랑스어를 습득하는데 있었다. 때문에 프랑스어 학습에 대한 서영해의 열정은 남달랐다. 그는 학교에서 제공하는 수학·역사 등 여러 가지 수업 가운데서도 프랑스어 수업에 더욱 열중하였다.[37]

그러나 낯선 환경에서 새로운 언어를 배우는 과정은 결코 순탄치 않았다. 10대 후반에서 20대 초반의 나이에 유치원생·초등학생들과 함께 공부를 한다는 것 자체가 쉽지 않은 일이었다. 특히 서영해는 학생들의 관심의 대상이었다. 수업 첫날부터 학생들은 처음 보는 동양인인 서영해를

---

36 서영해, 『海外서 지낸 十五星霜을 도라다보며』, 21쪽.
37 서영해, 『海外서 지낸 十五星霜을 도라다보며』, 45~46쪽.

보베 고등중학교 시절의 서영해. 첫번째 줄 가운데가 서영해이다.

둘러싸고 손짓과 형용까지 해가며 다가왔다.[38]

서영해는 언어를 습득하기 위해 나이어린 학생들과 어울리는 것을 주저하지 않았다. 오히려 이것을 즐겼다. "이렇게 불란서 아이들과 섞여서 노는 것이 나에게는 공부하는 것보다도 더 재미가 있었다. 비록 손짓과 형용으로 하는 이야기일망정 서로 간 의견을 짐작을 하여서라도 통치 못한 일이 없었다."[39]란 표현이 이를 방증한다.

서영해의 배움에 대한 의지는 남달랐다. 1922년부터는 교장에게 라틴어羅典語 교육을 요청하여 라틴어도 함께 학습하였다. 수업시간에 이해하지 못한 공과는 복습선생을 통해 따로 설명을 들어가며 공부할 만큼 노력을 멈추지 않았다. 때문에 학교 측에서는 서영해에게 진급시험을 치르지 않고도 임의대로 원하는 반에 가서 공부할 수 있는 기회를 주기도 하

38 서영해, 『海外서 지낸 十五星霜을 도라다보며』, 33쪽.
39 서영해, 『海外서 지낸 十五星霜을 도라다보며』, 33쪽.

였다.[40]

보베 고등중학교 시절 서영해가 한국 역사에 관심을 가지게 된 계기가 있다. 프랑스 교사와 학생들 앞에서 한국 역사를 강연한 일이 바로 그것 이다. 1925년 서영해는 제2반 수업 중 다음과 같은 일을 겪었다.

> 어느 날 敎室에서 歷史 先生이 朝鮮에 對한 簡單한 說明이 있었는데 讀本에 본즉 朝鮮 人口는 不過 六百萬이요. 民族은 매우 게을러서 祖上이 傳해 준 薄弱한 文明 까지도 至今은 形跡도 볼 수 없다 하였으며 其他 여러 가지 우리 民族에 對하야 辱이 되는 記事가 있다. 학생들은 얼굴을 돌려 나를 보고 웃는다. 나는 화를 내며 일어나서 朝鮮 民族이 二千萬이며 四千餘年 歷史가 있다는 것을 말하고 學生들에 게 거짓말을 가르치는 것이 未開한 일이라 하였다. 勿論 아직까지 法語가 能치 못 하였고 또 골이 난 터이라. 무슨 不敬한 말을 더 하였는지 記憶이 없으나 先生이 大怒 하야 내 소매를 잡아 땡기며 敎室에서 쫓아낸다. 나는 冊을 마루 바닥에다 던지며 밀려나왔다. 校長先生까지도 忿해 하시며 退學시킨다고 야단이다.[41]

프랑스 역사 교사는 수업 중 한국 민족을 무시하는 발언을 하였다. 인 구는 불과 600만이고, 민족은 매우 게을러서 조상이 물려준 문명까지도 지금은 형체조차 볼 수 없다고 한 것이다. 서영해는 화를 참을 수 없었다. 즉시 자리를 박차고 일어나 조선 민족은 2천만이며, 4천여 년의 역사를 가지고 있다고 말하고, 거짓말을 가르치는 것이 미개한 짓이라며 반박하 고 나섰다.

이 사건으로 서영해는 퇴학당할 위기에 처하였다. 그러자 당시 서영해 를 아끼던 복습선생이 돕고자 나섰다. 그는 각 방면으로 도움을 요청하였

---

40 서영해, 『海外서 지낸 十五星霜을 도라다보며』, 46~48쪽.
41 서영해, 『海外서 지낸 十五星霜을 도라다보며』, 49~50쪽.

고, 서영해에게는 교장과 역사 교사에게 사과하도록 시켰다. 복습선생의 도움으로 서영해는 퇴학을 면할 수 있게 되었다. 교장은 서영해를 퇴학시키지 않는 대신, 학생들 앞에서 '조선에 대한 연설'을 해볼 것을 지시하였다.[42]

서영해는 당황스러웠다. 우리 민족의 역사에 대해 정식으로 배워본 적이 없었기 때문이다. 그는 그동안 한민족의 역사에 대해 무지했음을 반성하였다. 아울러 이 기회를 통해 우리 민족에 대한 역사를 공부하고 그 우수성을 널리 알리기로 결심하였다.

서영해는 강연 준비에 들어갔다. 강연 준비에 가장 시급한 것은 강연에 필요한 자료를 구하는 일이었다. 이를 위해 중국과 미국 등 각지의 한인 사회에 도움을 요청하였다. 이렇게 얻어진 자료는 정리와 분석을 거쳐 새로운 강연 자료로 탄생할 수 있었다.[43]

4개월 간의 준비를 마친 서영해는 강연에 나섰다. 2반·1반·철학반 등 상급반 학생들과 교장·학감 등의 선생님들을 모시고 1시간 동안 강연을 펼쳤다. 서영해가 프랑스어로 발표한 첫 강연이었다. 서영해의 강연에 교장은 감명을 받았다. 교장은 답사를 통해 외국에 있는 프랑스 청년들도 자기 조국에 대하여 서영해와 같은 태도를 가질 것과 구미대전歐美大戰 전에 출판된 교과서는 시대에 맞지 않을 뿐만 아니라 모순이 많다는 것, 마지막으로 조선 민족이 게으르다고 책에 쓰여 있지만 그것이 사실이 아니라는 것이 서영해의 행동을 통해 직접 증명되었음을 인정하였다. 서영해는 당시의 감정을 "나는 이 말을 들을 때에 본국 부친께서 학비를 보내

---

42 서영해, 『海外서 지낸 十五星霜을 도라다보며』, 50쪽.
43 서영해, 『海外서 지낸 十五星霜을 도라다보며』, 51쪽.

시는 사유를 받는 것 보다 더 기뻤다."라고 표현하였다.[44]

우리 역사에 대한 이해를 통해 서영해는 다시금 민족의식을 일깨울 수 있게 되었다. 이것은 그가 일층 더 성장할 수 있는 기반이 되었다. 이후 서영해는 한국 민족의 전통과 우수성을 프랑스 학생들에게 널리 알렸다.

2) 파리고등사회연구학교

보베 고등중학교에서 제2반까지 무사히 마친 서영해는 1926년 학교를 옮겼다. 전학한 학교는 파리에서 서쪽으로 88km 떨어져 있는 샤르트르Chartres 고등중학교이다.[45] 샤르트르 고등중학교는 리세 마르소Lycée Marceau로 불리었다. 16세기 초에 세워진 이 학교는 1887년 리세로 승격된 뒤, 1893년부터 공식적으로 리세 마르소로 불리게 되었다.[46]

서영해가 전학을 시도한데는 이유가 있었다. 마음을 굳건히 바로잡고, 공부에 더욱 진력하기 위함이었다. 지난 5년 동안 보베 고등중학교에서 공부하면서 주변 환경에 익숙해졌고, 외국 사람이라고 사정을 봐주는 일이 많아지자, 스스로 방심하는 마음을 걱정하였다.[47] 그래서 리세 1반 진급을 앞두고 낯선 학교에서 공부에만 집중하기 위해 학교를 옮긴 것이었다.

서영해는 리세 마르소에서도 성실히 학업을 이어갔다. 제1반을 무사히 마치고 파리대학 철학과 진급시험에도 합격하였다. 만 11년이 걸리는 프랑스 정규교육 과정을 각고의 노력으로 6년 만에 마친 것이다.

---

44 서영해, 『海外서 지낸 十五星霜을 도라다보며』, 52~53쪽.
45 'PREFECTURE D'EURE-&-LOIR 3ème Division-Bureau Millitaire', 1926년 4월 21일; 서영해, 『海外서 지낸 十五星霜을 도라다보며』, 60쪽.
46 김성혜 번역·장석흥 해설, 『어느 한국인의 삶』, 역사공간, 2019, 222쪽.
47 서영해, 『海外서 지낸 十五星霜을 도라다보며』, 61쪽.

1920년대 프랑스에 거주하던 한국인은 많지 않았다. 1925년 일본 외무성 통계에 의하면 당시 프랑스에 거류하고 있는 한국인은 150여 명으로 나타나 있다.[48] 1920년 1월 조직된 '재법한국민회在法韓國民會' 소속의 한인 노동자들과 정석해鄭錫海·이용제李龍濟·이정섭·백성욱白性郁·김법린金法麟·이호李浩·이종우李種禹·공진항孔鎭恒 등 한인 유학생들이 주를 이뤘던 것으로 보인다.[49] 이들 가운데 프랑스 정규교육을 이수한 사람은 극히 드물었다. 대부분 전기수리공이나 공장·가정집에서 일하였고, 유학생들은 병원 청소 등을 하며 학업을 이어가는 형편이었다.[50] 이러한 상황에서 서영해가 보여준 학업에 대한 열정과 집념은 놀라운 것이었다.

서영해는 파리대학 철학과에 입학하였다. 재학 중에 조선학생회 회장을 맡는 등 학교생활에도 적극적이었다.[51] 하지만 학업은 끝까지 이어가지 못했다. 부득이한 사정으로 1학기만 다니고 학업을 중단해야만 했다.[52] 그는 당시의 상황을 "사세부득事勢不得으로 한창 자신 있게 진행되어 가는 학업을 중도이폐中途而廢하게 되었으니 어찌 분하지 아니하랴."[53]라고 기록하고 있다. 사세부득의 사정이란 고향에 계신 아버지가 돌아가신 것을 의미하는 것이었다.

48 일본외무성, 『不逞團關係雜件 - 朝鮮人의 部 - 在歐米』 8 - 米國留學 朝鮮人에 관한 건(1926년 3월 20일)』.
49 白性郁博士 頌壽記念事業委員會 編, 『白性郁博士 頌壽記念 佛敎學論文集』, 동국대학교, 1959, 1쪽; 許政, 『내일을 위한 證言』, 샘터사, 1979, 42~48쪽; 西山鄭錫海刊行委員會編, 『西山 鄭錫海』, 연세대학교 출판부, 1989, 58~77쪽; 이용창, 「나혜석과 최린, 파리의 자유인」, 『나혜석연구』 2, 2013, 93~98쪽; 김도형, 「프랑스 최초의 한인단체 '在法韓國民會' 연구」, 『한국독립운동사연구』 60, 독립기념관 한국독립운동사연구소, 2017, 146쪽.
50 『신한민보』, 1921년 12월 29일, 「법국 재류 동포의 현상」; 西山鄭錫海刊行委員會編, 『西山 鄭錫海』, 연세대학교 출판부, 1989, 75~77쪽.
51 『중외일보』, 1930년 2월 12일, 「朝鮮靑年學徒 巴里에서 小說出版」.
52 PRÉFECTURE POLICE R.G. 1 – n° 6017, 'Le Directeur des Renseignements Généraux et des Jeux à Monsieur le PREFET DE POLICE', 1936년 11월 23일.
53 서영해, 『海外서 지낸 十五星霜을 도라다보며』, 62쪽.

프랑스의 한인유학생들과 함께 한 서영해. 앞줄 가운데가 서영해이다(부산시립박물관 제공).

1927년 11월 서영해는 일자리를 구하기 위해 나섰다. 아버지의 사망으로 생계를 이어갈 자금을 마련해야 했기 때문이다. 그는 일자리를 찾아 롱위Longwy 지역으로 떠났다. 롱위는 프랑스 북동부 로렌지방 뫼르트에모젤주Meurthe Moselle에 위치한 도시이다.

1927년 12월 13일 롱위에 도착한 서영해는 1928년 4월까지 머물렀다. 그는 관청에 '노동'을 하기 위해 이곳에 왔다는 서류를 제출하고,[54] 일자

---

[54] 'EXTRAIT DU REGISTRE D'IMMATRICULATION', 1927년 12월 13일.

리를 찾아 나섰다. 구체적으로 어떤 일에 종사했는지 알 수 없지만, 포도 농장과 식당, 도서관 등에서 일하며[55] 생계를 유지하기 위해 노력한 것으로 알려져 있다.

1928년 중후반 서영해는 다시 파리로 돌아왔다. 파리에 위치한 언론학교인 ECOLE DES HAUTES-ETUDES SOCIALES(이하 고등사회연구학교)에 입학하기 위함이었다. 그가 어떤 경로를 통해 고등사회연구학교에 입학하게 되었는지는 분명치 않다. 아버지 사망 이후 생계비 마련을 위해 도서관에서 신문 정리 업무를 하다가, 프랑스 기자가 게재한 한국 폄하 기사를 보고 반박하는 글을 신문에 기고한 것이 계기라고 알려져 있을 뿐이다.[56]

서영해가 다니게 된 고등사회연구학교는 1899년 4월 딕메이Dick May의 제안에 의해 세워진 교육기관이다. 딕메이는 칼 마르크스Karl Marx의 사촌으로, 언론인·작가로 활동하던 인물이다. 그녀는 1894년의 '파나마 스캔들'과 '드레퓌스 사건'으로 이어지는 윤리도덕의 결핍을 지켜보며 현대 교육으로 대응할 수 있는 '젊은 소르본Sorbonne'을 만들고자 하였다.[57]

그래서 1895년 뜻을 같이하는 지식인들과 함께 Collège libre des sciences sociales를 세웠다. 학교가 설립되자, 딕메이는 실제적인 교육을 통해 프랑스에 새로운 민주주의적인 엘리트를 양성하고자 노력하였

55 서익원, 「최초의 佛語소설 쓴 徐嶺海는 이런 人物 – 中」, 『주간한국』 제1160호, 1987년 3월 22일, 34쪽; 장석흥, 「대한민국 임시정부 주불특파위원, 서영해의 독립운동」, 『한국근현대사연구』 84, 한국근현대사학회, 2018, 223쪽; 김성혜 번역 · 장석흥 해설, 『어느 한국인의 삶』, 역사공간, 2019, 220쪽.

56 서익원, 「최초의 佛語소설 쓴 徐嶺海는 이런 人物 – 中」, 『주간한국』 제1160호, 1987년 3월 22일, 34쪽; 장석흥, 「대한민국 임시정부 주불특파위원, 서영해의 독립운동」, 『한국근현대사연구』 84, 한국근현대사학회, 2018, 223~224쪽.

57 Christophe Prochasson, "Sur l'environnement intellectuel de Georges Sorel : l'École des hautes études sociales(1899 – 1911)", *Cahiers Georges Sorel n°3*, 1985, p.17.

파리고등사회연구학교 입학 등록증

다. 그러나 학교 교육은 여전히 소르본의 교육체제에서 벗어나지 못한 채 경직되어 있었다. 뿐만 아니라 진보적인 지식인들이 증가하고 사상이 진화했음에도 불구하고 학교의 학생들은 점점 줄어들었다. 이러한 흐름에서 딕메이는 1896년 저널리즘 학교의 설립을 제안하였고, 마침내 1899년 4월 ECOLE DES HAUTES-ETUDES SOCIALES를 설립하기에 이르렀다.[58]

고등사회연구학교는 4개의 개별학교로 구성되었다. 윤리학교Ecole de morale·사회학교Ecole de sociale·저널리즘 학교Ecole de Journalisme·예술학교Ecole d'Art가 그것이다.[59] 각 학교는 다시 여러 과로 나뉘어졌다.

[58] Christophe Prochasson, "Sur l'environnement intellectuel de Georges Sorel : l'École des hautes études sociales(1899–1911)", *Cahiers Georges Sorel n°3*, 1985, pp.17~21.

[59] 저널리즘 학교 설립 당시의 학생 수는 49명이었다. 이후 고등사회연구학교는 Ecole d'Art가 설립된 이후 빠르게 발전하기 시작하여 1909~1910년경에는 학생 수가 1,000여명에 이르렀다 (Christophe Prochasson, "Sur l'environnement intellectuel de Georges Sorel : l'École des

서영해는 저널리즘 학교에서 교육을 받았다. 저널리즘 학교의 교육 목표는 언론에 대한 도덕성과 전문성 실현에 있었다. 이 학교는 20세기 초까지 제대로 정립되어 있지 않은 저널리스트를 전문화하는데 크게 기여하였다. 수업은 실용적이었고, 전문 언론인에 의해 이루어졌다. 여러 이론 과목들은 실무를 뒷받침하도록 짜여졌다. 기사작성·집필 수업·시사 수업·설문조사·언론의 역사·언론법·현대사·러시아 언론발달·미국 언론발달·극비평·뮤지컬 비평 등이 바로 그것이다. 학생들은 보고서 작성 훈련을 하기 위해 직접 의사당에 가서 현장을 체험하기도 하였다.[60]

서영해는 저널리즘 학교를 우수한 성적으로 수료하였다. 저널리즘 학교에서의 수학은 그의 인생에 전환점이 되었다. 그는 이곳에서 언론인이 갖추어야 할 역량을 키워나갔다. 저널리즘의 대원칙·언론법·사회교육학·언론인의 역사와 정치가 등의 과목을 이수하며 언론인으로서 기본적인 소양과 덕목을 갖추었다.[61] 험난한 언론 자유 투쟁을 거쳐 언론의 대중화를 이룩한 프랑스 저널리즘 교육을 직접 경험한 것은 서영해에게 큰 자산이 되었다. 언론의 중요성을 인식할 수 있었고, 자신의 자질과 능력을 향상시키는 계기가 되었던 것이다.

그리고 무엇보다 중요한 것은 언론선전활동이 독립운동의 중요한 수단이 될 수 있음을 확신하였다는데 있다. 그는 저널리즘 학교에 입학하기 전까지 독립운동에 대한 뚜렷한 방향 설정이 되어 있지 않았다. 그러나 이러한 경험은 자신이 앞으로 전개해나갈 독립운동에 있어 그 역할과 임

hautes études sociales(1899 – 1911)", *Cahiers Georges Sorel n°3*, 1985, p.23).
60 Christophe Prochasson, "Sur l'environnement intellectuel de Georges Sorel : l'École des hautes études sociales(1899 – 1911)", *Cahiers Georges Sorel n°3*, 1985, pp.23~24.
61 ECOLE DES HAUTES – ETUDES SOCIALES, 'CERTIFICAT', 1929년 6월 26일.

무를 명확히 인지하는 기회가 되었던 것이다. 이후 고려통신사를 설립하고, 기자로서 본격적인 활동을 전개한 것은 저널리즘 학교에서의 수학이 중요하게 작용했음을 보여준다고 할 수 있다.

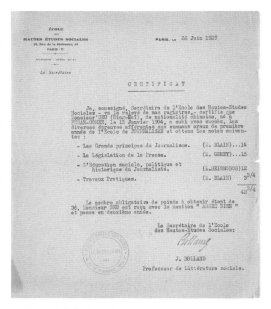

파리고등사회연구학교 학점 취득증명서
(부산시립박물관 제공)

II

유럽에서
외교활동

1. 고려통신사 설립

프랑스 파리는 한국독립운동과 밀접한 곳이다. 1907년 헤이그 특사가 파견되었던 네덜란드 헤이그가 제일 처음 시작이었다고 하면, 프랑스 파리는 김규식이 파리강화회의에 임시정부 전권 대표로 참석하면서 한국독립운동과 밀접한 관련을 갖게 되었다.

김규식은 임시정부의 외무총장이자 전권대표로 파리에 파견된 후, 파리강화회의에 대한 외교활동을 위해 파리위원부를 설립해서 활동하였다. 파리위원부는 1919년 3월 13일 프랑스 파리 중심가인 샤토덩가 38번지Rue de Chateaudun에 설립되었고, 이곳에서 황기환·이관용 등과 함께 외교활동을 전개하였다.

파리위원부는 1919년 8월

파리 샤토덩가 38번지에 위치한 대한민국 임시정부 파리위원부 청사

8일 김규식이 미국으로 돌아가면서 위기를 겪기 시작했다. 이관용마저 같은 해 10월 10일 학업을 마치기 위해 스위스로 돌아갔다. 이때부터 파리위원부는 황기환을 중심으로 전개되었고, 인력의 부재와 재정의 곤란으로 활동은 점차 위축되어 갔다. 결국 1921년 7월 황기환이 미국으로 돌아가면서 파리위원부는 사실상 폐쇄되고 말았다. 이후 파리위원부를 이어서 그와 같은 역할을 수행하

고려통신사 창설지. 서영해가 거주하며 고려통신사를 세워 외교선전활동을 전개한 곳이다. 당시는 물론이고, 현재까지도 호텔로 사용되고 있다.

는 기구로 설립된 것이 있다. 바로 고려통신사이다.

고려통신사를 설립한 것은 서영해이다. 그는 1929년 9월 28일 파리 시내에 위치한 자신의 숙소인 말브랑슈Malebranche 7번지에 고려통신사를 설립하였다.[1] 설립 목적은 한국독립운동과 관련된 소식을 유럽을 비롯한 국제무대에 알리는데 있었다.

서영해가 고려통신사를 설립하게 된 경위는 명확하게 알려진 바가 없

---

1 프랑스 국가정보국이 경찰청장에게 보낸 사찰 문건에 의하면 서영해는 1934년 이전에 테오프라스트 르노도(Théophraste Renaudot) 16번지에도 거주했던 것으로 나타난다(PRÉFECTURE POLICE R.G. 1－n° 6017, 'Le Directeur des Renseignements Généraux et des Jeux à Monsieur le PREFET DE POLICE', 1936년 11월 23일).

다. 다만, 1929년 6월까지 파리고등사회연구학교에서 저널리즘을 수학한 경험이 일정한 영향을 끼쳤을 것으로 생각된다. 그가 저널리즘 학교를 수료한 이후부터 고려통신사를 설립하고, 기자로서 활동하는 등 본격적으로 언론선전활동을 전개한 점이 이를 추측케 한다.

서영해가 고려통신사 창설을 계획하고 준비에 나선 것은 1929년 중반쯤으로 보인다. 서영해는 1929년 7월 20일부터 31일까지 독일 프랑크푸르트에서 열린 제2회 반제국주의연맹회의에 참가한 적이 있다.[2] 그는 이 회의에 미국의 삼일신보사에 근무하는 김양수金良洙와 함께 참석하였는데, 회의가 끝난 후 김양수는 회의 경과를 삼일신보사장인 허정許政에게 보고하였다. 보고를 받은 허정은 서영해에게 감사의 편지를 보내 반제국주의연맹회의에서 활약을 높이 평가하였다. 그러면서 "듣사온 즉 방금 고려통신사를 창설 준비하신다오니 듣기에 반가운 일입니다. 자세한 것을 가르쳐주실 삼일신보사와 밀접한 연락을 맺기를 간절히 바랍니다."[3]라고 언급하였다. 이를 통해 서영해가 제2회 반제국주의연맹회의 이전부터 고려통신사 설립을 준비해오고 있었음을 알 수 있다.

서영해는 제2회 반제국주의연맹회의에서 돌아온 후 본격적으로 고려통신사 설립을 추진해 나갔다. 프랑스 상공부를 비롯한 행정기관에 고려통신사 설립을 위한 서류들을 제출한 것이다.[4] 공식적으로 고려통신사를

---

2 「出版警察槪況－不許可 差押 및 削除 出版物 記事要旨」, 1929년 8월 22일, 『朝鮮出版警察月報』 제12호; 『동아일보』, 1929년 4월 26일, 「廿餘民族代表會合 反帝國主義大會」.

3 「허정이 서영해에게 보낸 서신」, 1929년 9월 19일.

4 MINISTÈRE DU COMMERCE ET DE L'INDUSTRIE, 'DÉCLARATION AUX FINS D'IMMATRICULATION(No.51866)', 1928년 9월 28일; GREFFE DU TRIBUNAL de COMMERCE DE LA SEINE, 'REGISTRE DU COMMERCE(No.51866)', 1929년 9월 28일; MINISTÈRE DES FINANCES ADMINISTRATION DES CONTRIBUTIONS DIRECTES DÉPARTEMENT, 'Le Contrôleur des Contributions directes', 1929년 9월 28일.

등록하기 위한 절차였다. 기관의 명칭은 '고려통신사'로, 목적은 소식을 전달하는 '특파원'이라고 기록하였다. 설립일은 1929년 9월 28일로 명시하였다.

고려통신사가 설립되자, 서영해는 통신원으로 활동을 시작하였다. 프랑스를 비롯한 세계 각국의 언론사에 글을 기고하고, 그들과의 공동집필·제작에도 적극 참여하였다. 뿐만 아니라, 프랑스어로『고려통신』과 같은 선전 책자를 발행하고, 자신이 집필한 작품을 발간하는 등 활발한 활동을 펼쳤다. 이러한 그의 활동은 국내에까지 알려지게 되었다.[5]

서영해의 활동을 임시정부에서도 주목했던 것 같다. 당시 임시정부는 대유럽 외교활동에 어려움을 겪고 있었다. 임시정부 차원의 공식적인 대유럽 외교활동은 1921년 7월 황기환이 미국으로 돌아간 이후 사실상 중단상태였다.[6] 때문에 임시정부는 대유럽 외교활동의 새로운 활로를 모색해야할 필요성을 가지고 있었다. 국제 외교의 중심인 파리에 근거지를 두고 프랑스와 관계를 유지하며, 지속적으로 국제사회에 한국독립운동을 선전할 필요가 있었기 때문이다.

임시정부에서 서영해를 주목한 인물이 누구인지는 명확하지 않지만, 김구였을 가능성이 크다. 당시 프랑스에서 유학 중이던 정석해는 자신의 회고에서 유학생들이 임시정부와 연락을 취하고 있었음을 언급하였다. 그 내용은 다음과 같다.

---

5 『중외일보』, 1930년 2월 12일, 「朝鮮靑年學徒 巴里에서 小說出版」; 龍興江人, 「歐州에서 活躍하는人物들」, 『삼천리』 8, 2호, 1936년 2월 1일.
6 윤선자, 「이관용의 생애와 민족운동」, 『한국근현대사연구』 30, 한국근현대사학회, 2004, 7~13쪽; 윤선자, 「1919~1922년 황기환의 유럽에서의 한국독립운동」, 『한국근현대사연구』 78, 한국근현대사학회, 2016, 179쪽.

사실 빠리 유학생들은 한 루트를 통해 상해 임시정부와도 연락이 닿아 있었다. 그
것은 선생의 친구 徐嶺海가 임정의 백범과 연락을 주고받았기 때문이다.[7]

정확한 시기는 알 수 없지만, 정석해가 독일에서 다시 파리로 돌아와 대
학을 다니던 때임을 볼 때, 1927년 이후인 것으로 추정된다. 이때부터 서
영해와 김구는 연락관계를 유지하고 있었다. 이러한 둘의 관계는 서영해와
임시정부를 이어주는 밑바탕이 되었던 것으로 판단된다.

---

7 西山鄭錫海刊行委員會編, 『西山 鄭錫海』, 연세대학교 출판부, 1989, 80쪽.

1) 독일 프랑크푸르트 제2회 반제국주의연맹회의 참석

서영해는 프랑스 파리에서 활동하면서 유럽 각지에서 개최되는 국제회의에 참석하였다. 유럽에서는 독일·스위스·벨기에 등지에서 반제국주의연맹회의·국제연맹회의·만국평화대회 등의 국제회의가 개최되었다. 이러한 회의가 개최될 때마다 서영해는 회의에 참석하여 활동을 전개한 것이다.

서영해가 참석했던 첫 국제회의는 독일 프랑크푸르트Frankfurt am Main에서 열린 제2회 반제국주의연맹회의이다. 1929년 4월, 독일 베를린의 반제국주의동맹反帝國主義同盟이 주최하는 제2회 반제국주의연맹회의가 7월 20일부터 31일까지 프랑스 파리에서 개최된다는 소식이 전해졌다.[8] 이 회의에서는 세계 각국의 약소민족 대표자들이 모여 인도와 중국 등 아시아 약소민족 국가들의 문제와 식민지·반식민지 국가들의 정치·사회 문제를 중점적으로 논의할 예정이었다.[9] 인도·중국·필리핀·인도네시

---

8 「出版警察槪況－不許可 差押 및 削除 出版物 記事要旨」, 1929년 8월 22일, 『朝鮮出版警察月報』 제12호; 『동아일보』, 1929년 4월 26일, 「廿餘民族代表會合 反帝國主義大會」. 실제로 대회가 개최된 곳은 독일 프랑크푸르트이다. 유태인 중심의 상업도시로서, 도시의 성격이 자유로워 개최지로서 최적지였다고 한다(朝保秘 第2119號, 「反帝國主義及民族獨立期成同盟第2會大會一件」, 朝鮮總督府警務局長, 昭和4年, 306~307쪽).

9 제2회 반제국주의대회의 토의안과 결의안은 다음과 같다.
　一. 反帝國主義的團體의 同盟統一의 件
　二. 印度國民會議及印度勞動組合大會와 印度國民運動
　三. 南京政府와 國民黨의 態度
　四. 印度支那, 馬來諸島及比島의 國民運動
　五. 亞剌伯各民族協同의 必要
　六. 波斯民族의 活動

아·미국·멕시코·니카라과·쿠바·온두라스·영국·아일랜드·프랑스를 비롯한 23개국이 참가 의사를 밝혔다.[10]

한국에 이 소식이 전해진 건 1928년 11월 김법린을 통해서였다. 김법린은 승려이자 독립운동가로 활동했던 인물이다. 그는 1920년 말 프랑스로 유학 와서 소르본대학에서 철학을 전공하였고, 파리한인회 회장을 맡아 활동을 전개했었다.[11]

김법린

1928년 11월 베를린에 본부를 둔 반제국주의연맹사무국에서는 상임서기 명의로 당시 경성불교전수학교 교수로 있던 김법린에게 초청장을 보내왔다. 그 내용은 1929년 7월 파리에서 제2회 대회를 개최하는데, 한국 대표자도 출석할 수 있도록 해달라는 것이었다.[12]

반제국주의연맹사무국에서 김법린에게 이러한 요청을 한데는 이유가 있었다. 그것은 김법린이 반제국주의연맹회의에 참석하여 활동한 경험이 있었기 때문이다. 1927년 2월에 개최된 제1회 반제국주의연맹회의와 같은 해 12월에 열린 국제반제동맹 '총평의원회'에 참석한 것이 그것이다.

七. 非米兩洲의 黑人解放運動
八. 南米各國의 對米對英運動
九. 勞動組合과 反帝國主義運動
十. 植民地, 半植民地의 婦女의 社會的 政治的, 經濟, 地位
十一. 反帝國主義同盟의 二個年 間의 報告
十二. 同盟의 現勢, 幹部改選, 次回大會場所時日
十三. 其他事項(『동아일보』, 1929년 4월 26일, 「弱少族中心 討議決議案」).

10 『동아일보』, 1929년 4월 26일, 「卄餘民族代表會合 反帝國主義大會」.

11 김상현, 「김법린, 한국불교 새 출발의 견인차」, 『한국사시민강화』 43, 일조각, 2008, 401~412쪽; 조준희, 「김법린의 민족의식 형성과 실천 – 1927년 브뤼셀 연설을 중심으로 – 」, 『한국불교학』 53, 한국불교학회, 2009, 68쪽.

12 朝保秘 第2119號, 「反帝國主義及民族獨立期成同盟第2會大會一件」, 朝鮮總督府警務局長, 昭和 4年, 291쪽.

김법린은 1927년 2월 10일부터 14일까지 벨기에 브뤼셀 에그몽궁宮에서 열린 제1회 반제국주의연맹회의에 이극로李克魯·이의경李儀景·황우일黃祐日 등과 함께 한국대표로 참석하였다. 이들은 당시 프랑스와 독일에서 유학하던 유학생들이었다. 김법린은 파리 소르본대학에 다니며 파리한인회장을 맡고 있었고, 이극로와 황우일은 베를린 대학에, 이의경은 뮌헨대학에 재학 중이었다. 특히 이극로·황우일·이의경은 재독한인학생회在獨韓人學生會 회원이기도 했다. 이들은 『조선의 문제』라는 책자를 만들어 대회에 참석한 각국 대표와 기자들에게 한국의 실상을 알리고 한국 독립의 당위성을 역설하는 활동을 펼쳤다.[13]

1927년 12월에는 벨기에 브뤼셀에서 개최된 국제반제동맹 '총평의원회'에 참석하였다. 12월 9일부터 11일까지 3일 동안 개최된 이 회의에는 한국대표로 최린이 참석하였는데, 김법린은 최린의 통역을 맡았다.[14]

이처럼 김법린은 반제국주의연맹회의와 국제반제동맹에 참여하며, 이들과 연계를 맺어왔다. 이에 반제국주의 및 민족독립기성동맹사무국에서는 꾸준히 대회에 참가해 온 김법린을 통해 제2회 반제국주의연맹회의에 참가할 한국대표를 추천 받고자 한 것으로 보인다.[15] 한편 일본조선노동

13 박한용, 「일제강점기 조선 반제동맹 연구」, 고려대학교 대학원 박사학위논문, 2012, 68~69쪽.
14 박한용, 「일제강점기 조선 반제동맹 연구」, 고려대학교 대학원 박사학위논문, 2012, 73쪽.
15 베를린 반제국주의 및 민족독립기성동맹사무국은 한국에 대해 많은 기대를 가졌던 것 같다. 이들은 1927년 2월 개최된 반제국주의 및 민족독립기성동맹창립 제1회 대회와 같은 해 12월에 브뤼셀에서 열린 반제국주의 및 민족독립기성동맹총위원회에 참석했던 한국 참가자들의 활약에 깊은 인상을 받았다. 제1회 대회에 참가했던 허헌은 '조선에 있어서의 일본의 제국주의적 정치'라는 주제로 연설을 하였고, 조선에서 일본인을 驅逐해야한다는 결의안을 제출한 후 「조선」이라는 제목의 인쇄물을 회의장에 배포하였다. '총위원회'에 참석했던 천도교의 崔麟은 조선은 일본 제국주의의 압박에 대해서 계속 분투하고 있다고 보고하면서 조선인은 본 동맹에 큰 기대를 걸고 있다고 주장하였다. 그 이후 베를린의 반제국주의 및 민족독립기성동맹사무국은 경성 천도교 기관지인 開闢社, 경성농민동맹 등에게 집행위원회의 상황을 전해 오며 일정한 관계를 유지하였다(朝保秘 第2119號, 「反帝國主義及民族獨立期成同盟第2會大會一件」, 朝鮮總督府警務局長, 昭和4年, 290~291쪽).

총동맹본부에서도 같은 초대장을 우편으로 보내와 출석자의 유무와 기타 주의사항을 알려왔다.[16]

이에 따라 제2회 반제국주의연맹회의에 한국 대표자가 결정되었다. 서영해·김백평金白萍·김양수가 바로 그들이다. 서영해는 유불한인회留佛韓人會 대표로, 김백평은 유독고려학우회留獨高麗學友會 대표로, 김양수는 『삼일신보』 특파원 자격으로 회의에 참석하게 되었다.[17] 이 가운데 김백평은 유독고려학우회에서 활동하며 기관지 『헤바Heba』의 발간을 주도한 인물이다. 『헤바』는 재독한인들의 동정과 시국상황·본국소식 등을 알리기 위해 제작한 잡지인데, 그는 이극로와 함께 이 잡지의 발간을 책임졌다.[18] 김양수는 1925년 7월 하와이에서 개최된 범태평양회의에 서재필徐載弼·신흥우申興雨 등과 함께 참석하여 일제 식민통치의 참상을 알린 경험이 있는 인물이다. 1928년 6월부터는 허정·장덕수 등과 함께 『삼일신보』를 창간하고 주필로 활동 중이었다.[19]

이들이 김법린과 어떤 관계가 있어 대표자로 선출되게 되었는지 명확하게 알려진 것은 없다. 다만, 서영해와 김백평은 김법린이 프랑스에 유학하며 파리한인회 회장으로 활동했을 때 교류했을 가능성이 크다. 서영해가 1927년 2월 김법린이 브뤼셀 피압박민족대회에서 발표한 연설문을 가

16 朝保秘 第2119號, 「反帝國主義及民族獨立期成同盟第2會大會一件」, 朝鮮總督府警務局長, 昭和 4年, 291쪽.

17 朝保秘 第2119號, 「反帝國主義及民族獨立期成同盟第2會大會一件」, 朝鮮總督府警務局長, 昭和 4年, 291~293쪽. 당시 『동아일보』와 『조선일보』 기사에 의하면 파견자는 미국, 독일, 프랑스, 영국에 주재하는 인물들로 결정되었다고 한다(『동아일보』, 1929년 5월 23일, 「反帝國主義大會 朝鮮人代表四人」; 『조선일보』, 1929년 4월 26일, 「佛京 巴里에서 반제국주의대회, 세계 각지에서 대표 참석, 7월 20일부터 12일간」).

18 고정휴, 『한국독립운동의 역사』 54, 독립기념관 한국독립운동사연구소, 2009, 14쪽.

19 朝保秘 第2119號, 「反帝國主義及民族獨立期成同盟第2會大會一件」, 朝鮮總督府警務局長, 昭和 4年, 325쪽; 국가보훈처, 『독립유공자공훈록』 6, 1988, 608쪽.

지고 있었다는 점[20]과 김법린이 유독고려학우회의 연락을 통해 대회에 참석할 수 있었던 점[21]을 고려해 볼 때 이들은 서로 직간접적으로 연관을 맺고 있었음을 알 수 있다.[22]

서영해는 회의에 참석하기 위해 1929년 7월 중순경 독일 프랑크푸르트에 도착하였다. 그는 김백평과 함께 대회임시사무소에서 머물다가 7월 19일 도착한 김양수를 만나 회의와 관련된 대책을 강구하고 나섰다. 이들은 이 방면에 대해 자세한 소식을 알고 있는 김백평으로부터 본연맹의 조직 유래와 제1차 대회에 참석했던 우리 대표들의 활동상, 이번 대회의 중요 의안 등에 대한 이야기를 들을 수 있었다. 그리고 회의와 관련된 간략한 요지를 약정하기 위한 준비에 들어갔다.[23]

약정에 대한 논의는 크게 두 가지로 정해졌다. 그 하나는 막연한 호소보다도 무언가 우리들의 주장이 없어서는 안 된다는 것이었고, 다른 하나는 만주 동포들의 구축 문제와 같은 시국문제의 중요성을 설명하여 실제적인 영향을 가져올 수 있도록 노력하자는 것이었다.[24] 이러한 논의를 거

---

20 2018년 경남여고 역사관에 기증된 서영해 자료에 김법린의 연설문인 *RAPPORT SUR LA POLITIQUE IMPERIALISTE COLONIALE DU JAPON EN COREE*가 포함되어 있다.

21 조준희, 「김법린의 민족의식 형성과 실천 - 1927년 브뤼셀 연설을 중심으로 - 」, 『한국불교학』 53, 2009, 68쪽.

22 김법린과 김양수와는 특별한 공통점이나 교류 관계를 찾을 수 없다. 김양수가 제2회 반제국주의 연맹회의에 참석하게 되는 것은 '김우영 사건'에서 비롯된 것으로 보인다. 1928년 12월 31일 뉴욕의 한인교회에서 동포들의 친목도모 행사가 열렸다. 이 자리에서 김양수, 장덕수 등과 함께 참석했던 일제 안동현 부영사 김우영이 金龍河의 면도칼에 찔리는 사건이 발생하게 되었다. 이에 김양수는 사건에 책임을 지고 미국을 떠날 것을 결정하였다. 그러자 동지회에서 김양수를 반제국주의자연맹회의에 참석시키고자 나섰다. 김양수는 동지회 총재 이승만의 승인을 얻어 1929년 5월 10일 뉴욕을 떠나 유럽으로 향했다(『신한민보』, 1929년 1월 17일, 「부령사 김우영 피상과 뉴욕 한인사회 살풍경 망년회석상에서 김룡하씨의 의기 등등」; 1929년 1월 24일, 「장인환씨가 또 하나 낫습니다」; 『신한민보』, 1929년 1월 24일, 「三一신보사에 책임이 있소」; 『신한민보』, 1929년 5월 2일, 「김양수씨 귀국설」).

23 朝保秘 第2119號, 「反帝國主義及民族獨立期成同盟第2會大會一件」, 朝鮮總督府警務局長, 昭和 4年, 294쪽.

24 朝保秘 第2119號, 「反帝國主義及民族獨立期成同盟第2會大會一件」, 朝鮮總督府警務局長, 昭和

쳐 결정된 사항은 다음과 같다.

대회 前의 우리 대표의 준비

제1, 우리들은 각 대표단체의 어떠한 구애도 받지 않는 한인 대표로서 공동적 성
   명서를 발표할 것.
제2, 이상의 대표성명을 발표함에 있어 반제국주의연맹대회에 대해서는 서영해
   씨가 그 임무를 맡기로 하고, 반제국주의연맹의 일개 支體로서 이번에 새롭
   게 창설되는 반제국주의청년대회에는 김백평씨가 출마하는 것으로 할 것.
제3, 우리들의 공동성명을 발표하는데 우리 사정에 대한 일반적 소개와 호소는
   물론, 특히 우리 해방운동의 중요 策源地인 南北滿洲에 산재하는 조선인 驅
   逐 문제를 적발할 것과 일본 제국주의의 횡포에 강력히 대항하기 위해 특히
   반제국주의연맹의 東洋部 설치를 건의할 것.[25]

이들은 한국을 대표해 '공동성명서'를 발표할 것임을 밝혔다. 임무에 대
한 분담도 이루어졌다. 서영해는 반제국주의연맹대회에 관한 임무를 수
행하기로 하였고, 반제국주의청년대회에는 김백평이 대표로 출전하기로
하였다. 이와 함께 '공동성명서'에 포함될 내용에 대한 언급도 있었다. 현
재 한국이 처한 상황을 알리면서, 특히 독립운동의 중요 지점인 남북만
주에 거주하고 있는 한국인 구축 문제와 일제에 대항하기 위한 조직으로
'반제국주의연맹 동양부' 설치를 건의하기로 하였다.

이와 같은 방침이 결정된 후, 서영해가 반제국주의연맹대회에서 발표할
원고초안을 작성하였다. 원고가 작성된 후에는 면밀한 검토가 이루어졌

4年, 313쪽.
25 朝保秘 第2119號, 「反帝國主義及民族獨立期成同盟第2會大會一件」, 朝鮮總督府警務局長, 昭和
   4年, 294~295쪽.

다. 그 과정에서 서로 이견異見도 있었다. 반제국주의연맹에 대해서 서로 다른 생각을 가지고 있었고, 자신들이 앞으로 이 기관과 어떻게 연락을 취해야 하는가에 대해서 논의가 있었던 것이다. 다행히 의견 절충이 이루어져 원만하게 마무리할 수 있었다.[26]

1929년 7월 20일부터 21일까지 반제국주의연맹회의의 서막이라 할 수 있는 반제국주의청년대회가 개최되었다. 개회 시작부터 영국 공산당의 거두인 서클라트바라의 격동적 연설이 있었다. 대회에 참석한 각 대표자들은 각국의 청년운동이 진행되는 경과를 발표하고, 일반 자본주의 국가의 내부적 압박이 혹독하다는 것을 지적하였다. 그리고 이러한 자본주의 국가의 충복인 각종 반동세력을 공격하는 것은 물론 국제적으로는 군비축소의 가면을 쓰고 오히려 전쟁 준비에 급급하다는 것과 이번 중국과 러시아 양국 간의 중동선 철도문제의 분규에 편승해서 영국·미국·일본 등이 암암리에 러시아 정부를 포위한다는 공동적 음모가 얼마나 교활한가를 언급했다. 결론적으로는 중국 정부와 영국 노동당 내각의 타도, 전 세계 해방운동의 조국인 러시아의 절대옹호를 위해 전 세계 무산無産대중의 결속과 총동원을 절실히 요구하는 것이었다.[27]

서영해를 비롯한 한인대표는 이러한 논쟁에 참여해야할 필요와 흥미를 느끼지 못하였다. 그 이유는 두 가지로 살펴볼 수 있다. 우선 한국문제가 중요 논점으로 부각되기 어려운 상황이었다. 반제국주의라는 동일한 목표를 가졌지만, 공산주의자와 민족주의 극좌파가 대다수를 점령한 상황에서 중국과 러시아의 시국문제가 중요 논점으로 다루어지게 된 것이

---

26 朝保秘 第2119號, 「反帝國主義及民族獨立期成同盟第2會大會一件」, 朝鮮總督府警務局長, 昭和 4年, 295~306쪽.
27 朝保秘 第2119號, 「反帝國主義及民族獨立期成同盟第2會大會一件」, 朝鮮總督府警務局長, 昭和 4年, 296쪽.

다.[28] 두 번째 이유는 한인대표에 대한 처우문제였다. 대회 주최 측에서는 한인대표를 위한 별도의 좌석도 마련해 주지 않았다. 이로 인해 대회간사와 언쟁을 벌이기까지 하였다.[29]

이러한 어려운 상황에도 불구하고 대회에 참가한 한인대표들은 자신들이 계획한 활동을 추진하였다. 청년대회를 담당했던 김백평은 우리 청년운동의 역사적 배경과 대중적·혁명적으로 확대·심화된 중심사조中心思潮의 변천을 담은 등사물을 회원들에게 배포하며 한국을 알리는데 힘썼다. 또한 일본 제국주의를 공격하기 위해서는 특히 동양대표자들의 결속이 필요하다고 주장하여 열렬한 성원을 받았다.[30]

1929년 7월 21일 반제국주의청년대회가 마무리 되자, 반제국주의연맹회의가 본격적으로 개최되었다. 전 세계를 망라하여 모두 1천여 명의 각국 대표들이 참석하였고, 방청자는 2천여 명에 달했다.[31] 이 회의에서는 서영해가 임무를 맡아 수행하였는데, 그 활약은 대단하였다. 서영해는 7월 25일 오후 회의장에 들어섰다. 회의에 참석한 사람들은 연일 계속된 회의로 피로가 누적되어 있었다.

이러한 장내 분위기 속에서 서영해가 연설을 시작하였다. 그는 다른 어떤 국가의 대표자와 비교해도 뒤지지 않을 열변을 토했다. 이따금씩 '명쾌한 프랑스어'로 모든 장내를 긴장하게 만들었다. 5척 미만의 단신임에

---

28 朝保秘 第2119號, 「反帝國主義及民族獨立期成同盟第2會大會一件」, 朝鮮總督府警務局長, 昭和 4年, 297쪽.

29 朝保秘 第2119號, 「反帝國主義及民族獨立期成同盟第2會大會一件」, 朝鮮總督府警務局長, 昭和 4年, 308쪽.

30 朝保秘 第2119號, 「反帝國主義及民族獨立期成同盟第2會大會一件」, 朝鮮總督府警務局長, 昭和 4年, 299쪽.

31 朝保秘 第2119號, 「反帝國主義及民族獨立期成同盟第2會大會一件」, 朝鮮總督府警務局長, 昭和 4年, 326쪽.

도 불구하고 모든 장내 구석구석까지 목소리가 울려 퍼졌다. 중요한 어구에는 적당한 '웅변의 자세'를 취했다.[32]

서영해의 연설은 회의 주제와 목적에 맞게 논리정연하고 체계적이었다. 그는 한민족의 역사적 배경을 설명하며, 한민족이 동양 민족 가운데서도 오랜 문화를 가진 민족임을 나타냈다. 이어서 한국이 일본에 의해 병탄되는 전말과 이후의 상황을 밝혔다. 정치·경제·사회·문화 등의 각 방면에서 일본에 의해 극도로 전제專制·침탈·차별·억압을 받는 한국의 상황을 알렸다. 그리고 이러한 일제에 대항하여 전 민족이 하나가 되어 일어난 3·1만세시위운동에 대해서도 설명하였다. 1919년 3·1만세시위운동이 일어나게 된 내외적인 인과관계를 분석하고, 3·1만세시위운동 이후 나타난 노동자·농민의 의식 성장을 언급하며 현재 독립운동의 형태가 점점 확대되고 있음을 전했다.[33]

독립운동의 중요 거점인 만주의 상황에 대해서도 상세히 알렸다. 그러면서 국제문제를 바라보는 자신만의 냉철한 관점을 제시하였다. 그는 현재 만주에서 증가하고 있는 참상을 전하며, 만주의 한인 문제를 격렬한 어조로 언급하였다. 일제와 중국 군벌이 결탁하여 각종 수단과 방법으로 한인을 쫓아내려 한다는 것이었다. 이것은 단순히 만주에 거주하는 한인들의 '사활死活'이 걸린 문제일 뿐만 아니라, 전 세계 반제국주의운동에 대한 큰 위협이라고 주장하였다. 그리고 마지막으로 전 세계 민중이 일본과 중국의 군벌주의에 대항하여 한층 더 확고한 결속을 추구하지 않으면

---

32 朝保秘 第2119號, 「反帝國主義及民族獨立期成同盟第2回大會一件」, 朝鮮總督府警務局長, 昭和4年, 310~311쪽.
33 朝保秘 第2119號, 「反帝國主義及民族獨立期成同盟第2回大會一件」, 朝鮮總督府警務局長, 昭和4年, 311~312쪽.

안 된다는 결론을 내리며 40분간의 연설을 마쳤다.[34]

서영해의 연설은 회의에 참석한 대중들에게 깊은 인상을 주었다. 한국 독립에 대한 굳은 신념과 세계평화를 실현하고자 하는 의지로 가득 찬 열변이었기 때문이다. 그의 연설에 각국 대표들 역시 많은 감동을 받았다.[35]

이러한 서영해의 활약은 『삼일신보』 특파원 자격으로 함께 대회에 참가했던 김양수에 의해 외부로 알려지게 되었다. 서영해의 활약을 직접 지켜본 김양수가 그 과정을 서신에 기록하여 미국에 있는 허정에게 알린 것이다. 당시 허정은 미국 뉴욕에서 창간된 『삼일신보』[36] 사장으로 활동 중이었다. 김양수의 서신을 통해 서영해의 활약상을 접한 허정은 서영해에게 서신을 보냈다. "수학하시는 중에 우리 민족 사업을 위하시어 많은 활동이 계심을 앙문仰聞하얏고 감행불기感幸不己 하였습니다. 더욱이 금번에는 반제국주의대회에서 노력이 다대多大하셨사음을 감축感祝하였습니다. 시하時下에 학체學體가 연호왕連護旺 하압시고 연구하심이 일진日進되심을 앙축하나이다."[37]라고 반제국주의연맹회의에서 한국독립 문제를 위해 맹활약을 펼친 서영해에게 감사를 전했다. 아울러 서영해가 반제국주의연맹회의에서 활약한 사실을 본보 제65호에 실어서 모든 독자에게 알리겠다고 하였다. 『삼일신보』는 창간취지서에 "대한민국 독립의 완성을 위한

---

34 朝保秘 第2119號, 「反帝國主義及民族獨立期成同盟第2會大會一件」, 朝鮮總督府警務局長, 昭和 4年, 312쪽.

35 朝保秘 第2119號, 「反帝國主義及民族獨立期成同盟第2會大會一件」, 朝鮮總督府警務局長, 昭和 4年, 292쪽.

36 『삼일신보』(The Korean National Weekly)는 이봉수·허정·장덕수·김양수 등이 1928년 6월 29일 미국 뉴욕에서 창간한 주간신문이다(김점숙, 「미주 한인 이민사 자료의 현황과 수집방안」, 『한국사론』 39, 국사편찬위원회, 2003, 273쪽). 제호를 『삼일신보』라고 한 것은 3·1운동의 정신을 계승·발전시킨다는 의미에서였다(박용규, 「일제강점기 뉴욕 한인언론의 특성과 역할 – 디아스포라적 정체성을 중심으로」, 『한국언론학보』 60, 한국언론학회, 2016, 81쪽).

37 「허정이 서영해에게 보낸 서신」, 1929년 9월 19일.

한민족의 자각을 촉성하기 위해 여론을 환기시키고 대동단결 진작을 목적"으로 창간되었음을 밝혔는데,[38] 때문에 한국 또는 해외에서 벌어지는

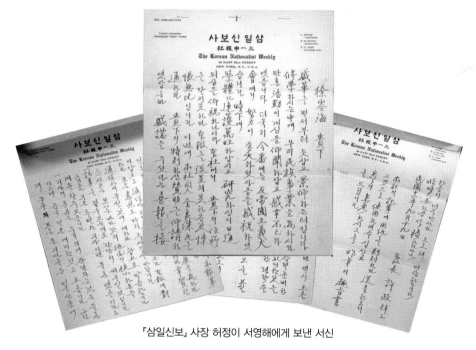

『삼일신보』 사장 허정이 서영해에게 보낸 서신

독립운동 소식을 다수 게재하고 있었다.[39] 국제무대에서 한국 독립에 대한 굳은 신념과 의지를 알린 서영해의 활약상을 국외에 거주하는 동포들에게 널리 알리고자 하는 의도였다.

2) 스위스 제네바 국제연맹회의 참석

서영해는 독일 프랑크푸르트에서 열린 반제국주의연맹회의에 참석한

---

38 국사편찬위원회 소장, 「三一申報 創刊趣旨書」, 『移入輸入 不穩刊行物 槪況』, 1928.
39 이해창, 『한국신문사연구』, 성문각, 1971, 186~187쪽.

데 이어서 1933년에는 스위스 제네바Geneva에서 열린 국제연맹회의에 참석하였다. 당시 제네바의 국제연맹총회에서는 1932년 11월에 리튼Lytton 조사단이 제출한 「리튼보고서」에 대한 심의가 이루어지고 있었다. 1931년 9월 18일 만주사변 발발 이후 국제연맹League of Nations은 리튼 조사단을 파견하여 만주 실정을 조사하였고, 제네바에서 국제연맹회의를 개최한 것이었다.[40]

서영해는 이 회의에 이승만과 함께 참석하였다. 당시 이승만이 국제연맹회의에 참석하게 되는 것은 임시정부로부터 '특명전권수석대표'로 임명되었기 때문이다. 임시정부는 국제연맹회의에서 중국과 일본 간의 분쟁이 일어나자, 공식적인 외교활동의 필요성을 느꼈다. 그래서 1932년 11월 10일 국무회의 주석 조완구·외무장 조소앙 명의로 「신임장」을 작성하여 이승만에게 보냈다. 「신임장」에는 "국무회의의 의결을 거쳐 전前 대통령 이승만 박사를 제네바 국제연맹에 파견하는 특명전권수석대표로 선정하였습니다."라고 명시하였다.[41]

이에 따라 임시정부의 '특명전권수석대표'로 임명된 이승만은 회의 참석을 위해 1932년 12월 23일 제네바로 향했다. 그는 아일랜드와 영국·프랑스를 거쳐 1933년 1월 4일 스위스 제네바에 도착할 수 있었다.[42] 그리고 그곳에서 기다리고 있던 서영해와 만남을 가졌다.

서영해는 국제연맹회의를 중국문제와 더불어 한국이 국제사회로부터

---

40 조사단은 위원장 리튼(Victor Alexander Lytton)을 비롯하여 프랑스의 끌로델(Henri Claudel), 독일의 슈네(Heinrich Schnee), 이탈리아의 알도르반디(Luigi Aldrovandi), 미국의 맥코이(Frank R. McCoy)로 구성되었다(이교덕, 「滿洲事變과 國際聯盟 : 集團安全保障體制의 한계」, 고려대학교 대학원 박사학위논문, 1991, 184쪽).

41 우남이승만문서편찬위원회, 『우남이승만문서 동문편』 6, 중앙일보사, 1998, 437~439쪽.

42 손세일, 「이승만과 김구」, 『월간조선』 통권 제317호, 2006, 554쪽.

독립을 승인 받고, 국제연맹에 가
입할 수 있는 기회로 여겼다. 그는
1933년 1월 6일부터 제네바에서 이
승만과 함께 활동에 들어갔다. 서
영해의 역할은 이승만과 한국 독립
을 지원해 줄 조력자들을 주선하
는 것이었다. 서영해는 "불란서 언
론계와 출판계의 임시 특파기자"로
활동하며 유럽 각지를 돌아다닌 경
험을 가지고 있었다. 이를 통해 세
계 각국의 외교관 및 언론인들과

이승만과 서영해

폭넓게 교제하면서 친분을 쌓을 수 있었다.

서영해가 처음 접촉을 시도한 것은 중국 인사들이었다. 1933년 1월 6일
서영해는 이승만과 함께 중국대표단 본부를 찾아가 중국대표단 단장 안
혜경顏惠慶과 만남을 주선하였다. 이승만과 안혜경은 장시간 대화를 나누
며 한국독립 문제를 국제연맹에 상정할 수 있는 방안을 논의하였다.[43] 같
은 달 11일에는 주영공사 곽태기郭泰祺와 중국대표 고유균顧維鈞과 회견
을 가졌다. 이들은 한국과 중국 양 국민의 협동을 위해 서로 노력할 것을
결의하였다.[44]

미국과 아일랜드인 조력자들과도 만남을 가졌다. 1월 16일 서영해는 어
느 한 교회에서 미국인 멀 데이비스Merle Davis를 만나 이승만과 연결시

43 손세일, 「이승만과 김구」, 『월간조선』 통권 제317호, 2006, 556쪽.
44 『민중일보』, 1947년 12월 12일, 「유엔委員團長胡世澤氏, 우리 獨立爲하야 애써온 분」; 손세일,
    「이승만과 김구」, 『월간조선』 통권 제317호, 2006, 557쪽.

켜 주었다. 데이비스는 1925년에 하와이에서 열린 제1회 태평양회의의 간사로 활동했던 인물이었다. 1월 20일에는 이승만과 함께 아일랜드 대표단 본부를 찾아가 아일랜드 대표 레스터Lester와 접촉하기도 하였다.[45]

이처럼 서영해는 한국독립운동을 선전할 수 있는 중요한 '연결고리' 역할을 수행하였다. 서영해를 통해 연결된 이승만과 중국대표단은 이후 지속적인 만남을 가지며 한국과 중국문제 해결을 위한 협조방안을 마련해 나갔다. 또한 데이비스와 레스터와도 추후 연락을 취하며 한국문제 해결을 위해 노력할 수 있는 길을 만들었다.

서영해의 활동은 여기에만 그치지 않았다. 그는 이승만과 함께 제네바에 머물며 선전 책자를 발간하였다. 고려통신사의 이름으로 발행한 『만주의 한국인들 : 이승만 박사의 논평과 함께 리튼보고서 발췌』가 그것이다.[46] 이 책자는 이승만이 국제연맹에 한국문제를 제출하기 위한 선전 자료로 중요하게 활용한 것이다. 「리튼보고서」 가운데 만주의 한인 관련 부분을 상당 부분 인용하여 만주에 있는 한국인의 곤경과 일본인의 비인도적 행위를 고발하고 한국 독립의 필요성을 역설하였다.[47] 발행 목적은 "중일전쟁 문제에 대한 의사결정을 위해서 국제연맹·언론매체·공정성을 대표하는 모든 사람들과 조직 등에서 파견된 정부대표들의 관심을 집중시키는데" 있었다.[48]

서영해는 『만주의 한국인들』의 발행을 책임졌다. 원래 이승만은 파리

---

45 손세일, 「이승만과 김구」, 『월간조선』 통권 제317호, 2006, 560~561쪽.
46 국사편찬위원회, 『대한민국임시정부자료집』 18, 2007, 334쪽.
47 방선주, 「1930년대의 재미한인의 독립운동」, 『한민족독립운동사』 8, 국사편찬위원회, 1990, 442쪽; 고정휴, 『한국독립운동의 역사』 54, 독립기념관 한국독립운동사연구소, 2009, 183~186쪽.
48 국사편찬위원회, 『대한민국임시정부자료집』 18, 2007, 334쪽.

에서 「리튼보고서」를 입수하
여 자신이 쓴 「만주에 있는
한국인」이라는 글과 함께 발
행하고자 했다. 하지만 파리
에서 영어로 된 「리튼보고서」
를 구하지 못하자, 다시 제네
바로 가서 그것을 구해 서영
해에게 보낸 것이다.[49]

서영해는 『만주의 한국인
들』을 고려통신사에서 발행
하였다. 정황상 『만주의 한국
인들』의 편집과 제작에 서영
해가 일정한 역할을 한 것으
로 생각된다. 그 이유는 이승

『만주의 한국인들』 표지. 아래쪽에 고려통신사에서 발행
되었다는 것이 표기되어 있다.

만이 짧은 시간 내에 혼자서 그 책자를 집필·편집·발행하는 것은 무리한
일이기 때문이다.

서영해는 언론계를 움직여 한국 독립에 우호적인 언론활동도 펼쳤다.
1933년 2월, 이승만에게 "제네바에서 발행되는 모든 프랑스어 신문들이
오는 금요일에 한 방송국에서 영어와 프랑스어로 우리의 항의를 방송할
것"이라고 보고한 것이 그것이다.[50] 프랑스 언론계에서 활동하며 얻은 폭
넓은 관계를 활용하여 한국독립 문제를 언론을 통해 알리는 그의 능력이

49 손세일, 「이승만과 김구」, 『월간조선』 통권 제317호, 2006, 576쪽.
50 손세일, 「이승만과 김구」, 『월간조선』 통권 제317호, 2006, 568쪽.

돋보이는 활동이라 할 수 있다.

이러한 서영해의 활동은 국제연맹에서 소기의 성과를 거두었다. 일본이 국제연맹 탈퇴 의사를 표명한 것이다. 1933년 1월 16일 활동을 재개한 19인위원회는 1933년 2월 14일 「리튼보고서」의 채택과 만주국 불승인을 내용으로 하는 권고안을 채택했다.[51] 이어 2월 24일에는 국제연맹 총회에서 19인위원회의 권고안과 「리튼보고서」의 채택여부를 표결에 부쳤다. 결과는 찬성 42·반대 1(일본)·기권 1(태국)이었다.[52] 이에 일본대표 마쓰오카는 "일본 정부는 일본과 중국 분쟁에 관해 국제연맹과 협력하는데 있어 그 한계에 이르렀음을 느끼지 않을 수 없다."[53]고 한 뒤, 회의장을 빠져나갔다. 이후 3월 27일 일본은 국제연맹에 정식으로 탈퇴 의사를 통고하였다.[54]

서영해의 외교활동으로 한국의 독립승인과 국제연맹 가입이라는 목표는 달성하지 못했다. 하지만 만주의 한국인 문제를 집중 부각시켜 일제의 만주침략과 만주국 수립의 부당성을 지적함으로써 「리튼보고서」 채택에 일조하였다. 더 나아가 1933년 3월 일본의 국제연맹 탈퇴를 이끌어냈다.

3) 벨기에 브뤼셀 만국평화대회 참석

서영해는 유럽지역에서 국제회의가 열리면, 이에 참석하여 한국의 독립을 위한 외교활동을 전개하였다. 스위스 제네바에서 열린 국제연맹회의

51 이교덕, 「滿洲事變과 國際聯盟 : 集團安全保障體制의 한계」, 고려대학교 대학원 박사학위논문, 1991, 225쪽; 유신순 지음 · 신승하 외 옮김, 『만주사변기 중일외교사』, 고려원, 1994, 359쪽.
52 유신순 지음 · 신승하 외 옮김, 『만주사변기 중일외교사』, 고려원, 1994, 302쪽; 가토 요코 지음 · 김영숙 옮김, 『만주사변에서 중일전쟁으로』, 어문학사, 2012, 189~190쪽.
53 일본역사학연구회, 『태평양전쟁사』 1, 채륜, 2017, 224쪽.
54 유신순 지음 · 신승하 외 옮김, 『만주사변기 중일외교사』, 고려원, 1994, 363쪽.

에 참가하여 활동한 것을 비롯하여 1936년 9월 벨기에 브뤼셀Brussels에서 만국평화대회가 개최되자 이에 참가하여 외교활동을 벌였다.

만국평화대회Le Rassemblement Universel pour la Paix, World Peace Congress, Brussels, Sept. 3-6, 1936는 1936년 9월 3일부터 6일까지 벨기에 브뤼셀에서 개최되었다. 이 대회에서는 각국 대표들이 노동조합분과·항공인협회분과·교육분과·의회분과로 나뉘어 구체적인 논의를 벌일 예정이었다. 대회의 규모는 상당했다. 이스라엘의 정치인 에리오Herriot와 알렉상드르를 비롯한 40여 개국 대표 3,000여 명의 관계자들이 참석하여 성황을 이루었다.[55]

서영해도 벨기에 브뤼셀에서 만국평화대회가 개최된다는 소식을 접했다. 소식을 접한 그는 파리에서 브뤼셀로 향했다. 서영해는 이 대회에 참석하여 외교활동을 수행하였다.

서영해는 대회 당일인 9월 3일 브뤼셀에 도착하였다. 그가 대회장에 도착했을 때는 각국에서 파견한 많은 대표들과 기자들이 모여 있었다. 대회장에 입장한 그는 그곳에 모여 있던 각국 대표들과 기자들을 향해 한국의 사정과 독립운동을 널리 선전하였다. 한국독립운동의 현재 상황을 자세히 설명하고, 세계평화와 동아시아 평화의 앞날에서 한국이 차지하는 중요성을 역설하였다.[56]

이어서 각국 대표들과도 만남을 가졌다. 그는 각국 대표들을 일일이 예방禮訪하며 한국 독립의 당위성을 역설하였다. 한국 민족이 주장하는 평화는 결코 노예적 평화가 아니며, 자유 민족의 평화임을 강력히 주장하

---

55 국사편찬위원회, 『대한민국임시정부자료집』 35, 2009, 271~272쪽; 국사편찬위원회, 『유럽한인의 역사』 하, 2013, 132~133쪽.
56 국사편찬위원회, 『대한민국임시정부자료집』 별책 3, 2010, 304쪽.

였다. 그렇기 때문에 한국 민족은 우리의 자유 독립을 위해 일본과 최후 일각 최후일인까지 필사적으로 싸울 것이라는 사실도 알렸다. 그는 각국 대표들을 향해 한국 독립을 위한 정의의 원조를 부탁하기도 하였다. 일본에게 정의와 인도를 언급하는 것은 '우이독경牛耳讀經'과 같으므로, 진정한 평화를 원하는 자는 반드시 한국 독립을 정신적·물질적으로 도움을 줄 것을 요청하였다.[57]

이러한 서영해의 활동은 성과를 거두었다. 대회 공회위원회에서 침략국에 대하여 군수품의 제조와 운반을 거절하기로 결정한 것이다.[58] 이 대회의 주된 논의가 노동조합분과와 항공인협회분과에 집중되어 전개된 점을 감안할 때, 서영해가 펼친 외교활동의 성과는 자못 크다고 할 수 있다.[59]

4) 벨기에 브뤼셀 구국공약회九國公約會 참석

서영해는 임시정부의 요청에 의해 유럽에서 개최되는 국제회의에 참석하여 활동하기도 하였다. 벨기에 브뤼셀에서 열린 구국공약회의에 참석한 것이 그것이다. 1937년 11월 3일부터 24일까지 벨기에 브뤼셀에서 '중국문제 해결'을 위한 국제회의가 개최되었다. 1937년 7월 중일전쟁이 발발하자, 중국 정부는 일본의 침략 행위를 국제연맹에 제소하였다. 이에 국제연맹총회는 10월 6일 워싱턴 조약에 근거하여, 중국의 문호개방과 영토보존을 약속했던 9개 조약가맹국(영국·미국·일본·중국·프랑스·이탈리아·포르투갈·벨기에·네덜란드)들과 소련·노르웨이·덴마크 등이 모여 회의 소집을 결

---

57 국사편찬위원회, 『대한민국임시정부자료집』 35, 2009, 271~272쪽.
58 국사편찬위원회, 『대한민국임시정부자료집』 35, 2009, 272쪽.
59 국사편찬위원회, 『유럽한인의 역사』 하, 2013, 132~133쪽.

의하였다.[60] 그리하여 11월 3일 벨기에의 수도 브뤼셀에서 중국문제를 토의하기 위한 회의가 개최되었다.

이 소식은 임시정부에도 전해졌다. 브뤼셀 회의 소식을 접한 임시정부는 즉시 회의 참석을 위한 준비에 들어갔다. 브뤼셀 회의에 대한 임시정부의 정책은 3단계로 추진되었다. 첫 단계는 한국광복운동단체연합회선전위원회韓國光復運動團體聯合會宣傳委員會(이하 선전위원회)[61] 명의로 브뤼셀 회의 의장에게 전문을 보내는 것이었고, 2단계는 서영해를 통해 전문을 프랑스어로 번역해 각 통신사와 기관에 배포하는 것이었다. 마지막 3단계는 서영해가 직접 회의에 참석하여 활동을 펼치는 것이었다.

임시정부는 1단계 실행에 나섰다. 1937년 10월 26일 선전위원회는 브뤼셀 회의 의장에게 전문을 보냈다. 이 전문에서 선전위원회는 "우리 한인 2,300만의 혁명군의 중국 5억만의 무장민중은 긴밀한 연락과 영용英勇한 결지決志로써 각각 조국을 완전히 광복할때까지 일본에 대하여 합력合力 항전할 것을 선언"[62]하였다. 아울러 한국의 자주독립 완성, 만주에 살고 있는 200만 한인의 생존권 보장, 우방友邦인 중국의 자유 발전을 위하여 의견을 제출함을 밝혔다.

브뤼셀 회의 의장에게 보낼 전문이 완성되자, 임시정부는 2단계 실행에 나섰다. 선전위원회 주임을 맡은 조소앙이 파리에 있는 서영해에게 이 사

---

60 진형주, 「1930年代 日本과 歐美列强間의 外交關係가 中·日 戰爭에 미친 影響에 關하여」, 이화여자대학교 대학원 석사학위 논문, 1985, 51쪽; 한상도, 『한국독립운동과 국제환경』, 한울, 2000, 247쪽.

61 한국광복운동단체연합회선전위원회는 1937년 한국국민당, 한국독립당, 조선혁명당, 동지회, 국민회, 한인애국단, 대한인부인구제회 등 9개 단체가 참여한 韓國光復運動團體聯合會가 공동으로 선전활동을 전개하기 위해 특별히 조직한 연합기관이다(국사편찬위원회, 『대한민국임시정부자료집』 33, 2009, 273~274쪽).

62 韓國光復運動團體聯合會宣傳委員會, 「九國公約會議長 閣下」, 1937년 10월 26일.

실을 알린 것이다. 당시 조소앙은 한국독립당 대표로서 한국광복운동단체연합회 결성에 적극적으로 참여하였고, 선전위원회 주임을 맡아 창립 선언문을 기초하는 등 선전위원회를 주도적으로 이끌었다.[63] 조소앙은 서영해에게 편지를 보내면서 의장에게 보낼 전문은 따로 발송한 것 같다.[64] 편지의 내용은 다음과 같다.

> … 아우는 항주로부터 남경에 와서 연합 선전위원회의 주임이라는 직무를 가지고 여러 단체의 위원과 합작으로 진행하는 중입니다. 아시는 바와 같이 통일적 대당을 만들 계획으로 우선 합작을 개시하였습니다. 아우는 한국독립당의 한 사람으로 이곳에서 일합니다. … 우리 형이 파리에 계시기 때문에 일체의 전송 교섭 등을 형에게 위탁하기로 공결되었고, … 다만 번역된 뒤에는 번역본 여러 권을 여기로 보내주십시오. 일종의 선전이니 각 통신사와 보관으로 분배하여 주시기 바랍니다. … 지나치게 위험 있는 공작이지만 월간 한자보를 다음 달부터 발간하겠습니다. 문자선전에 관하여 국제정세와 밀접한 관계가 있으니 각 신문 보도 중에서 극동에 관한 재료나 형의 활동하신 경과나 또 원고로 좋은 의견을 주시면 월보에 발표하겠습니다. …[65]

먼저 조소앙은 자신의 소식을 전했다. 그는 항주에서 남경으로 와서 자

---

63 김기승, 『(대한민국 임시정부의 이론가) 조소앙』, 독립기념관 한국독립운동사연구소, 2015, 125쪽.

64 한국광복운동단체연합회선전위원회에서 구국공약회 의장에게 보내는 호소문을 작성한 날짜와 조소앙이 서영해에게 편지를 보낸 날짜가 같다. 이것은 조소앙이 서영해에게 의장에게 보내는 호소문을 함께 보낸 것으로 보인다. 그러나 서영해가 작성한 「뿌류쉘 九國公約會參席報告書」에 의하면 "회의가 끝난 뒤에 生은 比國 都市 "리에즈", "루망" 兩處에 태평양 문제에 대한 강연차로 떠났는데 "루망"서 11월 30일에 조소앙 선생이 보내신 구국공약회장께 가는 호소서 원문을 받게 되었습니다. 동봉한 皮封日付印이 증명하는 바와 같이 이 원문이 巴里에 도착 하기는 11월 27일인 구국회의가 끝난 3일 후입니다."라고 하는 것으로 보아 조소앙은 서영해에게 편지와 호소문을 각각 보낸 것으로 판단된다(서영해, 「뿌류쉘 九國公約會參席報告書」, 1937년 12월 3일; 서영해, 「서영해가 조소앙에게 보낸 서신」, 1937년 12월 3일).

65 「조소앙이 서영해에게 보낸 서신」, 1937년 10월 26일.

신이 선전위원회 주임의 직무를 맡고 있음을 밝혔다. 한국독립당의 일원으로 통일적 대당을 조직할 계획으로 여러 단체와 합작을 진행하고 있다는 소식도 알려왔다. 그런 후에 조소앙은 선전위원회의 모든 전송 교섭이 서영해에게 위탁되었음을 알리고, 서영해가 수행해야할 임무를 전달하였다.

서영해가 부여 받은 임무는 두 가지이다. 하나는 선전위원회가 보낸 전문을 프랑스어로 번역하여 각 통신사에 배포하는 것이고, 다른 하나는 임시정부가 전개할 선전활동에 필요한 자료나 원고를 보내는 것이었다. 조소앙은 선전위원회의 모든 전송과 관련된 교섭이 파리에 있는 서영해에게 위탁되었음을 알렸다. 그러면서 의장에게 보낸 전문을 프랑스어로 번역하여 각 통신사에 배포하여 줄 것을 부탁하였다. 번역된 전문의 배포를 통해 한국의 독립에 대한 의지와 한중 양국의 투쟁을 알리려고 한 것이다. 또한 번역물의 송부와 보관도 당부하였다. 번역물 여러 권을 제본하여 임시정부로 보내고, 그것을 각 통신사에 배포하여 보관해 달라고 한 것이었다.

서영해가 임시정부로부터 부여받은 두 번째 임무는 선전활동과 관련된 자료를 보내는 것이었다. 서영해는 조소앙으로부터 임시정부가 문자선전활동을 전개할 것이라는 소식을 전달받았다. 조소앙은 다음 달부터 임시정부에서 『한자보』라는 선전물을 월간으로 발행할 것이라고 전하며, 서영해에게 국제정세와 극동정세 또는 서영해의 활동과 관련된 자료나 원고를 보내달라고 요청하였다.[66]

이처럼 임시정부가 적극적으로 활동에 나선대는 이유가 있었다. 임시정

---

66 「조소앙이 서영해에게 보낸 서신」, 1937년 10월 26일.

부는 이 회의를 통해 한민족의 입장을 밝히며, 극동문제에 중심이 되는 한중 양국의 결심을 알리려고 했기 때문이다.

임시정부의 명령을 받은 서영해는 1937년 11월 3일부터 24일까지 열린 브뤼셀 회의에 참석하였다. 1937년 11월 초, 임시정부로부터 회의 참석에 필요한 여비 200원도 지급 받았다. 하지만 서영해는 회의가 열리는 브뤼셀에 가는 것을 주저하였다. 거기에는 이유가 있었다.

> 구국공약회의 내용과 목적을 보와서든지 위험한 시국을 눈앞에 두고 브리셀 회의를 召集한 동기를 보와서는 우리로서 큰 활동을 할 만한 기회라고 보이겠습니다. 그러나 근래 모든 국제회의 및 國聯會議까지도 不過 形式이요, 其 實은 開會 前에 世界 外交의 서울이라 볼만한 巴里에서 大綱이 미리 作定됩니다. 列國政府, 特히 佛蘭西 外務省 "콤뮤니게"의 사어줄을 읽을 줄 알며 또 政界 與論의 後幕을 볼 줄 아는 사람은 開會 前에 會議結果를 미루어 볼 수 있습니다.[67]

서영해는 브뤼셀 회의가 한국에게 도움이 될 것으로 판단하였다. 하지만 최근 개최된 모든 국제회의를 볼 때, 모두가 형식적이며, 실제로는 이미 회의가 열리기 전에 열강에 의해 결과가 결정되어 있음을 파악하고 있었다. 프랑스 외무성 문서를 읽을 줄 알고, 정계 여론에 관심을 가진 사람이라면 개회 전에 회의결과를 짐작할 수 있다는 것이었다.

서영해는 파리 언론계에서 활동하면서 국제정세를 면밀히 파악하고 있었다. 때문에 브뤼셀 회의의 결과도 미리 짐작하고 있었음이 분명하다. 그러나 서영해는 임시정부의 명령을 따랐다. 그는 1937년 11월 8일 임시정부

---

67 서영해, 「뿌류셀 九國公約會參席報告書」, 1937년 12월 3일.

「뷰류쎌 구국공약회 참석보고서」

로부터 명령을 받고 회의 참석을 결심하였다.[68]

　서영해는 1937년 11월 10일 벨기에 브뤼셀에 도착하였다. 그가 도착할 당시 회의 분위기는 중국 측에 좋지 않은 상황이었다. 서영해는 "과반수 이상의 대표단은 일본에 중벌重罰은 불원不願하고 조약위반급벌선언승인條約違反及罰宣言承認까지 반대하며 자기내의 정부훈령政部訓令을 기 달아서 태도를 명백히 하겠다 하였습니다. 당시의 여론을 보아서는 4~5일 내로 구국공의에서 일·중日·中 화해를 은근히 도모하리라 보입니다!"[69]라고 하며 회의가 일본 측에 유리하게 전개되고 있음을 상세히 전하였다.

　이곳에서 서영해는 다방면에 걸쳐 외교활동을 펼쳤다. 임시정부 대표 명의로, 또 기회에 따라서는 신문기자 자격으로 외교·선전활동을 벌였다. 일일이 회의에 참석한 개인과 단체를 직접 방문하며 한국문제를 알리고,

68 서영해, 「뿌류쎌 九國公約會參席報告書」, 1937년 12월 3일.
69 서영해, 「뿌류쎌 九國公約會參席報告書」, 1937년 12월 3일.

극동문제의 해결을 위해 힘썼다.[70]

하지만 회의에 참석한 참가국들의 반응은 미온적이었다. 영국은 자국의 이익조차 방어할 수 없는 처지에 있었고, 미국은 극동문제에 대해 일본에게 도전적 설득 조치 이상의 것은 고려하지 않고 있었다. 소련은 일본을 제재해야 한다고 주장했으나, 회의 분위기상 적극적으로 나설 수 없는 형편이었다.[71] 참가국들의 소극적인 반응 속에 회의는 계속 이어졌다. 11월 15일 일본의 조약위반을 검증하는 토론이 벌어졌지만, 이탈리아의 반대와 노르웨이, 덴마크, 스웨덴 3국의 불간섭不干涉 태도로 결론을 맺지 못하였다.[72]

11월 22일에도 회의가 열렸다. 회의장에 도착한 서영해는 회의장 분위기가 심상치 않음을 느꼈다.

11월 22일에 회의의 第二幕이 열리는 첫날부터 風氣가 매우 불량합니다. 美國代表 Norman H. Davis씨와 중국대표 顧·郭 양대사를 除한 몇 外에는 중요한 인물이라고는 한사람도 회장에 모이지 않았습니다. 그리고 회의를 공개치 않고 비밀회를 連續 열더니 마침내 11월 24일에 흐지부지한 선언으로 散會를 하였으며 "必要한 境遇에 따라 會를 다시 連續할수 있다!!!" 합니다.[73]

이날 열린 회의에는 미국대표 노먼 데이비스Norman H. Davis와 중국대표 고유균·곽태기만이 출석하였다. 나머지 주요국가의 대표들은 회의장

70 서영해, 「뿌류쉘 九國公約會參席報告書」, 1937년 12월 3일.
71 진형주, 「1930年代 日本과 歐美列强間의 外交關係가 中·日 戰爭에 미친 影響에 關하여」, 이화여자대학교 대학원 석사학위 논문, 1985, 51~52쪽.
72 서영해, 「뿌류쉘 九國公約會參席報告書」, 1937년 12월 3일.
73 서영해, 「뿌류쉘 九國公約會參席報告書」, 1937년 12월 3일.

에 나오지 않았다. 그리고 회의를 공개하지 않은 채 비밀회의를 연속 열더니, 마침내 11월 24일 "필요한 경우에 따라 회會를 다시 연속할 수 있다."는 말과 함께 폐회를 선언하였다.

이로써 브뤼셀 회의를 통해 국제적으로 도움을 받으려던 중국의 기대는 무너지게 되었다. 이러한 결과는 처음부터 어느 정도 예상된 것이었다. 일본이 참석을 거부하였고, 회의에 참석한 국가들도 경제제재 조치를 고려하고 있지 않았기 때문이다.[74]

서영해 역시 이와 같은 결과를 예상하였다. 하지만 그는 임시정부의 명령을 거부하지 않았다. 회의 결과와 상관없이 국제사회에 일본의 중국 침략을 알리고, 중국을 돕기 위해 종횡무진 활약을 펼쳤다. 그것이 바로 한국의 독립을 위한 길임을 알고 있었기 때문이다.

---

74 진형주, 「1930年代 日本과 歐美列强間의 外交關係가 中·日 戰爭에 미친 影響에 關하여」, 이화여자대학교 대학원 석사학위 논문, 1985, 51쪽.

3. 반파시즘 운동 참여와 활동

서영해는 유럽지역에서 한국독립운동을 전개하는 이외에 특별한 활동을 전개하였다. 유럽에서 파시즘과 파시스트들에 대항하여 반파시스트로 활동을 전개한 것이다. 서영해는 프랑스 내에서 반전쟁·반파시즘 투쟁위원회 회원으로 활동하며 스페인에서 열린 반파시스트 대회에 참가하고, 파시즘의 정치적 이용을 비판하는 활동을 전개하였다.

서영해는 1930년대 중반 반전쟁·반파시즘 투쟁위원회에 참여하였다. 반전쟁·반파시즘 투쟁위원회는 프랑스 작가 앙리 바르뷔스Henri Barbusse 가 설립해 1933~1939년까지 활동한 진보성향 지식인들의 단체이다. 이 단체는 스페인의 독재자 프랑코가 일으킨 내전에서 인민전선 측을 지원하고 당시 유럽을 강타한 나치즘 등 파시스트 권력에 대항하는 활동을 전개하였다.[75]

서영해가 파시즘에 관심을 갖고, 반전쟁·반파시즘 투쟁위원회 회원으로 활동하게 되는 경위는 분명하게 알려진 바가 없다. 다만, 서영해가 각종 국제회의에 참석하여 제국주의에 대항한 활동을 펼친 경험이 있고, 세계 평화를 고민하는 유럽의 지식인들과 교류하고 있었다는 점 등을 고려해 볼 때, 그 개연성은 충분하다고 생각된다.

서영해가 반전쟁·반파시즘 투쟁위원회에서 활동하는 것은 프랑스 경찰

---

[75] 『연합뉴스』, 2019년 2월 18일, 「독립운동가 서영해 사찰한 80여년 전 佛 경찰문서 첫 확인」.

국에서도 주목할 만한 사항이었다. 당시 세계 각지에 식민지를 가지고 있던 프랑스는 자국 내에 거주하는 외국 독립운동가들의 활동을 예의주시하고 있었다. 호지명胡志明의 경우가 대표적이다. 1918년 프랑스 파리에 도착한 호지명은 안남애국자연합安南愛國者聯合을 조직하고, 「안남 민족의 요구」 등의 청원서를 작성하여 배포하는 활동을 펼쳤다. 또한 파리위원부의 김규식·조소앙과도 교류하고 있었다. 프랑스 경찰 당국은 이 모든 것을 사찰하고 있었다.[76]

서영해의 경우도 마찬가지였다. 서영해는 1929년 제2회 반제국주의연맹회의를 비롯해 1933년 스위스 제네바 국제연맹회의, 1936년 벨기에 브뤼셀 만국평화대회에 참여하여 한국독립운동을 세계에 알렸던 경험을 가지고 있었다. 프랑스 경찰 당국에서는 서영해의 이와 같은 활동을 주목하였다.

서영해는 프랑스 경찰국의 주목을 받았지만, 활동에 영향을 받지는 않았다. 프랑스 경찰국에서 "서영해는 반전쟁·반파시즘 투쟁위원회 회원이지만 정치적 관점에서 특별히 주의를 끌만한 행동을 하지 않고 있고, 프랑스 정부 기관에 대한 태도에도 아무런 문제가 없다."[77]라고 판단했기 때문이다. 하지만 프랑스 경찰국에서 서영해를 예의주시하고 있다는 사실만으로도 그가 가진 영향력이 상당했음을 보여주는 것이라 할 수 있다.

서영해는 1937년 스페인으로 활동 범위를 넓혀, 반파시스트 단체 활동에도 적극 참여하였다. 스페인 마드리드에서 열린 '스페인 문화보호위원

---

76 이장규, 「(자료소개) 프랑스 국립해외문서보관소 소장 『호치민과 한국독립운동 자료』」, 『한국독립운동사연구』 66, 독립기념관 한국독립운동사연구소, 2019, 206쪽.

77 PRÉFECTURE POLICE R. G. 1–n° 6017, 'Le Directeur des Renseignements Généraux et des Jeux à Monsieur le PREFET DE POLICE', 1936년 11월 23일.

회'가 주최한 모임과 '문화보호를 위한 반파시스트 작가회의'에 참석한 것이 그러한 활동이었다.

서영해는 스페인 마드리드에서 열린 '스페인 문화보호위원회'가 주최한 모임에 참석하였다. 이 모임은 1년 전, 마드리드에서 파시즘에 저항했던 지식인들의 활동을 기리기 위해 개최되었다. 모임에는 파시스트 정권에 대항하고 자유 수호를 위해 '헌정의 글'을 기탁한 화가·조각가·학자·시인·극작가 등 10여명이 참여하였다. 서영해는 에릭 블롱베르Erik Blomberg·죠르쥬 필르망Georges Pilement·가브리엘 오디시오Gabriel Audisio·페레로 FERRERO·로맹 롤랑Romain Rolland 등의 작가·지식인들과 함께 참석하여 헌정의 글을 전하고, 파시즘의 침탈 행위와 제3의 파시즘 국가로부터 스페인을 지킬 것을 결의하였다.[78]

서영해는 '스페인 문화보호위원회' 모임에 참석한데 이어서 같은 해 7월에는 마드리드에서 열린 '문화수호를 위한 반파시스트 작가회의'에 참석하였다. 이 회의는 스페인 프랑코파에 맞선 전 세계 반파시즘 지식인들이 모인 것으로, 26개국 200여 명의 작가들이 참석하였다고 한다. 서영해는 중국대표로 소개되었다.[79] 아마도 서영해가 중국 여권을 소지하고 있었기 때문인 것으로 판단된다. 이 자리에서 서영해는 "마드리드는 오늘날 전 세계 국민에게 자유 수호의 상징이다. 마드리드 청년들의 소개를 통해 '스페인 공화국'의 일선에서 경이로운 희생정신으로 문화를 지켜낸 민병과 군인들에게 인사를 건넨다."라고 하며 파시즘에 맞서 자유를 지켜낸

---

[78] "HOMMAGE des INTELLECTUELS A MADRID L'HEROIQUE pour le premier anniversaire de sa résistance", *L'Humanité*, 1937년 11월 13일(김성혜 번역 · 장석홍 해설, 『어느 한국인의 삶』, 역사공간, 2019, 193쪽).

[79] "LOS ESCRITORES QUE DEFIENDEN LA CULTURA SALUDAN A LA JUVENTUD ESPAÑOLA", *AHORA*, 1937년 7월 9일(김성혜 번역 · 장석홍 해설, 『어느 한국인의 삶』, 역사공간, 2019, 190쪽; 정상천, 『파리의 독립운동가 서영해』, 산지니, 2019, 174~175쪽).

스페인 청년들에게 감사를 전했다.[80]

서영해의 활동은 반파시스트 대회에 참석하는 것에 그치지 않았다. 파시즘을 정치적 수단으로 이용하려는 것에 맞서 직접 글을 써서 비판에 나서기도 하였다. 중국국민당 주석 장개석蔣介石의 파시즘 정책을 비판한 것이 그러한 활동이다.

장개석

서영해는 중국국민당 주석 장개석이 정권유지를 위해 파시즘을 정치적으로 이용하자, 이를 직접 비판하는 글을 작성하였다. 파시즘이 정치적으로 이용되는 것을 경고하고 나선 것이었다. 서영해는 중국 사회에 서양 사상과 문물의 유입으로 봉건제도가 무너지고 파시즘이 나타나게 되는 과정을 주시하였다. 그는 중국의 봉건제도가 오늘날 지주와 자본가 계급과 유착되어 다시 나타났다고 보았다. 즉, 이들 지주·자본가 계급은 자신들의 사회적 지위를 유지·공고히 하기 위해 노동자 계급에게 과거의 봉건제도를 강요한다고 판단한 것이다.[81]

그리고 이들 유산계급 활동이 장개석이 추구하는 파시즘과 공통점을 가지고 있다고 파악하였다. 서영해는 "중국의 파시즘은 결국 중국의 고대정신에 대한 혁신운동으로서 중국 국민의 애국심을 일깨우고자 하는 것이 목적이다."[82]라고 정의 내렸다. 그리고 이것이 장개석의 '정치적 목적'을 위해 조성된 것임을 주장하였다. 장개석이 민중의 대혼란·사회혼란 등

---

80 "LOS ESCRITORES QUE DEFIENDEN LA CULTURA SALUDAN A LA JUVENTUD ESPAÑOLA", *AHORA*, 1937년 7월 9일(김성혜 번역 · 장석흥 해설, 『어느 한국인의 삶』, 역사공간, 2019, 190쪽.
81 서영해, 「중국의 현대 사회 발달」.
82 서영해, 「중국의 현대 사회 발달」.

정치·경제·사회적인 위험을 타파하기 위한 수단으로 파시즘을 이용했다고 판단한 것이다.

만주사변 이후 중국은 급격한 정치·사회적 변동에 어려움을 겪었다. 분노에 가득 찬 국민들은 불만을 토로하였고, 이는 중국국민당 정부에 심각한 위험이 되었다. 이러한 위협을 타파하기 위해 장개석은 파시스트적 태도를 취하였다.

장개석은 중국 사회를 근대화하기 위한 도구로서 파시즘에 관심을 가졌다. 그리고 1930년대 중국을 신속하게 근대화시킬 수 있는 해결책이 파시즘에 있다고 판단하였다.[83] 당시 중국이 처한 열악한 경제 상황·농민들의 빈곤·외세의 강요로 인한 불평등 조약·중국 영토에 대한 공격·자연 재해·일본과 소련의 패권 다툼과 같은 당면한 현황들을 풀어나가기 위해 급진적인 수단을 취한 것이었다.[84]

장개석은 파시즘을 중국에 이식하기 위해 이념적 융화사상을 도입하였다. 중국 철학과 세계관의 핵심은 온전히 남겨두고, '기술'로서의 서양 사상을 받아들이자는 것이었다. 이는 장개석이 고수한 핵심 전략으로, 파시즘의 '기술'을 채택하면서 실제로는 중국 정치 이론을 뒷받침해 왔던 유교적 가치의 철학적 핵심을 강화하고자 하였다.[85]

서영해는 이러한 장개석의 정책에 의문을 던졌다. 근대화와 민주공화국을 지향하면서 '효도와 복종'이라는 과거로의 회귀回歸라는 정책을 추

---

83 남의사의 사상가들은 파시즘이 필요한 이유를 3가지로 정리하였다. 첫째, 파시즘은 삼민주의를 실천하는 수단이 될 수 있다. 둘째, 파시즘은 공산주의를 제거하고 중국을 통일시킬 수 있는 가장 최선의 수단이다. 셋째, 파시즘은 독재 지도층을 확립하고 국민당 본래의 정신을 회복할 수 있도록 하는 최고의 수단이다(정두음, 『장제스와 국민당 엘리티스트』, 선인, 2013, 148쪽 재인용).

84 정두음, 『장제스와 국민당 엘리티스트』, 선인, 2013, 5 · 78쪽.

85 정두음, 『장제스와 국민당 엘리티스트』, 선인, 2013, 266쪽.

진했기 때문이다.[86] 유교가 중국인들에게 많은 영향력을 행사할 수 있었던 것은 공통된 신앙 체계로써 일관된 윤리시스템으로 정착된 결과였다. 유교에서 중요시 여기는 지도층의 원칙과 모범·효도·바른 행동 등은 중국 지도자 세대에 영감을 주었고, 그들의 행동을 규정하는데 영향을 끼쳤다.[87] 그러나 이는 유교적 배경을 가지고 근대화 발전을 추진하는 국가에서는 적절하지 않은 것으로 드러났다. 서영해 역시 이것이 결코 양립될 수 없다고 판단하였다. 중국의 파시즘은 서구 자본주의, 그 가운데서도 품위가 떨어지는 문화에 대한 '반작용'으로 나타났다는 것이 그가 가진 생각이었다.[88]

이처럼 서영해는 프랑스와 스페인에서 활동하며 파시즘에 맞선 활동을 전개하였다. 적극적으로 직접 회의에 참석하여 활동하기도 하였고, 파시즘을 정치적으로 이용하는 것을 비판하는 글을 써서 알리기도 하였다. 이와 같은 활동을 통해 유럽의 다양한 지식인들과 교류하며 관계를 맺을 수 있었다. 이러한 서영해의 활동은 그가 세계평화에 대해 깊이 인식하고 있다는 점, 그리고 그가 유럽에서 전개한 독립운동의 성격이 세계평화를 지향한다는 것을 보여준다는 점에서 주목해볼 필요가 있다고 생각된다.

---

86 서영해, 「중국의 현대 사회 발달」.
87 정두음, 『장제스와 국민당 엘리티스트』, 선인, 2013, 267쪽.
88 서영해, 「중국의 현대 사회 발달」.

Ⅲ

유럽에서
저술·언론활동

1. 저술활동

1) 『어느 한국인의 삶과 주변』 저술

서영해는 고려통신사를 설립해서 외교활동을 전개하는 이외에 다양한 활동을 전개하였다. 한국의 역사와 문화·독립운동을 소개하는 저술을 발표하기도 하고, 또 유럽에서 발행되는 각 신문에 한국과 관련된 기사를 쓰기도 했다.

서영해의 대표적인 활동 가운데 하나가 저술활동이었다. 저술활동을 통해 프랑스에 한국의 역사와 문화·독립운동을 소개하려는 의도였다. 대표적인 저술로는 1929년 발행한 『어느 한국인의 삶과 주변(*Autour d'une vie coreenee*)』과 1934년에 펴낸 『거울, 불행의 원인 그리고 기타 한국 우화(*Mirror, cause malbeur! Et autres contes coreens*)』가 있다.

서영해는 1929년 『어느 한국인의 삶과 주변』을 발간하였다. 이는 서영해가 프랑스어로 펴낸 첫 번째 작품으로, 한국인이 집필한 최초의 프랑스어 소설이라 평가받는 것이다. 서영해는 자신의 경험과 상황을 소설에 투영시켜 역사소설 형식으로 이 책을 저술하였다.[1]

서영해가 프랑스어로 작품을 저술한데는 두 가지 이유가 있었다. 그 하

---

[1] 『동아일보』, 1930년 2월 13일, 「朝鮮文學의 海外進出」; 「文壇」, 『개벽』 신간 제4호, 「三千里社主催 文學問題評論會」; 『三千里』 제6권 제7호, 1934, 204쪽; 1935, 76쪽; 『조선중앙일보』, 1935년 1월 11일, 「북-리뷰 파리에서 출판된 서영해씨의 『明鏡의 不幸』」; 『동아일보』, 1988년 10월 24일, 「佛語로 쓴 韓國文化 소개 자료수집 『東에서 西로』 出刊」; 정상천, 『나폴레옹도 모르는 한·프랑스 이야기』, 국학자료원, 2013, 127쪽.

나는 파리를 '제2의 제네바'로 여겼기 때문이고, 다른 하나는 프랑스가 동양을 이해할 수 있는 넓고 깊은 정신을 가지고 있다는 점 때문이었다.[2] 그는 파리가 제네바 다음가는 유럽의 정치적 수도임을 명확히 인식하고 있었다. 또한 프랑스가 영국이나 독일, 미국보다 정치·문화적으로 앞선 국가라는 것도 파악하였다. 서영해는 세계 정치·문화의 중심지 파리에서 프랑스어로 집필한 책을 발간함으로써 세계인의

『어느 한국인의 삶과 주변』 표지.
1929년 서영해가 저술한 한국역사소설이다.

이목을 끌고, 자신이 책을 저술한 목적을 분명히 전달하려고 했던 것이었다.

　서영해는 자신의 경험과 상황을 소설에 투영시켜 역사소설 형식으로 이야기를 서술하였다. 그는 다음과 같이 자신이 이 책을 저술한 목적과 특징을 언급했다.

　이것은 극동의 한 국가의 전설적인 이야기를 짧게 요약한 것이다. 이 개론이 독창
　적인 이유는 한 국민의 얼을 잘 스케치하였기 때문에 아주 흥미롭다. 나는 한국과
　한국인에 대해 말하기를 원한다. 어떠한 이야기꾼의 호기심도 시도해 보지 못한

2 ALINE BOURGOIN, "Paris－Genève N°2... Où la France vue par un Coréen", *L'Intransigeant*, 1930년 4월 2일.

전설적인 이야기는 순진하고 무지한 농부들의 입을 빌어 42세기 이상 전해왔다. 그리하여 그들은 자신의 나라가 신들이 있는 지상의 정원이라고 고집스럽게 주장한다. 내가 '전설적'이라고 말한 표현이 늘 정확하지는 않다. 사람들은 그것이 순수한 역사적 진실이라는 점을 인정한다.[3]

서영해는 책의 첫 머리에 "이것은 극동의 한 국가의 전설적인 이야기를 짧게 요약한 것이며, 나는 한국과 한국인에 대해 말하기를 원한다."며 자신이 이 책을 쓴 목적과 특징을 밝혔다. 또한 한민족이 4,200여 년 동안 단절되지 않고 그 역사를 이어왔으며, 그것은 모두가 인정하는 역사적 사실임을 강조했다. 유구한 한국사의 강조는 문화민족으로서 자긍심과 자신감의 발로에서 비롯된 것이었다.

『어느 한국인의 삶과 주변』은 총 3부로 구성되었다. 제1부는 이 책의 핵심이라 할 수 있는 부분이다. 서영해는 소설 속 주인공 박성조Bac Sontcho를 통해 사회적 차별과 멸시가 행해지는 전근대적인 사회 모습과 일제 침략에 제대로 대응하지 못하고 신음하는 한국의 현실을 사실적으로 담았다. 한국을 중심으로 펼쳐지는 국제정세의 이해관계도 가감 없이 나타냈다.[4]

지혜와 덕을 바탕으로 하는 천년의 문명을 고수하며 닫혀 있었던 조용한 아침의 나라는 지난 세기에 이르러 어둡고 피비린내 나는 시간을 겪어야 했다. 정의나 명예 따위는 아랑곳하지 않는 이웃 열강들의 희생양이 되어 여러 차례 고통을 겪은

---

3 Seu Ring-Hai, *Autour d'ame vie Coreenne*, Agence Korea, 1929, 7쪽; 고정휴, 『한국독립운동의 역사』 54, 독립기념관 한국독립운동사연구소, 2009, 189쪽; 김성혜 번역·장석흥 해설, 『어느 한국인의 삶』, 역사공간, 2019, 15~16쪽.
4 Seu Ring-Hai, *Autour d'ame vie Coreenne*, Agence Korea, 1929, 7~85쪽; 김성혜 번역·장석흥 해설, 『어느 한국인의 삶』, 역사공간, 2019, 15~87쪽.

후 한국은 뒤늦게 깨달았다. 급진적인 변화가 필요하고 여기에 이천만 백성의 생명이 걸려 있다는 사실을 말이다. 따라서 혁명적 성격을 띨 수밖에 없는 방대한 개화의 움직임이 조직되었고, 이를 이끈 젊은 지식인이 바로 박성조이다. 본인이 독자들에게 이 책을 통해 소개하고자 하는 사람이 바로 새로운 한국의 위대한 인물 박성조이다. 유럽인들은 박성조라는 이름을 들어본 일이 없을 테지만 그는 분명 인류 전체에서 숨겨진 빛과도 같은 사람이다.[5]

서영해는 박성조라는 인물이 나타나게 되는 역사적 배경과 외적 요인을 설명하였다. 열강들의 틈바구니 속에서 희생양이 되어 고통을 겪어야만 했던 한국의 현실과 이로 인해 급진적인 변화와 혁신이 필요했던 당시의 상황을 드러냈다. 그리고 이러한 혼란을 타개하고 혁명을 이끌어갈 '빛'과 같은 지도자로 박성조라는 인물을 선택하였음을 밝혔다. 현실 세계에서 쉽게 실행할 수 없는 혁명을 박성조라는 인물에 투영시켜 이루어보고자 했던 서영해의 이상을 표현한 부분으로 여겨진다.

서영해는 민족적 모순에 의해 불평등한 사회가 되어가는 내적 요인에 대해서도 지적하였다.

박성조는 부잣집 장사꾼의 아들로 태어났다. 상인의 아들인 그는 어린 시절 양반 사회에 대한 모순을 몸으로 실감하며 자랐다. 아버지는 새로운 시대를 살아갈 어린 그에게 특히 교육을 많이 시켰다. … 학교에서 그는 양반 출신 아이들로부터 상놈이라는 이유로 심한 모욕과 멸시를 당해야 했다. 그러나 그는 어떠한 항변도 할 수 없었다. … 그는 어머니에게, 모든 인간은 평등한데 왜 이런 차별을 받아야

---

5 Seu Ring-Hai, *Autour d'ame vie Coreenne*, Agence Korea, 1929, 14~15쪽; 프레데릭 볼레스텍스 지음, 이향 · 김정연 옮김, 『착한 미개인 동양의 현자』, 청년사, 2001, 138~139쪽; 김성혜 번역 · 장석흥 해설, 『어느 한국인의 삶』, 역사공간, 2019, 15~16쪽.

하는가를 물었다. 부모들은 눈물을 흘리며 양반과 상놈의 차이를 말해주었다.[6]

서영해는 신분제로 차별받는 당대의 현실을 여실히 드러냈다. 상놈이라는 이유로 천대 받고 심한 멸시를 당해도 그 어떤 항변조차 할 수 없는 비참한 상황을 사실적으로 표현하였다. 자신의 경험을 소설에 반영하였다는 점에서 서영해가 직접 겪었던 것일 수도 있다.[7] 이와 함께 서영해는 일제 침략에 제대로 대응하지 못하고 신음하는 한국의 현실을 낱낱이 드러냈다.

> 이방인이여. 모든 것에는 주인이 있다는 것을 그대가 몰랐을 리 없소. 만일 그대
> 가 잊었다면 내가 지금 깨우쳐 주리다. 그는 계속 이렇게 말했지만 처음에는 이
> 사람이 밭의 주인이라고 믿었던 미지의 사람은 다음에는 그가 주인이 아니라고
> 생각했다. 왜냐하면 만일 그가 주인이었다면 그의 행동에 대한 설명을 요구하고
> 손해배상을 청구했을 것이기 때문이다. : 호기심으로 나를 방해하는 이 사람은
> 그렇다면 대체 누구지? …… 아! 그가 그저 미친놈에 불과했었더라면! …… 그러
> 나 그 이방인은 일본인이었다!…[8]

농사짓는 농부를 한국인, 그 수확물을 무단으로 훔쳐가는 도둑을 일본인으로 설정하였다. 이를 통해 나라를 침략한 세력에 대해 강력하게 항의하지도 못한 채 점차 그 땅과 재산을 강탈당하는 상황을 현실적으로

---

6 Seu Ring – Hai, *Autour d'ame vie Coreenne*, Agence Korea, 1929, 15~22쪽(장석흥, 「대한민국 임시정부 주불특파위원, 서영해의 독립운동」, 『한국근현대사연구』 84, 한국근현대사학회, 2018, 220쪽 재인용).

7 장석흥, 「대한민국 임시정부 주불특파위원, 서영해의 독립운동」, 『한국근현대사연구』 84, 한국근현대사학회, 2018, 220쪽.

8 Seu Ring – Hai, *Autour d'ame vie Coreenne*, Agence Korea, 1929, 13~14쪽; 최정원, 「한 · 불 설화와 문학작품에 나타난 거울에 대한 고찰」, 고려대학교 대학원 박사학위논문, 2011, 104쪽; 김성혜 번역 · 장석흥 해설, 『어느 한국인의 삶』, 역사공간, 2019, 20~21쪽.

보여주고 있다. 마치 제국주의 열강들이 약소국을 침략하는 것과 같다. 이는 일제의 잔혹한 식민지 지배를 받고 있는 한국의 현실을 여실히 보여주고 있는 것이라 할 수 있다.

　제2부는 한국이라는 나라의 정체성을 알리는데 비중을 두었다. 주인공의 어린 시절 회고를 통해 한국의 자연경관과 종교·풍속 등을 소개하고 있다.[9] 또 제3부에서는 중국에서 일어난 혁명과 한국인들의 독립에 대한 열망과 의지를 드러냈다. 이 가운데서 서영해가 피력하고 싶은 것이 있었다.

> 불행하게도 1921년 말에 박성조는 일경에 의해 체포되었고 재판도 없이 총살되었다. 여기 제대로 보상받지 못한 한 인생이 있다. 이를 문제 삼아야만 하는 것이 바로 정의 아닌가. 여기 너무 갑작스럽게 스러져 버린 빛이 있다. 부끄러움에 얼굴을 붉혀야 하는 것이 바로 휴머니티 아닌가. 일본의 범죄적인 행태를 징벌해야 문명국가라 할 것이다. 독재자 일본에 맞서 지켜야 했던 것은 그였다! … 박성조는 휴머니티며 정의이다. 박성조, 그는 곧 자유이다.[10]

　서영해가 마지막으로 주장하고자 했던 것은 바로 '인류의 자유와 평화'를 향한 휴머니즘의 실현이었다. 그는 독립운동을 펼치다 일제에 체포되어 목숨을 잃은 주인공 박성조를 "보상받지 못한 인생", "갑작스럽게 스러져 버린 빛"으로 표현하였다. 일제에 대항하여 독립운동을 벌이다 쓰러져 간 수없이 많은 이름 모를 독립운동가들을 대변하는 것이었다. 서영해는

---

9 Seu Ring-Hai, *Autour d'ame vie Coreenne*, Agence Korea, 1929, 87~189쪽; 김성혜 번역·장석흥 해설, 『어느 한국인의 삶』, 역사공간, 2019, 91~152쪽.
10 Seu Ring-Hai, *Autour d'ame vie Coreenne*, Agence Korea, 1929, 188~189쪽; 최정원, 「한·불 說話와 文學作品에 나타난 거울에 대한 考察」, 고려대학교 대학원 박사학위논문, 2011, 105~106쪽; 김성혜 번역·장석흥 해설, 『어느 한국인의 삶』, 역사공간, 2019, 173~174쪽.

휴머니즘을 갈망하였다. '정의Justice'의 올바른 의미를 되물으며, 일본의 "범죄적인 행태"에 대해 "부끄러움에 얼굴을 붉혀야 하는 것"이 문명인들이 행해야할 진정한 휴머니티이며 정의의 실현임을 강력하게 호소하였다.

서영해는 『어느 한국인의 삶과 주변』을 통해 당대의 현실을 여과 없이 드러냈다. 전근대 사회의 심화된 모순이 정치·사회의 구조적인 문제를 야기시켜 결국에는 일제에 나라를 빼앗기는 결과로 나타남을 표현하였다. 그리고 이를 극복하기 위해 일제에 대항하여 개혁을 주도하고, 독립운동을 펼치는 모습을 그려냈다.

이를 통해 서영해가 전달하고픈 것이 있었다. 그것은 인류의 가장 기본적 권리인 '자유와 평화'에 대한 외침이었다. 그는 모든 유럽, 나아가 전 세계인들에게 한국독립운동을 알리고 그것이 가져다 줄 진정한 '정의'가 무엇인지를 나타내고자 하였다.

서영해는 이 책에 「독립선언문」을 불어로 번역·게재하였다. 한국인들의 독립에 대한 열망과 의지를 널리 알리기 위한 의도였다. 그가 당시 서구 열강 가운데 하나였던 프랑스의 언어로 이것을 출판했다는 것 자체가 일본에 대한 압박이나 다름없는 것이었다.[11] 이와 같은 점은 서영해의 문학활동이 한국을 알리는 차원을 넘어 독립운동의 연장이라는 사실을 보여준다고 할 수 있다.

---

11 최정원, 「한·불 說話와 文學作品에 나타난 거울에 대한 考察」, 고려대학교 대학원 박사학위논문, 2011, 106쪽.

2) 『거울, 불행의 원인 그리고 기타 한국 우화』 편찬

서영해는 1934년 12월 자신의 두 번째 책을 펴냈다. 『거울, 불행의 원인 그리고 기타 한국 우화(Mirror, cause malbeur! Et autres contes coreens)』라는 책자가 바로 그것이다.[12] 이 책은 서영해가 『어느 한국인의 삶과 주변』에서 아이디어를 얻어 제작한 것으로, 한국의 이야기와 노래는 한국인의 삶을 반영하고 있다는 점에서 착안한 것이다.[13] 자신이 직접 집필한 「거울 불행의 원인」[14]을 비롯하여 「심청」·「흥부놀부」·「천안삼거리의 능수버들」·「혹보」·「치악산」·「토끼의 간」·「아미타불」·「비극적인 수수께끼」 등 한국의 민담과 전설을 수록하였다.[15] 대부분 흥미로운 이야기로 구성된 것으로, 우리 문화와 풍속을 외국인들에게 알리기에 충분한 내용을 담고 있다. 책의 서문에는 이것을 발간하는 그의 의도가 잘 드러나 있다.

> 사실, 나는 내나라 언어가 아닌 언어로, 고백하건대 아직도 골수까지 체득하지 못
> 한 언어로 표현해야만 하는 모험을 해야 했다. 그렇지만 나는 어떤 망설임으로도
> 시달리지 않을 변명거리가 있었다. 그것은 더 이상의 지체 없이 유럽 대중에게 한
> 국에 대해 알려야 한다는 의무감과 양심의 부름이었다. 이 나라의 영광스런 과거
> 와, 형언할 수 없이 무자비한 힘에 의해 실질적으로 희생이 된 2,300만 주민들의
> 고통스런 현재를 알리면서 나는 차후로 필수불가결한 동양과 서양간의 상호 이해

---

12 『동아일보』, 1935년 1월 12일, 「조선민화집 『明鏡의 不幸』 佛國 巴里에서 출판 저자는 徐嶺海 씨」; 『동아일보』, 1988년 10월 24일, 「佛語로 쓴 韓國文化 소개 자료수집 『東에서 西로』 出刊」.

13 Seu Ring-Hai, *Miroir cause de malheur et autres contes Coreens*, Editions Eugene Figuiere, 1934, 7쪽.

14 「거울, 불행의 원인」은 서영해가 『蓂葉志諧』에 수록된 설화를 소재로 다시 쓴 꽁뜨이다. 거울을 처음 구경한 시골 사람들을 통해 인간의 욕심을 파헤치는 내용을 담고 있다. 『명엽지해』는 조선 중기 홍만종이 한국의 설화 76편을 수록한 것이다(최정원, 「한·불 說話와 文學作品에 나타난 거울에 대한 考察」, 고려대학교 대학원 박사학위논문, 2011, 80~88쪽).

15 『동아일보』, 1935년 1월 12일, 「조선민화집 『明鏡의 不幸』 佛國 巴里에서 출판 저자는 徐嶺海씨」; 황인순, 「근대 프랑스어설화집의 기술 체계 연구-「거울, 불행의 원인」을 대상으로」, 『구비문학 연구』 45, 2017, 311~313쪽.

를 위해 지속적으로 선의를 경주하고 있다.

스위스, 오스트리아, 벨기에, 네덜란드, 통일 덴마크처럼 위대한 한국은 단일 민족국가이다. 게다가 중국어나 일어, 어디에도 비할 바 없는 그 음악적 언어는 다른 나라와 분명하게 구분된다.[16]

서영해는 비록 완벽하지 않은 언어지만 이 책의 발간은 바로 유럽 대중에게 한국의 실상을 알려야 한다는 의무감과 양심의 부름이라고 밝히고 있다. "형언할 수 없는 무자비한 힘"에 의해 자행된 일제의 침략과 그 잔인함을 폭로하고, 한국이 단일민족으로 우수한 언어를 가지고 있는 문화국가라는 점도 강조하였다. 이와 같은 비유를 통해 당시 열강들이 모여 있던 유럽인들에게 일제에 의해 탄압받는 한국의 실상을 알리고 호소하고자 했다.

『거울, 불행의 원인 그리고 기타 한국 우화』 표지. 1934년 서영해가 한국의 민담과 전설을 수록하여 간행한 책이다.

서영해는 35개의 민담과 전설을 꽁뜨 형식으로 엮었다. 구전 또는 기록으로 내려오는 이야기들을 한데모아 책으로 묶은 것이다.[17] 그가 이렇게

---

16 Seu Ring-Hai, *Miroir cause de malheur et autres contes Coreens*, Editions Eugene Figuiere, 1934, 7~8쪽(최정원, 「한·불 설화와 문학작품에 나타난 거울에 대한 고찰」, 고려대학교 대학원 박사학위논문, 2011, 103쪽 재인용).

17 서영해는 『거울, 불행의 원인 그리고 기타 한국 우화』를 제작하기 위해 한국의 설화·민담과 관련된 다양한 자료를 참고했을 것으로 여겨진다. 현재 서영해가 소장하고 있던 도서자료는 국립

행한 데는 이유가 있었다.

> 42세기 전으로 거슬러 올라가는 오랜 역사 동안 한국은 극동의 정치적 삶에 있어
> 서 뿐만 아니라 문화적 발전에 있어서도 단 한시도 중단 없이 중요한 역할을 해
> 왔다. 또한 가여운 우리 영토의 이 부문에 대한 모든 문제에 대해서도 언제나 유
> 일한 해결의 열쇠를 손에 쥐고 있었고 현재도 지니고 있다. 한민족의 역사가 무엇
> 보다도 그 민족의 이야기(꽁뜨)와 詩歌의 역사라 본다면, 한국의 꽁뜨와 시가가
> 한국인의 삶을 반영한다는 것을 여기, 한국의 역사가 충분히 증명하고 있다.[18]

　　서영해는 이 책을 통해 '한국의 정체성'을 나타내고자 했다. 그는 한국
이 유구한 세월 동안 정치적으로 뿐만 아니라 문화적으로도 중요한 역할
을 담당해왔음을 인식하고 있었다. 그래서 4,200여 년을 이어 온 한민족
의 역사와 문화를 한국의 민담과 전설을 통해 증명하려 하였다. 한국의
민담과 전설이 한국인의 삶을 반영하고 있다고 생각했기 때문이다. 그는
유럽사회의 주목과 관심을 끌기 위해 번역되지 않은, 있는 그대로의 한국
어 어휘를 사용하며 '한국의 이야기'를 담았다. 이를 통해 열강의 국민들
은 '극동의 작은 나라' 한국에 대해 관심을 가질 수 있게 되었다.[19] 또한
일제가 말살하려고 하는 한국 전통문화의 우수성을 널리 알리고, 한민족
이 단결할 수 있는 기회로 삼았다.

중앙도서관에 보관되어 있다. 이 가운데 서영해가 책의 제작을 위해 참고했을 것으로 추측되는
자료로는 『朝鮮文學傑作集』(張道斌, 永昌書館, 1926), 『五百年奇譚』(崔相宜, 博文書館, 1923)이
있다. 『조선문학걸작집』의 「兎肝」, 「沈靑」 등이 서영해의 책에 포함되어 있다는 점이 이를 유추케
한다.

18 Seu Ring－Hai, *Miroir cause de malheur et autres contes Coreens*, Editions Eugene
Figuiere, 1934, 8쪽(최정원, 「한·불 說話와 文學作品에 나타난 거울에 대한 考察」, 고려대학교
대학원 박사학위논문, 2011, 9쪽 재인용).

19 황인순, 「근대 프랑스어설화집의 기술 체계 연구－「거울, 불행의 원인」을 대상으로」, 『구비문학
연구』 45, 2017, 318쪽.

3) 저작물의 배포와 선전

서영해는 1929년과 1934년에 각각 『어느 한국인의 삶과 주변』과 『거울, 불행의 원인 그리고 기타 한국 우화』를 간행하였다. 책이 발간되자, 서영해는 프랑스 언론의 관심과 집중 조명을 받았다. 프랑스의 대표적 대중신문인 *Le Petit journal*을 비롯한 다수의 언론에 소개되기 시작한 것이다.

우선 프랑스 언론은 책의 주요무대인 '한국'이라는 나라에 대해 관심을 보였다. "먼 나라 한국에 대해서 우리가 알고 있는 것은 무엇인가?, 대중은 무엇을 알고 있는가?"[20], "한국을 아십니까? 프랑스 사람들은 한국의 지리·풍습·습관을 모르는 체 호기심을 가지고 있다. 한국은 가장 마음을 끄는 나라 중의 하나이다. 아주 흥미 있게 소설화한 책이 여기 한권 있다."[21]라고 하며 동양의 낯선 나라 한국에 대한 관심과 이목을 집중시켰다.

언론을 통해 기사가 보도되자, 서영해에 대한 관심도 높아져 갔다. 여러 언론사의 인터뷰 요청도 줄을 이었다. 서영해는 1930년 2월 18일 *Le Petit journal*의 Ernest Raynaud 기자와 인터뷰를 진행하였다.

나는 팡테온Pantheon 근처의 조그만 쪽방에서 서영해를 만났다. 서영해는 한국독립운동의 핵심적 인물 가운데 한 사람이었다. 물론 서영해는 외견상으로 볼 때 음모를 꾸미거나 권모술수를 쓸 사람 같지 않아 보였다. 마르고 왜소한 체구에, 가느다란 목소리의 소유자였다. 마치 수줍은 중학생과 같은 첫인상이었다. 그러나 한국을 말하기 시작하자, 그의 태도는 깜짝 놀랄 정도로 급변했다. 그의 목소리는

---

20 "SEU RING HAI : Autour d'une vie coréene(Ed. Korea)".
21 "Autour d'une vie coréenne par SEN – RING – HAI".

활기를 띠고. 얼굴은 단호한 표정을 지었다. 어느덧 열정적인 웅변가의 모습으로 변해 있었다. 서영해는 한국인들의 고통과 수난의 이야기를 열어 나갔다. 그리고 한국독립운동의 영웅인 박성조의 수난과 영웅적인 삶을 말했다.[22]

서영해는 프랑스 언론에 '한국독립운동의 핵심적 인물', '열정적인 웅변가'로 알려졌다. 한국의 상황과 독립운동을 알리기 위해 책을 발간하고, 기회가 있을 때마다 강연을 통해 선전활동을 펼치던 서영해의 활동이 얼마나 대단하였는지를 방증한다고 할 수 있다. 서영해는 작은 체구를 가졌지만, 한국에 대해 이야기할 때는 거침이 없었다. 호소력 있는 목소리로 한국독립운동의 진실을 알렸다. 민족대표 33인이 3·1독립선언문을 선포하는 내용도 담았다. 정의·인류·명예를 위해 비폭력주의를 추구하는 한국인의 정신도 소개하였다. 이러한 서영해의 모습은 Ernest Raynaud에게도 진정성 있게 다가왔다. Ernest Raynaud는 한국인의 신실함과 솔직한 정신에 깊은 찬사를 보내며 "세계에서 가장 상냥한 사람들"이라고 표현하였다.[23]

서영해는 1930년 4월에는 *L'Intransigeant*의 기자 Aline BOURGOIN과 인터뷰를 가졌다.

서영해는 "한국과 한국인에 관한 전설적인 이야기에 대해 아직 아무도 그 호기심을 시도하지 못했다."고 그가 쓴 『어느 한국인의 삶과 주변』이란 책 속에서 말했다.

---

22 Ernest Raynaud, "PARIS capitale de l'exil", *Le Petit journal*, 1930년 2월 18일(장석흥, 「대한민국 임시정부 주불특파위원, 서영해의 독립운동」, 『한국근현대사연구』 84, 한국근현대사학회, 2018, 225~226쪽 재인용).

23 "Le peuple le plus doux du monde"; Ernest Raynaud, "PARIS capitale de l'exil", *Le Petit journal*, 1930년 2월 18일(장석흥, 「대한민국 임시정부 주불특파위원, 서영해의 독립운동」, 『한국근현대사연구』 84, 한국근현대사학회, 2018, 225~226쪽).

이 호기심을 끄는 책은 24세의 젊은 한국인 청년, 서영해에 의해 프랑스어로 쓰여 졌으며, 우리나라 소설가에 의해 우리가 지금까지 알고 있던 것보다 훨씬 다른 양상 하에 있는 극동을 우리들에게 보여준다.

짤막한 문장으로 단순하게 표현된 속에 그 깊이가 숨어 있고, 서영해는 자기 민족의 시(詩)와 충성과 열망을 우리들에게 생생하게 그려 준다.

미래의 전쟁을 막기 위한 최선의 방법은 민족 상호 간의 이해 부족으로 파여진 깊은 구렁을 메꾸는데 있다. 그리고 이 방법은 당신이 이미 알고 있는 바와 같이 문학을 기본 바탕으로 하고 있다고 서영해는 말한다.

과연 서영해는 동서양이 이미 서로 적대하여 투쟁을 벌인 것은 매우 위험한 결과라고 평가한다 : 즉 두 인종 간이 상호 무지함은 아직 서로를 알리도록 한 바가 아무것도 없기 때문이다.[24]

Aline BOURGOIN은 서영해의 책이 지금까지 유럽인들이 알고 있던 것과 다른 극동의 상황을 보여준다는 것에 주목하였다. 그것은 서영해가 이 책을 저술한 목적이기도 했다. 서영해는 동서양 민족 간의 이해 부족은 매우 위험한 결과를 초래한다는 것을 파악하고 있었다. 그래서 지금까지 동서양 간의 무지함을 극복하고, 간극을 좁힐 수 있는 방안을 강구하였다. 그리고 그 방법으로 문학이라는 장르를 선택하였고, 그것을 통해 역사적 진실을 구현하고자 한 것이다.

그동안 유럽인들은 일본을 통해 한국을 접할 수 있었다. 그렇기 때문에 한국이라는 나라에 대해서 정확하게 파악할 수 없었다. 하지만 서영해의 책을 통해 직접 한국의 실체를 알 수 있게 되었다. 아울러 악랄하게 행해지는 일본 제국주의의 민낯도 드러났다. 비록 깊이 있는 시詩적 표현과 문

---

24 ALINE BOURGOIN, "Paris – Genève N°2… Où la France vue par un Coréen", *L'Intransigeant*, 1930년 4월 2일.

학적 요소가 가미된 소설이지만 유럽인들에게 이것은 역사적 진실로 다가왔던 것이다.

서영해에 대한 인터뷰뿐만 아니라, 그가 저술한 책에 대한 자세한 소개도 보도되었다. 프랑스의 문학잡지인 *Monde*도 서영해의 책을 상세하게 소개하였다. *Monde*는 1928년 프랑스 작가 앙리 바르뷔스가 창간한 잡지로, 아인슈타인·피카소·미로 등 저명한 지식인들과 예술인들이 참여하고 있었다.[25] *Monde*의 기자 T. GARAN KOUYATE는 서영해의 책을 읽고 다음과 같은 내용의 기사를 게재하였다.

L'Intransigeant, 1930년 4월 2일자에 실린 서영해 인터뷰 기사

> 현재 쏟아져 나오는 소설 같은 황당무계한 생활을 꾸며낸 책인가? 아니다. 그것은 일본 제국주의가 힌국에 침투되자, 자기 나라의 국민적인 열망을 상징하는 지도자 박성조의 투쟁적인 생활 이야기를 담은 책이다.
>
> 극동에서의 일본 식민지화에 대한 것을 《Monde》지의 독자들에게 밝히기 위해 이번 기회를 이용하고자 한다. 일본은 1876년에 한국과 조약을 맺었고, 한

국인들의 영웅적인 저항에도 불구하고 1910년에 한국을 합병했다. 일본은 그곳에서 봉건 제도의 착취 형태를 강화했다. 운송, 은행, 화폐 제도는 일본인들이 독점했다. …… 식민지의 거의 전체의 대외 무역이

---

25 『연합신문』, 2019년 2월 18일, 「독립운동가 서영해 사찰한 80여년 전, 佛경찰문서 첫 확인」.

그들의 손 안에 있다. …… 일본은 한국의 농촌 사회의 차별을 조장했다. …… 노동자들의 처지는 비통하다. …… 한국인은 하루에 12~15시간 일하고 1엔까지의 봉급, 즉 3프랑 75센트에서 12프랑 50센트의 돈을 받는다. 여기에서 벌금과 징수금을 의무적으로 공제해야 한다. …… 한국인들은 언론, 출판 집회의 자유란 전혀 없다. 일본인들과 분쟁을 했을 경우, 그들은 법정에서 진다. 학교에서도 똑같이 불평등하다. 모든 해방운동이 피에 사무쳤다. 우리가 방금 간단하게 보았던 몇 가지 사실을 미루어 보아 한국인들은 육체적으로 박해를 당하고, 권리는 침해당하여, 압제에 신음하며, 모두 비극적으로 용감한 생활을 이끌고 있다.

T. GARAN KOUYATE[26]

T. GARAN KOUYATE는 극동에서 벌어지고 있는 일본 식민지정책의 실상을 독자들에게 전달하기 위해 서영해의 책을 이용할 것임을 밝혔다. 그는 기사를 통해 일본의 침략으로 고통받는 한국민의 현실을 조명하였다. 1876년 강화도 조약 체결 이후 행해지는 각종 수탈과 부당한 처우에 대해 알렸다. 그리고 이러한 불평등과 박해에 맞서 싸워 나가는 한국민들의 모습도 담았다.

서영해의 책에 대한 언론과 대중의 관심은 더욱 뜨거워져 갔다. "서영해는 전혀 알려지지 않은 나라와 그 국민에 대해 밝혀낸 책을 발간하였다.", "그 책에는 이국적인 나라의 일상생활 속에 일본과 대항해 투쟁하는 정치적 권리에 대한 요구, 욕망이 들어 있다. 극동 문제에 관심이 있는 모든 사람들은 꾸며낸 이야기가 아닌, 사실의 기록인 이 책을 읽어보기를 원한다.", "우리가 지금까지 알고 있던 것보다 훨씬 다른 양상에 있는 극동을 우리들에게 보여준다."[27]라고 하며 이 책이 가진 핵심내용과 주제를

26 T. GARAN KOUYATE, "AUTOUR D'UNE VIE COREENNE, par sou(Edit. Coréa)", Monde.
27 ALINE BOURGION, "Paris – Genève N°2… Où la France vue par un Coréen",

상세히 소개하였다.

특히 *LE RÉVEIL OUVRIER*지의 기자 Gabriel GOBRON은 서영해가 집필한 『어느 한국인의 삶과 주변』을 소개하면서 다음과 같은 기사를 게재한 점이 주목된다.

> … 우리는 그 책 속에서 일본인의 적나라한 마음속을 볼 수 있다. 점점 실리주의화 되어 가는 일본의 본성은 무력에 대한 사랑을 키우고 있다. 일본인은 토끼처럼 번식이 빨라 우리에 하나 가득 토끼를 채워서 대륙에 쏟아 부었다. 이 완전한 多産이 중일전쟁이 일어나게 된 동기 중의 하나이다. 모든 독신자나 아이 없는 부부(혹은 아이 하나만 있는 부부)가 수많은 다른 단란한 가족을 훈계하고 있는 셈이다.[28]

GOBRON은 서영해의 책을 통해 일제의 침략상을 접하게 되었고, 이를 비판하였다. 일본은 무력을 키워 중국을 침략하였고, 그렇게 커져버린 군국주의가 바로 중일전쟁을 일으킨 동기라는 것을 지적한 것이다. 그러면서 GOBRON은 "서영해는 우리들에게 매우 아름다운 나라, 매우 온순한 국민을 알려 주었다. : 바로 한국과 한국인이다. 특히 일본의 군국주의가 악독한 방법으로 이 독립 국가를 약탈하고 있다는 것을 알려주었다.", "이 책은 내가 소중히 여길 정신적인 《보석》이다."[29]라고 표현하며 서영해를 통해 한국과 한국인을 알게 된 것에 대한 감사를 전했다.

서영해의 책은 프랑스뿐만 아니라, 스페인에서도 주목 받았다. 스페인 언론에서 서영해의 저서에 대해 자세한 설명과 비평을 게재한 것이다. 스

L'Intransigeant, 1930년 4월 2일.

28 Gabriel GOBRON, "LE MILITARISME JAPONAIS", *LE RÉVEIL OUVRIER*, 1932년 5월 2일.

29 Gabriel GOBRON, "LE MILITARISME JAPONAIS", *LE RÉVEIL OUVRIER*, 1932년 5월 2일.

페인 언론지 *Le Sol*은 1929년 12월 20일자 기사를 통해 서영해의 책 발간 소식을 알렸다. 서영해의 저서를 "한국적 교양과 풍부한 정치적 감수성의 총체"라 칭하며, 서영해가 이 책을 집필한 의도와 전달하고 싶은 메시지에 대해 상세한 설명을 담았다.[30]

서영해는 완성된 책자를 국제연맹과 각국 관계자들에게도 배포하였다. 한국독립운동을 세계에 알리고자 하는 의도였다. 그는 1932년부터 1933년까지 기회가 있을 때마다 국제연맹과 각국 영사관 관계자들에게 자신의 책을 보내어 한국을 선전하고 일제 침략의 부당성을 알렸다. 국제연맹사무국·국제여성연맹 중국 총영사관·아일랜드 공사관·체코슬로바키아 대표 Edouard Beneš·헝가리 장관 펠레니 등으로부터 받은 감사 서한이 이를 방증한다.[31]

서영해의 책은 국제연맹 관계자들에게 깊은 감명을 주었다. 국제연맹사무국 관계자는 "제가 휴가를 떠날 때 당신의 책을 들고 갈 것이며, 분명 그것은 저에게 당신의 아름다운 나라에서의 좋은 기억을 불러일으키는 편안하고 흥미로운 친구가 될 것입니다."라고 전했다.[32] 국제여성연맹의 국제비서 CAMILE DREVET은 책에 대한 감사뿐만 아니라, 한국과 제네바의 관계를 알 수 있게 되어 행운이라는 말과 함께 현재 한국에 대한

---

30 "REVISTA DE LIBROS Notas criticas", *Le Sol*, 1929년 12월 20일(김성혜 번역 · 장석흥 해설, 『어느 한국인의 삶』, 역사공간, 2019, 186쪽).

31 'DELEGATION TCHECOSLOVAQUEA L'ASSEMBLEE DE LA SOCIETE DES NATIONS', 1932년 12월 16일, 'Adresse télégraphique: NATIONS GENEVE', 1932년 12월 27일; 'La Bibliothèque', 1933년 1월 5일; 'DÉLÉGATION HONGROISE AUPRÈS DE LA SOCIÉTÉ DES NATIONS', 1933년 1월 21일; 'SOCIÉTÉ DES NATIONS', 1933년 1월 7일; 'WOMEN'S INTERNATIONAL LEAGUE FOR PEACE AND FREEDOM', 1933년 2월 8일; 'CONSULAT GÉNÉRAL DE LA RÉPUBLIQUE CHINOISE PARIS', 1933년 4월 29일; 'ANDRÉ TARDIEU', 연도미상; 'LEGATION D'IRLANDE', 1933년 6월 17일.

32 'Adresse télégraphique: NATIONS GENEVE', 1932년 12월 27일; 'La Bibliothèque', 1933년 1월 5일.

질문은 새로운 가치를 지니며, 만주에 어떤 일이 일어나고 있는지 분명히 이해해야 한다고 알려왔다.[33] 또한 중국 총영사관의 L. Huis는 자신에게 책을 보내준 친절에 감사드리며, 지난 '중국연구모임'에서 서영해의 강연을 들을 수 있어서 매우 기뻤다는 소식을 전하였다.[34] 그밖에 프랑스 내무부 장관이자, Belfort[35]의 국회의원으로 활동 중인 André Tardieu·체코슬로바키아 대표 Edouard Beneš·헝가리 대표단 장관 Jean Pelényi·아일랜드 공사관은 책을 보내준 것에 진심으로 감사드리며, 서영해의 작품이 앞으로 승승장구하기를 기원한다고 알려왔다.[36]

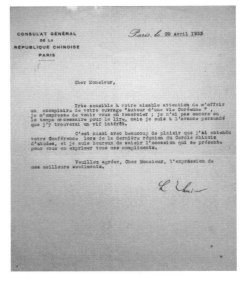

중국 총영사관의 L.Huis가 『Autour d'une vie coréenne』를 받은 후에 보낸 감사의 서한

33 'WOMEN'S INTERNATIONAL LEAGUE FOR PEACE AND FREEDOM', 1933년 2월 8일.

34 'CONSULAT GÉNÉRAL DE LA RÉPUBLIQUE CHINOISE PARIS', 1933년 4월 29일.

35 벨포르(Belfort)는 프랑스 동부 보르고뉴프랑슈콩테 지방 벨포르 주의 주도이다.

36 'ANDRÉ TARDIEU', 연도미상; 'DELEGATION TCHECOSLOVAQUEA L'ASSEMBLEE DE LA SOCIETE DES NATIONS', 1932년 12월 16일; 'DÉLÉGATION HONGROISE AUPRÈS DE LA SOCIÉTÉ DES NATIONS', 1933년 1월 21일; 'LEGATION D'IRLANDE', 1933년 6월 17일.

2. 언론활동

1) 일본의 한국 침략성 규탄과 폭로

서영해는 세계 각국의 언론사와 연계를 맺으며 활동을 전개하였다. 이집트 잡지인 *Revue Egyptienne*, 뉴욕의 *The New Korea*에도 기고활동을 펼쳤다. 1928년과 1929년에는 로맹 롤랑의 *L'Europe* 집필에 참여했고, 문학정보 잡지인 *Monde* 제작에도 참여하였다.[37]

서영해의 언론활동은 1929년 고려통신사를 설립한 이후에도 이어졌다. 그는 고려통신사의 통신원으로 활동하며 언론활동을 수행하였다. 그의 언론활동은 국제사회에 일제의 한국 침략과 한국의 실상을 널리 알리는 데 있었다.

서영해는 기자로 활동하며 이와 관련된 많은 기사를 게재하였다. 그 중에서도 일제 침략의 잔학성을 규탄·고발하는 것, 한국에 대한 선전활동을 벌인 것, 일본의 만주침략을 비판한 것 등이 주를 이루었다.

서영해의 언론활동은 일본 제주국주의의 정체성과 문제점을 파악·분석하는 것에서부터 출발했다. 그는 일본 제국주의의 정체성 파악에 심혈을 기울였는데, 이를 위해 고대부터 현재까지의 일본 역사를 면밀히 검토하고 분석한 것으로 여겨진다.[38] 그리고 이러한 자신의 분석에 비추어 일

---

[37] PRÉFECTURE POLICE R.G. 1 – n° 6017, 'Le Directeur des Renseignements Généraux et des Jeux à Monsieur le PREFET DE POLICE', 1936년 11월 23일.
[38] 국립중앙도서관에 기증된 서영해의 도서 가운데 일본 역사에 관한 책들이 다수 포함되어 있다.

본의 근원적인 문제점을 다음과 같이 파악하였다.

> 일본은 '동양'이 아니다. 일본은 한국이나 중국에서 고유하게 나타나는 진정한 동
> 양정신과 비교할만한 것을 전혀 가지고 있지 않다. 일본은 오랜 옛적부터 무사도
> 이외의 도덕이란 가지고 있지 않다. 그들 국민들은 군사규율 밖에 모른다. 메마른
> 섬 안에 격리되어, 오직 전쟁 노획품만을 찾는다. 어떠한 정신문화도 갖지 않으
> 며, 정서 교육도 없고, 사고의 깊이도, 그 행동의 넓이도 없다.[39]

서영해가 파악한 일본의 근원적인 문제의 핵심은 '동양의 정신문화'를
소유하지 않은 것에 있었다. 그는 일본을 한국·중국과 같은 '동양의 국가'
로 생각하지 않았다. 오직 무사도 정신만 있고, 인류가 보편적으로 가져
야 할 도덕정신·정서·사고의 깊이·행동의 넓이가 결여되어 있다는 것이
그 이유였다.

서영해는 동양문화에 대한 확실한 가치관이 정립되어 있었다. 인도주의
를 바탕으로 폭력을 멀리하고, 명예를 소중히 여기며, 이웃에 대한 존경
심을 갖고 다른 사람이 원하지 않는 것은 행하지 않는 것을 동양문화의
근본적인 특성으로 생각하였다.[40] 물질적인 것보다는 수세기동안 이어져
내려온 정신적인 삶의 가치를 더욱 중요하게 여겼다.

이러한 인식을 가진 서영해는 일제 침략의 부당성을 밝히고 이를 증명
하고자 하였다. 이를 위해 그가 주목한 것은 두 가지였다. 그 하나는 한국
에 대한 일본의 침략이 어떻게 이루어졌는지를 밝히는 것이었고, 다른 하
나는 일본이 한국을 지배하기 위해 어떤 정책을 펼쳤는지를 파악하는 것

---

39 서영해, 「극동에 있어서의 일본의 행동 분석과 서양의 영향」, 1934년 8월 14일.
40 서영해, 「극동에 있어서의 일본의 행동 분석과 서양의 영향」, 1934년 8월 14일.

이었다.

우리는 오늘날 현대 일본 제국주의의 무서운 계획을 알고 있다. 우리는 또한 이 계획이 얼마나 비열하고 난폭한 방법으로 '해뜨는 나라 제국'에 의해 조직적으로 실행되는지 잘 알고 있다.

1894년 중국으로부터 빛나는 승리를 맛보고, 1904년 제정 러시아에게서도 승리를 거둔 일본은 일본군의 총칼이란 유일한 힘에 의해서 1905년 11월 17일 을사늑약을 억지로 체결했다. 그런데 그것은 한국의 독립과 영토의 보전을 분명히 보장한다는 앞서의 약속에도 불구하고, 황제와 대신들의 완강한 반대에도 불구하고, 일본 군사력에 대항해서 비무장한 모든 민중에 의해 기도된 투쟁에도 불구하고, 탄원과 비탄 속에서 체결되었다.[41]

서영해는 일본의 치밀한 계획에 의해 조직적으로 실행된 한국 침략 과정을 알렸다. 1894년 청일전쟁과 1904년 러일전쟁에서 승리한 일본이 한국을 침략의 발판으로 삼는 과정을 서술하고, 1905년 11월 17일 체결된 을사늑약이 일본군의 총칼에 의해 강제로 이루어졌음을 밝혔다. 이에 제대로 대응하지 못한 정부와 애통함에 빠진 국민들의 모습도 담았다. 일본이 한국을 식민지화하기 위해 자기 국민들의 한국 이민을 적극 추진하는 목적과 그로 인해 핍박받는 한국인들의 실상을 담은 *New York Times* 기사를 인용하여 자료의 신빙성과 객관성을 더했다.[42]

서영해는 일제의 폭압과 무력에 대항해 일어난 3·1만세시위운동의 경과에 대해서도 서술하였다. 그는 3·1만세시위운동은 "처음부터 오로지 평화적인 시위였고, 수동적인 항거였다. 지도자들과 독립투사들은 무슨

---

41 Seu Ring – Hai, "Les effroyables pogromes japonais – n'ont pas abattu la Corée –".
42 Seu Ring – Hai, "Les effroyables pogromes japonais – n'ont pas abattu la Corée –".

일이 일어나더라도 어떠한 폭력도 범하지 않겠다고 엄숙히 맹세했고, 체포당했을 경우, 저항하지 않겠다고 맹세했다."라며 3·1만세시위운동이 비폭력·평화주의 운동이었음을 나타냈다.[43] 이어 구체적인 수치와 근거를 제시하며 일제의 총검에 맞서 전개한 시위의 참상 소식도 전했다. "32,000명의 남자와 여자들이 감옥에 갇혔다.", "사람들은 채찍으로 맞고, 총상 당하고, 칼로 베이었다.", "투옥자들은 고문을 당하였다." 등 3·1만세시위운동의 실상과 일제의 잔학성을 폭로하였다.[44]

서영해는 일제의 야만적 보복 행위인 '제암리 사건'에 대해서도 구체적으로 알렸다.

일본의 한국 침략과 그 실상을 폭로한 서영해의 언론 기사

… 1919년 4월 15일, 수원 지방의 마을인 제암리에서 39가구가 한 사람도 빠져나

---

43 SEU RING−HAI, "MONSIEUR MATSUOKA, EXPLIQUEZ−VOUS…", AGENCE KOREA, 1932년 12월 7일자; Seu Ring−Hai, "Les effroyables pogromes japonais−n'ont pas abattu la Corée −".

44 SEU RING−HAI, "MONSIEUR MATSUOKA, EXPLIQUEZ−VOUS…", AGENCE KOREA, 1932년 12월 7일자; Seu Ring−Hai, "Les effroyables pogromes japonais−n'ont pas abattu la Corée −".

오지 못하게 된 체 무장 일본군에 의해 포위되었다. 그러고는 모두 불타죽었다. 수원 지방에 있는 서촌에서 42가구가, 화수리에서 25가구가 같은 방법으로 불살라졌다. …[45]

'제암리 사건'은 수원군 장안면과 우정면 그리고 발안 장터에서 일어난 만세시위에 대한 보복으로 1919년 4월 15일 일본군이 제암리 주민을 학살한 사건이다. 이 사건으로 30여명의 희생자가 발생했고, 인근 마을 주민들도 상당한 피해를 입었다. 이는 커티스·테일러·언더우드 등 선교사들과 미국·영국 정부 관리들에 의해 외부로 알려지게 되었다.[46]

일제는 "경찰이 기독교인과 천도교인을 마을 교회에 초대하여 호의적인 상담을 가지려고 하였던 바, 그들이 모였을 때 몽둥이와 지팡이 등으로 일본 군인을 공격하였고, 이 혼란한 통에 램프가 엎드려져서 교회에 불이 붙고 이 불 때문에 많은 사람이 타죽고 어떤 사람은 탈출하려다 총에 맞아 죽었다."[47]며 제암리 사건을 왜곡·축소 보도하였다.

서영해는 제암리와 그 일대에서 일본군에 의해 자행된 학살 만행 사실을 전하며, 일제의 잔인함과 폭력성을 알리는데 주력하였다. 이를 통해 "42세기 동안 지고의 역사를 자랑해 온 2,300만 국민의 분노와 저항의 고통스런 장면"과 "일본군에 의해 기도된 무서운 학살"을 문명화된 세상에 알리고자 했다.[48]

45 Seu Ring-Hai, "Les effroyables pogromes japonais-n'ont pas abattu la Corée-".
46 「주서울 미총영사 앨런 홀쯔버그의 보고(4월 23일자)」, 『한국기독교와 역사』 7, 한국기독교역사연구소, 1997, 122쪽; 「주서울 미국 총영사 보고(5월 12일자)」, 『한국기독교와 역사』 7, 한국기독교역사연구소, 1997, 119~121쪽.
47 「주서울 미국 총영사 보고(5월 12일자)」, 『한국기독교와 역사』 7, 한국기독교역사연구소, 1997, 121쪽.
48 Seu Ring-Hai, "Les effroyables pogromes japonais-n'ont pas abattu la Corée-".

서영해는 일본이 한국을 지배하기 위해 제도적으로 어떤 수단과 방법을 동원했는지도 언급하였다. 그 대상으로 삼은 것은 세 가지이다. 첫째, 일본 법률을 강요한 점을 들었다. 일본은 한국을 강점한 뒤에 한국 국민들에게 자신들의 법률을 강제 적용하였다. 그들이 강제한 법률은 한국의 역사와 제도·풍습 특히 한국인의 감정을 모르는 일본인에 의해 만들어진 것이었다. 서영해는 한국인의 입장과 처지·상황을 고려하지 않은 채 일본인에게 유리하게 만들어진 법령을 비판한 것이다. 둘째, 광무황제의 강제 퇴위와 군대해산의 부당성에 대해서도 문제를 제기하였다. 그 이유로 일본이 의도적으로 정신적 문제가 있는 융희황제에게 양위할 것을 강요했다는 점과 친일파 관료를 앞세워 한국군대를 해산시킨 사실을 들었다. 셋째, 토지를 가진 자는 만주로 내쫓고, 일반 평민들은 자신들의 '동화정책' 대상으로 삼은 식민지 정책의 실태를 고발하였다. 한국인들로부터 토지를 빼앗아 이것을 일본인들에게 넘기는 실태와 이러한 일제의 횡포와 수탈에 못 이겨 조국을 떠나 북만주로 이주하는 한인들의 비참한 현실을 폭로하였다.[49]

2) 한국에 대한 선전활동

서영해가 펼친 언론활동 가운데 또 다른 하나는 한민족의 저항과 투쟁을 국제사회에 알리는 것이었다. 그는 일본의 침략행위를 비판하는 한편, 동양의 낯선 나라인 한국을 국제사회에 알리는데도 심혈을 기울였다. 그는 「KOREA」라는 글을 발표하였다. 서문에서 "국민 대중의 관심이 극동에 집중되므로, 한국에 관한 직접적인 정보를 얻는데 서구 국민들의 관심

---

49 Seu Ring – Hai, "Les effroyables pogromes japonais – n'ont pas abattu la Corée – ".

이 없지 않으리라 믿고 간단하게 다음 전단을 제시한다."⁵⁰라며, 글을 발표하는 목적이 한국에 대한 정보를 제공하는데 있음을 밝혔다.

서영해는 한국에 대한 종합적인 정보를 기술하였다. 지리·기후·인구·언어·종교·역사·문화·정부·대외관계·독립운동 등 11개 항목에 대해 상세한 정보를 담았다. 가장 먼저 제시한 것은 한국이 어느 곳에 위치해 있는 나라인지에 대한 설명이었다. 그는 한국은 황해와 동해가 있는, 아시아 대륙의 북동쪽에 위치하며 태평양을 향한 곳에 위치한 나라임을 알렸다. 또한 "한국은 일본과 아시아 대륙 사이에 위치해 있어 자연적인 통로가 되어 있다. 이것이 극동문제의 열쇠를 쥐고 있다."라며 지리적으로 한국이 가진 중요성을 언급하였다.

한국의 고유한 정체성을 알리는데도 노력을 기울였다. 그는 한국은 "중국인과 닮지 않고 일본인과 비슷하지 않은", "거의 43세기 동안 한 국가로서 독립생활을 유지해 온 능력"이 있는 '단일민족' 국가임을 주장했다. 한국 국민이 자치국민으로서 살아갈 권리와 능력이 있음을 보여주는 명백한 증거임을 증명한 것이다.⁵¹

문화 분야에 있어서는 한국이 동양의 문화발달에 크게 기여했음을 나타냈다. 활판 인쇄술·도공의 기술·천문학·악보·폭탄·철갑선 등 한국의 발명품과 기술이 동양의 문화 발전에 말할 수 없는 도움을 가져주었음을 부각시켰다. 그리고 이것이 일본에 전해져 그들이 한국 문화의 혜택을 입었음을 설명하였다.

대외관계 서술을 통해서는 일본이 한국을 침략하는 과정을 다루었다.

---

50 Seu Ring–Hai, "KOREA", AGENCE KOREA. 1933.
51 Seu Ring–Hai, "KOREA", AGENCE KOREA. 1933.

"일본은 여러 세기를 통해 한반도에 발판을 굳히고자 야망을 품고, 한국을 이용해서 군사기지를 세워 아시아 대륙을 침략하고자 했다."[52]고 하며 임진왜란부터 시작된 일본의 한국 침략 정책을 설명하였다. 한국의 독립과 안정을 보장한다는 거짓말로 한국을 빼앗은 일본의 거짓된 책략을 비판하였는데, 이를 "역사에 유례가 없는 야만적 행위"로 표현하였다. 또한 국제관계를 바라보는 냉철한 통찰력도 내비쳤다. 한국이 문호를 개방한 이후, 조약을 맺었던 열강의 여러 국가들이 1910년 이후 서서히 멀어지는 국제관계의 냉혹한 현실도 그대로 나타냈다.

서영해는 우리 민족의 독립운동에 대해 언급하는 것도 잊지 않았다. 죽음을 무릅쓰고 범국민적으로 일어난 3·1만세시위운동과 임시정부의 수립도 알렸다. 일본의 무자비한 탄압과 학살에도 불구하고 "한국민의 정신은 살아있고, 한국 정부는 애국심이 강한 한국인 모두의 가슴에 살아있는" 존재임을 다시 한번 각인시켰다.[53]

이처럼 서영해는 언론활동을 통해 한민족의 저항과 투쟁을 국제사회에 알렸다. "죽음이 아니면 자유로운 삶을" 외치며, 최후의 한 사람이 쓰러질 때까지 맞서 싸우는 한국민의 모습을 자신의 기사에 담았다. 독립을 향한 한국인들의 염원이 얼마나 중대한 문제인지를 알고 있었기 때문이다.[54] 이를 통해 국제사회는 동양의 낯선 나라 한국에 관심과 이목을 집중하게 되었다. 국제 언론도 한국에 대한 호의적인 기사를 내보냈다.

이러한 활동을 통해 서영해가 궁극적으로 전달하고픈 것이 있었다. 그것은 한국의 독립이 가져다 줄 '세계 평화의 메시지'였다. 서영해는 한국

52 Seu Ring-Hai, "KOREA", AGENCE KOREA. 1933.
53 Seu Ring-Hai, "KOREA", AGENCE KOREA. 1933.
54 Seu Ring-Hai, "Les effroyables pogromes japonais-n'ont pas abattu la Corée-".

독립이 세계 평화에 기여할 것이란 자신의 견해를 다음과 같이 밝혔다.

> 한국의 독립은 새로운 범죄를 일으키려는 일본을 막고, 곧바로 자멸하려는 그들
> 을 잘못된 길에서 끌어내어 줄 것이다.
> 일본은 어리석게도 이기심으로 눈이 어두워져, 한국의 독립이 동양 아시아의 항
> 구적인 평화를 최종적으로 회복함을 의미할 뿐만 아니라, 다정한 분위기 속에서
> 물질적이나 정신적으로 모든 이득을 발견할 수 있는 황인종 상호간의 박애적인
> 협동도 또한 의미 한다는 것을 전혀 깨닫지 못할 것이다.
> 또 그로 인해 동양은 인간성에 반대되는 야만스러운 힘을 사용하고자 고집하는
> 서구의 여러 정부들에게, 정의와 고귀함에 의한 그들의 지도 원칙을 성실하게 변
> 경시키도록 영향을 줄 것이다.[55]

서영해는 한국의 독립이 '동양의 항구적인 평화'를 회복할 뿐만 아니라, 나아가 세계평화에도 기여할 것임을 확신하고 있었다. 이것은 비단 아시아와 유럽사회에 대한 외침이 아니었다. 바로 전 세계 인류를 향한 간절한 호소였다.

3) 일본의 만주 침략 비판

서영해는 기자로 활동하며 다양한 주제의 기사를 썼다. 일제가 한국을 침략하는 것을 규탄하고, 한국의 실상을 국제사회에 알리는 기사를 비롯해서 일제의 만주침략을 비판하는 글도 언론에 게재하였다.

1931년 9월 18일 발발한 '만주사변'은 일본이 군사적 수단을 동원하여 중국 영토를 차지하고자 하는 의도를 직접 표출한 사건이다.[56] 이는 관동

---

55 서영해, 「극동에 있어서의 일본의 행동 분석과 서양의 영향」, 1934년 8월 14일.
56 석미자, 「만주사변 이후 남경국민정부 직업 외교관의 역할 연구(1931–1936)」, 고려대학교 대학

만주를 침략하는 일본군들

군 참모들에 의해 주도면밀하게 준비되어 온 작전으로, 당시 국내외적 위기에 직면한 일본이 선택한 '돌파구'였다.[57] 자신들의 '사활'을 위해 일본은 중국 대륙을 장악해 나갔다. 만주의 요충지인 봉천·요령·길림의 주요 도시들을 점령하였고, 이듬해 2월에는 하얼빈까지 차지하였다. 그리고 1932년 3월 1일에는 만주국 수립을 선포하기까지 이르렀다.

만주사변과 연이은 만주국의 수립은 세계의 이목을 끌었다. 세계열강들은 한국과 중국·일본이 위치한 동아시아 정세를 주목하였다. 하지만 그들은 일본의 공격적인 팽창정책을 경계하고, 그것이 자국의 이권에 영향을 끼치는지 여부에만 관심을 기울일 뿐이었다.[58]

원 박사학위논문, 2012, 1쪽.

[57] 당시 일본은 내부적으로 쌀 소동 이후 계급대립 문제가 격화되었고, 1920년 경제공황의 심화는 일본 경제에 심각한 타격을 주었다. 여기에 한국과 중국의 강력한 저항, 미국·소련과의 대립 등 외부적 요인은 일본의 위기를 한층 더 고조시키는 요인으로 작용하였다(일본역사학연구회, 『태평양전쟁사』 1, 채륜, 2017, 35~36쪽).

[58] 이교덕, 「滿洲事變과 國際聯盟 : 集團安全保障體制의 한계」, 고려대학교 대학원 박사학위논문,

서영해도 일본의 만주 침략 소식을 접하였다. 그는 일본의 만주 침략 의도에 대해 "대륙 정복을 위한 새로운 단계에 지나지 않는다."라는 견해를 밝혔다. 아울러 일본은 중국 북방의 자연 자원을 탐내고, 소련에 대항하여 다음 단계의 군사 활동을 시작할 견고한 기초를 닦기 위해 만주를 점령했다는 평가를 내렸다.[59] 그리고는 일본의 만주 침략에 대한 자신의 견해를 담은 글을 작성하였다. 일본의 만주 침략과 만주국 수립의 부당성을 전 세계에 알리기 위함이었다.

> 일본은 얼마 전에 만주를 공식적으로 합병했다. 그것은 우리 가련한 세계의 정치 역사상 보기 드문 중대 사건이다. 그만큼 일본은 새로운 세계적인 살육의 씨앗을 자신 속에 지니고 있는 것이다. 그것은 또한 자기 자신의 고통마저 준비하는 일본 제국주의자의 몰상식한 광기인 것이다.[60]

서영해는 일본이 만주를 합병했다는 소식을 전했다. 만주를 침략한 일본의 행위는 새로운 '살육의 씨앗'을 품고 있는 '몰상식한 광기'라고 평가하며, 전 세계를 전쟁의 위험에 빠뜨릴 수 있는 사건으로 바라보았다. 또한 "어리석은 이기주의가 언제나 자기 국민의 눈을 멀게 한다. 이것은 바로 만주를 억지로 합병한 일본의 경우이다."[61]라며 일본의 만주 침략을 비판하였다.

서영해의 비판은 구체적이었다. 그는 다음과 같이 일본의 만주 침략을 주변 국제정세와 연관 지어 날카롭게 분석하였다.

1991, 88~99쪽.
59 Seu Ring−Hai, "LA CHINE ET L'AGRESSION JAPONAISE".
60 Seu Ring−Hai, "L'AGONIE DU JAPON".
61 Seu Ring−Hai, "L'AGONIE DU JAPON".

만주는 프랑스보다 2배나 크고, 백년 묵은 숲으로 덮인 산이 점점이 흩어져 있다.
… 그 곳에는 유럽의 제국주의자와 특히 일본의 제국주의자의 파렴치한 욕망을
자극시킬 것이 있었던 것이다.

이 거대한 나라에는 정신적으로나 육체적으로 자기가 중국인이라고 생각하는
3,000만의 중국 인민들이 실제로 살고 있다. 달리 말해서, 일본은 만주를 합병함
으로써 자기 자신의 집 안에 3,000만 명의 적을 아직도 더 증가시키고 있다.

영토상으로 볼 때, 일본의 만주 합병은 소련에 대한 직접적이고 항구적인 위협의
요소가 된다. … 러시아는 오래전부터 동 시베리아에 대한 일본의 겨냥을 알고 있
었다. 또 러일전쟁이 불가피하고 곧 닥쳐오리라고 알고 있었다.

… 그런데 일본이 패배할 경우, 일본에 대한 헤아릴 수 없는 결과를 상상할 수 있
겠는가? 일본이 승리했을 경우에도 무슨 할 말이 있겠는가. 왜냐하면 정복자도
피정복자도 지쳐빠져 버리기 때문이다. 따라서 일본의 압제에 신음하는 2,300만
한국인들이 그처럼 오랫동안 기다려 오던, 유일한 항거의 기회가 아닌가?

경제적인 관점에서 볼 때, 일본에 의한 만주 합병은, 만주 시장을 폐쇄하고자 주
장하는 일본에 대해 특히 미국에게는 항구적인 장애가 된다. 미국은 태평양에 그
의 모든 함대를 집중함으로써 이런 위협에 답하고 있다. …[62]

서영해는 일본의 만주 침략으로 야기되는 정치·경제·영토상 문제점
들을 제시하였다. 우선 일본이 만주를 점령하게 되면 만주에 살고 있는
3,000만 명의 중국인들이 적으로 변한다는 사실을 알렸다. 즉, 자신의
집 안에 3,000만 명의 적을 키우는 것과 같다는 의미를 담았다.

이어 영토적 문제점도 제기하였다. 영토적으로 볼 때, 일본의 만주 합병
은 소련에 대한 직접적·항구적인 위협 요소가 되기 때문에 소련과 일본
의 전쟁이 불가피하다는 것이다. 일본이 만주를 침략했을 때 가장 우려했

---

62 Seu Ring – Hai, "L'AGONIE DU JAPON".

던 점이 바로 소련과의 관계였다. 소련은 일본의 공격적인 팽창정책에 부담을 느끼고 있었고, 러일전쟁 이후 일본에 넘겨준 남만주의 권익을 회복하기 위해 상황을 예의주시하고 있었다.[63] 때문에 일본이 만주를 침략할 때 중동철도를 넘었다는 점과 만주가 소련의 국경과 맞닿아 있다는 점은 언제든지 일본과 소련이 직접 충돌할 수 있는 가능성을 내포하고 있다는 점을 의미했다.[64] 이러한 일본의 걱정은 1932년 3월 만주국을 세운 이후 국제관계에 대한 시국방침에서도 확인할 수 있다. 즉 일본은 소련에 대해 "최근 북만 방면의 형세에 관해 일소 관계는 상당히 위험한 상황에 처해 있다고 생각된다."라고 분석하였다. 또한 "지금의 국제 관계에 비추어 적어도 현재는 소련과 충돌을 피하는 것이 매우 긴요하다. 따라서 우리 측에서 소련 측을 자극하는 것과 같은 조치는 삼가도록 유념해야 한다."라고 밝혔다.[65]

서영해는 만주문제로 야기되는 일본과 소련과의 분쟁 가능성을 정확히 예측하였다. 그러면서 일본과 소련이 전쟁을 벌일 경우, 한민족이 일본에 대항할 수 있는 기회로 여겼다. 전쟁을 통해 일본과 소련 모두 전력이 약화되는 것을 고려했기 때문이다.

서영해는 경제적 문제로 인한 일본과 미국의 관계에 대해서도 언급하였다. 일본의 만주시장 폐쇄가 미국의 불만과 위협을 가져올 것임을 예측한 것이다. 당시 미국 정부의 대對아시아 정책 목표 가운데 하나는 미국이 최우선시하는 무역에서 직접적인 손실을 막는 것이었다.[66] 그래서 미

63 구대열, 『한국 국제관계사 연구』 1, 역사비평사, 1996, 344~345쪽.
64 유신순 지음 · 신승하 외 옮김, 『만주사변기 중일외교사』, 고려원, 1994, 161쪽.
65 유신순 지음 · 신승하 외 옮김, 『만주사변기 중일외교사』, 고려원, 1994, 288쪽.
66 김현정, 「滿洲에서의 美 · 日關係－1931年 9月－1932年 3月, 滿洲事變 前後期間을 中心으로－」, 이화여자대학교 대학원 정치외교학과 석사학위논문, 1990, 29~30쪽.

국 정부는 미국과 미국 국민의 물질적 이득에 대해 손해를 끼치는 것에 대해서는 완강한 입장을 보였다.[67] 마닐라에 있는 아시아 함대를 중국으로 급파하고 군대를 파견한 것도 바로 이러한 이유에서였다.[68] 때문에 일본은 미국을 만주 점령에 있어 가장 큰 장애의 원인으로 지적하며, 문호개방과 기회균등 등의 운영으로 미국으로 하여금 만주에서 경제적 이익을 유지하도록 하는 방안을 내놓았다.[69]

만주문제를 냉철하게 분석한 서영해의 예상과 전망은 정확했다. 국제적인 통찰력과 감각으로 만주문제를 바라보는 자신의 관점을 명확하게 제시한 점이 돋보였다.

서영해는 만주 침략이 자행된 중국의 참담한 현실도 알렸다. 그는 일본군의 무단통치 하에 있는 만주를 '거대한 감옥'으로 표현하며, 언론·집회·결사 등 인간의 가장 기본적인 자유마저 빼앗긴 중국인들의 현실을 드러냈다. 군사요새·철도·도로 건설에 수많은 중국인 노동자들이 투입되고, 기아와 추위·테러로 죽어가는 중국인들의 비참한 삶도 알렸다. 과중한 세금과 역사·지리 교육 금지 등 일본의 과도한 정책에 고통 받는 정황도 전했다. 또한 일본군이 만주 전역에서 자행한 무자비한 폭격과 대량학살의 잔혹성을 숨김없이 나타냈다.[70]

일본의 만주 침략에 대한 부당성을 알리기 위한 서영해의 활동은 여기서 그치지 않았다. 그는 일본이 국제사회를 대상으로 벌인 심각한 행태를

---

67 이교덕, 「滿洲事變과 國際聯盟 : 集團安全保障體制의 한계」, 고려대학교 대학원 박사학위논문, 1991, 199쪽.
68 김현정, 「滿洲에서의 美·日關係-1931年 9月-1932年 3月, 滿洲事變 前後期間을 中心으로-」, 이화여자대학교 대학원 정치외교학과 석사학위논문, 1990, 34쪽.
69 유신순 지음·신승하 외 옮김, 『만주사변기 중일외교사』, 고려원, 1994, 287~288쪽.
70 Seu Ring-Hai, "LA CHINE ET L'AGRESSION JAPONAISE".

비판하고 나섰다. 국제사회를 기만한 국제연맹 일본대표 마쓰오카[71]와 이에 제대로 대응하지 못한 국제연맹이 바로 그 대상이었다.

1932년 말, 중국 FUCHUN[72]에서 안혜경의 발표가 있었다. 주제는 일본의 '극악무도한 일본의 잔인성'에 대한 것이었다. 안혜경은 발표를 통해 중국을 침략한 일본의 잔학성을 폭로했던 것 같다. 그러자 이 소식을 들은 일본대표 마쓰오카가 안혜경의 발표가 거짓임을 주장하였다.[73]

마쓰오카가 반박을 해오자, 서영해가 마쓰오카의 주장에 반론을 제기하고 나섰다. 1932년 12월 7일 마쓰오카의 주장을 반박하는 기사를 발표한 것이 그것이다. 한국의 3·1만세시위운동, 제암리 사건 등 구체적인 예를 들며 일본의 폭력성을 낱낱이 밝혔다. 한국에 있던 미국과 영국 외교관들이 작성한 자료도 근거로 제시하였다. 이를 통해 일본 정부와 마쓰오카의 행동이 거짓이었음을 드러냈다.[74]

마쓰오카 요스케

서영해는 1932년 12월 10일에도 마쓰오카를 비판하는 기사를 발표하였다. "나는 일본을 고발한다!"라는 기사가 바로 그것이다. 이 기사에서 서영해는 중국이 천진조약天津條約을 위반했고, 이로 인해 일본과 중국이 한국에 대한 절대 주권을 동시에 인정해야 한다는 마쓰오카의 주장을

---

71 마쓰오카 요스케(松岡洋右)는 일본의 외교관이자 정치가이다. 만주사변 당시에는 제네바 국제연맹총회 수석전권대사로 활동하였다(服部聰 著, 『松岡外交 : 日米開戰をめぐる國內要因と國際關係』, 東京 : 千倉書房, 2012 참조).

72 지금의 중국 절강 항주시 복양구 富春시이다.

73 SEU RING-HAI, "MONSIEUR MATSUOKA, EXPLIQUEZ-VOUS...", AGENCE KOREA, 1932년 12월 7일.

74 SEU RING-HAI, "MONSIEUR MATSUOKA, EXPLIQUEZ-VOUS...", AGENCE KOREA, 1932년 12월 7일.

반박하였다. 조약을 위반하고 한국에 군대를 파견한 것은 중국이 아니라 일본임을 밝혔다.[75] 또한 마쓰오카와 만주 침략을 구상하고 주도한 다나카 기이치田中義—와의 관계도 문제 삼았다. 다나카는 일본의 만주 침략정책을 적극적으로 추진한 인물이다.[76] 그는 일본 내 경기불황을 이유로 중국 산동지역에 군대를 파견하고, 제남사건을 일으키는 등 일본의 만주 침략을 이끌었다.[77] 서영해는 이러한 다나카의 정책에 적극 동조한 마쓰오카의 태도를 비판하였다. 그리고 다음과 같이 언급하였다.

> 마쓰오카는 만주에 있는 한국인들에게 마치 옹호자 인양 떠들어 대었다. 여기에서 일본의 파렴치는 그 도를 넘었다.
> 실제 만주에 살고 있는 800,000명의 한국인 중 대다수는 일본인들에 의해서 그들의 조국에서 쫓겨난 사람들이다. 오늘날 그들의 가슴 깊은 곳에는 야만적인 일본에 대해 극복할 수 없는 증오심을 품고 있다.
> 그러나 일본은 항상 한국인은 중국인에, 중국인은 한국인에게 대항하도록 헛되어 충동질하고 있다.
> 왜냐하면, 우리 한국인들은 현재 우리들의 상황을 직시하고, 거대한 중국 국민의 미래에 대한 신뢰를 가지고 있기 때문이다.

---

[75] SEU RING—HAI, "J'ACCUSE LE JAPON!", AGENCE KOREA, 1932월 12월 10일.

[76] 다나카 기이치는 1928년에 쇼와(昭和) 천황에게 上奏文을 올렸다. 일명 '다나카 상주문'이라 알려져 있다. 여기에는 중국과 만주, 몽골, 유럽까지 정복하고자 하는 일본 정부의 내용과 계획이 담겨져 있었다. 이 가운데 만주와 몽골의 점령과 관련한 방침은 다음과 같다. "중국을 정복하기 위해 우리는 먼저 만주와 몽고를 정복해야만 한다. 세계를 정복하기 위해 우리는 먼저 중국을 정복해야만 한다. 우리가 중국을 정복하면 그밖의 모든 아시아 여러 나라와 남양의 여러 나라는 우리를 두려워해 항복할 것이다. 그때 세계는 동아시아가 우리들의 것이라는 것을 이해하고 우리의 권리를 침범하지 않을 것이다. 중국의 자원을 지배한 후 우리는 인도, 소아시아, 중앙아시아, 그리고 유럽 정복에 나설 것이다. 야마토 민족이 아시아 대륙에서 우뚝 서고자 한다면 만주와 몽고는 지배권역으로 장악하는 것이 그 첫걸음이다."(일본역사학연구회, 『태평양전쟁사』 1, 채륜, 2017, 104쪽).

[77] 양지선, 「일제의 만몽정책에 대한 한중의 인식비교」, 『東洋學』 66, 단국대학교 동양학연구원, 2017, 135~138쪽.

마쓰오카가 "일본 제국의 기본은 평화다"라고 천명했을 때, 그 말의 일본식 의미를 이해하여야만 한다. 왜냐하면 일본이 한국에서 자행하고 있는 폭력은 세계 어떤 역사에서도 그 전례가 없기 때문이다.[78]

서영해는 일본의 폭정을 피해 조국을 떠나 온 한국민들의 한 맺힌 심정을 대변하는 한편, 만주의 한국인들에게 거짓을 선전하는 일본 지도자의 행동을 강력히 비판하였다. 한국인과 중국인을 이간질하여 싸우게 만드는 일본의 실태를 고발하고, 일본이 국제사회에서 보인 위선적인 행태를 낱낱이 드러냈다.

서영해는 국제기구로서 역할과 임무를 제대로 수행하지 못한 국제연맹에 대해서도 책임을 물었다. 국제연맹은 만주사변 직후 그 심각성을 제대로 인지하지 못했다. 사건을 과소평가하였고, 사소한 분쟁으로 여겼다.[79] 일부 강대국들은 자신들의 이해관계 여부에만 관심을 가졌다.[80] 때문에 초기단계에서 적절한 조취가 취해지지 못했고, 국제연맹 회원국 간의 적극적인 협조도 이루어질 수 없었다. 그동안 국제연맹이 국제조약을 무시한 일본의 안하무인격 행보에 철저히 우롱당하여 온 이유였다. 거듭된 회의와 성명을 되풀이할 뿐, 한국을 폭압하고 무력으로 중국 만주를 점령했으면서도 '아시아의 평화'를 부르짖는 일본에 대해 어떠한 영향력도 행사하지 못했다. 그 결과 일본의 만주 점령과 관련해 국제적 차원의 걸림돌은 없었다.[81]

78 SEU RING – HAI, "J'ACCUSE LE JAPON!", AGENCE KOREA, 1932월 12월 10일.

79 이교덕, 「滿洲事變과 國際聯盟 : 集團安全保障體制의 한계」, 고려대학교 대학원 박사학위논문, 1991, 88~93쪽.

80 가토 요코 지음 · 김영숙 옮김, 『만주사변에서 중일전쟁으로』, 어문학사, 2012, 150~151쪽.

81 일본역사학연구회, 『태평양전쟁사』 1, 채륜, 2017, 183쪽.

서영해는 본연의 역할에 충실하지 못한 국제연맹을 비판하고 나섰다. 그는 "일본은 공개적으로 국제연맹을 우롱했다. 일본은 국제적인 협약을 멸시했다. 그러나 지금까지 국제연맹도 침해당한 협약의 서명자들도 일본 침략에 대해 집단적인 징벌을 생각하지 않고 있다."[82]라고 하였다. 전쟁을 일으킨 일본이 제네바에서 거짓 평화를 외치고, 국제사회가 규정한 조약과 협약을 유명무실하게 만들었음에도 불구하고 그 어떤 조치도 취하지 못한 국제연맹의 태도를 지적한 것이었다.

국제연맹이사회의 망설이는 태도에도 실망감을 나타냈다. 중국은 1931년 9월 21일 중국과 일본 간의 분쟁을 국제연맹 규약 제11조[83]에 근거하여 재소했다. 이튿

세계 평화의 원칙과 정의를 실현하지 못하는 국제연맹을 향해 엄중한 경고를 전한 서영해의 언론 기사

날인 9월 22일에는 만주문제가 국제연맹이사회의 정식의제로 채택되었다.[84] 그러나 국제연맹이사회는 적절한 조취를 취하지 않았다. 이들은 중

---

82 Seu Ring – Hai, "L'AGONIE DU JAPON".
83 국제연맹규약 제11조(전쟁의 위협)는 다음과 같다. "전쟁 또는 전쟁의 위협은 연맹국 어느 쪽에 직접 영향을 미치는가 여부에 상관없이 모두 국제연맹 전체의 이해관계 사항이라는 것을 여기서 성명하는 바이다. 즉 국제연맹은 국제 평화를 옹호하기 위해 적당하며 유효하다고 인정된 조치를 취해야 한다. 이런 종류의 사변이 발생했을 때 사무총장은 어느 쪽이든 연맹국의 청구에 의거하여 곧 국제연맹이사회 회의를 소집해야 한다."(후략)(가토 요코 지음 · 김영숙 옮김, 『만주사변에서 중일전쟁으로』, 어문학사, 2012, 129쪽).
84 유신순 지음 · 신승하 외 옮김, 『만주사변기 중일외교사』, 고려원, 1994, 217쪽.

국 정부의 호소에 귀를 기울이기 보다는 오히려 일본 정부의 주장을 신뢰하였다. 때문에 만주문제 해결을 위한 진전은 보이지 않았고, 원칙만을 강조한 논의만 오고갔다.[85] 이에 서영해는 "도덕적인 비준을 처리하는 국제연맹이사회에서 왜 정의의 요구와 권리를 적용하지 못하고 주저하는가."[86]라고 하며 국제연맹이사회가 사건의 해결을 위해 적극 분발할 것을 촉구하였다.

뿐만 아니라, 서영해는 국제연맹의 본질에 대해서도 의문을 던졌다.

> ...... 중략 ......
>
> - 정의는 어디 있는가? -
>
> 한국을 한국인들에게 반환하도록 하고, 손해배상과 평화의 보장을 일본에게 강요해야할 국제연맹의 정의는 도대체 어디 있는가?
>
> "그 국민의 권리는 그들 자신에게 돌려준다."는 원칙은 어찌 되었는가?
>
> 우리는 다행히 국제연맹이 실제로는 자기들 자신의 권익을 옹호하기 위해서만 만들어진, 몇몇 열강에 의한, 겉보기에 번지르르한 단순한 단체에 지나지 않는다는 것을 알았다.[87]

서영해는 국제연맹의 원칙과 정의가 과연 어디에 있는가를 물었다. 그는 이번 사건을 통해 국제연맹의 실상에 대해 파악하였다. 몇몇 열강들에 의해 좌우되고, 자신들의 이익을 챙기기에만 바쁜 조직에 지나지 않음을 깨달았다. 그러면서 국제연맹을 향해 엄중한 경고를 전했다. "나는 국제

85 外務省編, 『日本外交文書 · 滿洲事變』 제1권 제2책, 13 · 188쪽.

86 SEU RING－HAI, "LE JAPON EST LE FAUTEUR DE DESORDRES ET DE GUERRE EN EXTREME－ORIENT", AGENCE KOREA, 1932년 12월 2일.

87 Seu Ring－Hai, "PENDANT QUE JAPON DOMINE... Que demandent les Coréens à la S.D.N.? : d'appliquerson programme".

연맹과 매우 절친한 친구이다. 그러나 그것이 이익 단체가 될 때, 국제연맹과는 친구가 되지 않는다." 라고 하며 국제연맹이 본연의 역할과 임무를 올바로 수행할 것을 촉구하였다. 아울러 "생각할 줄 아는 인간성은 이미 일본을 죄인으로 선고 내렸다. 일반 대중이 적의를 품고 있는 앞에서, 일본은 물러서든지 아니면 죽어야만 한다."[88]라고 하며 국제정의를 짓밟은 일본을 국제사회에서 추방시켜야함을 강력히 주장하였다.

---

[88] Seu Ring – Hai, "L'AGONIE DU JAPON".

IV

임시정부와의 연계와 주불대표로 활동

1) 안창호 석방운동 전개

서영해는 프랑스 파리를 중심으로 활동하면서 임시정부와도 연계를 맺고 있었다. 서영해가 임시정부와 연계를 맺게 된 계기나 과정에 대해서는 잘 알려진 바가 없는데, 1932년 도산 안창호 석방운동을 전개한 것이 임시정부와의 연계였다고 할 수 있다.

안창호는 1932년 4월 29일 상해에서 윤봉길 의거 직후 체포되었다. 윤봉길은 1932년 4월 29일 상해 홍구공원에서 거행된 일왕의 생일인 천장절 및 상해전승기념축하식장에 폭탄을 던져 단상에 있던 일본총사령관 시라카와白川義則와 가와바타河端貞次 상해일본거류민단장을 비롯한 일본의 주요 인사들을 처단하였다.[1] 이를 계기로 일제 경찰은 상해의 프랑스 조계를 급습하여 한인 청년들을 체포하였고, 이 과정에서 안창호도 체포되었다.[2]

안창호의 체포는 계획되지 않은 상황에서 우연히 일어난 사건이었다. 윤봉길 의거 직후 일제 경찰은 윤봉길에게 폭탄을 제공한 인물이 이유필이라는 사실을 파악하였다.[3] 그래서 이유필을 체포하기 위해 그의 집에서 기다리고 있었다.

---

1 매헌윤봉길의사기념사업회, 『매헌윤봉길전집』 2, 2012, 104쪽.
2 한시준, 「도산 안창호의 피체와 석방운동」, 『역사학보』 210, 역사학회, 2011, 204쪽.
3 매헌윤봉길의사기념사업회, 『매헌윤봉길전집』 2, 2012, 77~78쪽.

이때 윤봉길 의거에 대해 알지 못했던 안창호가 이유필의 집을 방문하였다. 방문 목적은 이유필 아들과의 약속을 지키기 위해서였다. 안창호는 상해한국소년동맹회 회장을 맡고 있던 이유필의 아들 이만영에게 체육대회 경비 5원을 주겠다고 약속하였는데, 이를 지키기 위해 이유필의 집을 방문한 것이었다. 그리고 이유필을 체포하기 위해 기다리고 있던 프랑스 조계 경찰과 일제 경찰에 의해 체포되었다.[4]

안창호와 한인들이 체포되었다는 소식이 전해지자, 상해를 비롯한 미주지역에서 석방운동이 진행되었다. 중국의 언론은 안창호 체포소식을 상세히 보도하였고, 여러 단체와 한인들은 중국 정부와 각 기관을 상대로 석방운동을 벌였다. 미주지역에서는 대한인국민회와 흥사단 등이 중심이 되어 미국 정부 및 단체 등을 대상으로 석방 운동을 전개하였다.[5]

안창호

윤봉길 의거 소식과 안창호를 비롯한 한인들의 체포 소식은 프랑스에도 알려졌다. 서영해가 윤봉길 의거 소식과 안창호 체포 소식을 접한 것은 1932년 4월 29일 파리 현지 석간신문을 통해서이다. 윤봉길 의거는 프랑스 현지에서도 큰 이슈였다. 프랑스 언론은 윤봉길 의거를 대대적으로 보도하고 나섰다. *Le echo de paris·L'Ouest Eclir·Humanite·Le Matin·Le Temps·Le Petit Parisien·Le journal des debats·Paris Soir·Le Figaro·Le Petit journal* 등 10개 신문에서 윤봉길 의거 소식을

4 대한민국임시정부기념사업회, 『프랑스소재 한국독립운동자료집』 1, 2006, 4쪽; 매헌윤봉길의사기념사업회, 『매헌윤봉길전집』 2, 2012, 79쪽.
5 한시준, 「도산 안창호의 피체와 석방운동」, 『역사학보』 210, 역사학회, 2011, 208~223쪽.

1면에 집중 보도하였다.[6]

서영해는 신문기사를 통해 안 창호와 10여 명의 한인들이 체포된 사실도 알게 되었다. *L'Ouest Eclir*와 *Le Petit Parisien·Le journal des debats* 등이 프랑스 조계 내에서 일본과 프랑스 경찰에 의해 한인들이 체포된 사실을 보도한 것이다.[7] 상해에 있는 임시정부도 파리의 서영해에게 이러한 사실을 알려왔다. 임시정부는 서영해로 하여금 프랑스 정부에 항의하고 안 창호를 비롯한 한인들의 석방 교섭을 지시하였다.[8]

L'attentat de Changhaï

Quinze Coréens sont arrêtés

CHANGHAI, 30 avril. — 11 Coréens ont été arrêtés aujourd'hui par la police française sur la concession. Le total des arrestations faites par les autorités japonaises et françaises est de 15 Coréens. Les véritables instigateurs de l'attentat continuent à être recherchés.

M. Shigemitsu a fait demander par téléphone à Tokio que d'autres délégués soient désignés pour la signature de l'armistice. M. Kouo Tai Chi a conféré ce matin avec sir Miles Lampson.

Les sympathies de la Chine

LONDRES, 30 avril. — On mande de Changhaï à l'Agence *Reuter* : « M. Lo Wen Kan, ministre des Affaires étrangères de Chine a envoyé à M. Shigemitsu un message dans lequel il lui exprime sa sympathie au sujet de l'attentat dont il a été victime hier. »

안창호를 비롯한 10여 명의 한인들이 체포된 사실을 보도한 *L'Ouest Eclir* 1932년 5월 1일자 기사

또 상해 대한인거류민단장 이유필도 서영해에게 연락을 취해왔다. 이유필은 서영해에게 "형세가 매우 급박하니 법국여론을 환기하라."[9]라는 전보를 보내 사태의 조속한 처리를 요청하였다. 아울러 "정의의 지도자를 잃어버린 우리 수천 한국인들은 당황하고 흩어져 숨어 지내고 있으므로, 프랑스 정부로 하여금 한인들이 평화스럽게 조계 안에서 살 수 있게 해줄 것"[10]을 부탁하였다.

---

6 매헌윤봉길의사기념사업회, 『매헌윤봉길전집』 5, 2012, 435~474쪽.
7 매헌윤봉길의사기념사업회, 『매헌윤봉길전집』 5, 2012, 441·459·463쪽.
8 국사편찬위원회, 『대한민국임시정부자료집』 28, 2008, 88쪽.
9 동지회, 「상해 폭탄사건에 대한 파리 고려통신사의 대활동」, 『태평양주보』 26, 1932년 6월 22일.
10 TÉLÉGRAMME VIA RADIO – FRANCE(SP53 DLT MR ETIENNE PGE 2/41W), 'POLICY

서영해는 즉시 안창호와 한인들의 석방을 위한 활동에 나섰다. 그의 활동은 세 가지로 나누어 볼 수 있다. 하나는 프랑스 각 언론사에 서신을 발송하는 활동이었다. 그는 고려통신사 명의로 프랑스 각 언론기관에 '상해에 거류하고 있는 한인들을 보호하여야 한다.'는 내용의 서신을 발송하였다.[11] 상해 프랑스 조계 내에 있는 다른 한인들이 피해를 입지 않도록 우선적으로 취한 조치였다.

둘째는 프랑스 언론에 호소하는 활동을 전개하였다. 서영해는 직접 프랑스의 각 신문·잡지사를 찾아다니며 여론의 도움을 요청하였다.[12] 1932년 5월 17일에는 직접 프랑스 언론에 「유럽의 자유양심에 고함 APPEL A LA CONSCIENCE LIBRE DE L'EUROPE」이라는 호소문을 배포하였다.

> ··· 일본 군지도자들에 대한 상해 테러 이후 한국 거류민 전체에 대한 무자비한 탄압이 자행되고 있습니다. 한국 거류민은 1919년부터 상해의 프랑스 조계지를 안식처로 삼아왔습니다. 프랑스 총영사는 한국독립운동 지도자인 안창호를 포함, 한국인 12명을 불법 체포하여 일본 경찰에 인도했습니다. 일본을 위해 한국의 위대한 지도자를 체포한 프랑스 총영사는 양식 있는 프랑스인이라면 누구나 자랑스러워할 프랑스의 유구한 환대의 전통을 외면했습니다. ···[13]

그는 호소문을 통해 한국 민족은 4,200년이 넘는 역사를 가진 평화를 사랑하는 민족임을 밝혔다. 그러면서 2,300만 명의 한국민들이 1910년 이래 일본의 야만적인 폭압에 시달리고 있는 사실을 알렸다. 이어서 프랑

PROTECTING', 1932.

11 매헌윤봉길의사기념사업회, 『매헌윤봉길전집』 2, 2012, 46쪽.

12 동지회, 「상해 폭탄사건에 대한 파리 고려통신사의 대활동」, 『태평양주보』 26, 1932년 6월 22일.

13 Seu Ring – Hai, "A propos de l'attentat coréen de Changhai", 1932; 국사편찬위원회, 『대한민국임시정부자료집』 24, 2010, 45~46쪽.

스와 한국의 관계를 설명하고, 프랑스 조계에서의 안창호 체포는 모든 프랑스인들이 자랑스럽게 생각하고 있는 정치적 망명가들에 대한 환대의 전통을 외면하는 처사라고 강력하게 비판하였다.

더 나아가 프랑스 국민들에게 윤봉길 의거에 대한 진실을 알리기 위해 언론에 직접 글을 게재하였다. 서영해는 "독자 여러분들이 그 문제에 대해 공정하게 판결을 내리도록 다음과 같은 중요한 사실"[14]을 언급할 것임을 밝혔다. 그리고 "한 젊은 한국의 독립운동가가 상해에서 적 일본인 몇 명을 얼마 전에 처단"했음을 설명하고, 임시정부 요인들이 범인과 체포된 한인들의 석방을 위해 프랑스 조계 정부와 협상하고 있음을 알렸다. 그러면서 "프랑스는 항상 고귀하고 오랜 환대의 전통을 이어왔다는 것을 안다. 따라서 우리는 일본인들이 상해의 프랑스 조계 정보를 속일 수 없고, 프랑스의 일반적인 평판을 해칠 수 없으리라고 믿고 있다."[15] 라며 인본주의를 기본으로 하는 프랑스의 훌륭한 문화적 전통에 따라 이 사태를 올바르게 판단하여 주기를 호소하였다.

언론계에 호소하는 것과 더불어 서영해는 프랑스 정계와 사회

「유럽의 자유 양심에 고함」 서영해가 1932년 5월 17일 프랑스 언론에 배포한 호소문이다.

---

14 Seu Ring – Hai, "Droit d'asile politique", 1932년 5월 9일.
15 Seu Ring – Hai, "Droit d'asile politique", 1932년 5월 9일.

단체 인사들에게 사건의 해결과 협조를 구했다. 프랑스 상·하의원의 중요 인사들에게 자세한 사실을 기록한 성명서를 발송하였고, 특히 이전부터 한국문제에 관심을 가져왔고 새로운 내각의 총리가 유력한 에리오씨에게 는 5~6차례 서신을 보내 이번 사건의 해결을 위해 노력해 줄 것을 부탁하였다. 또한 직접 '프랑스인권연맹'과 '프랑스인권옹호회'를 방문하여 관계자들과 장시간에 걸쳐 회담을 가졌다.[16]

  서영해의 활동은 성과를 거두었다. 프랑스 신문과 단체들이 적극적인 도움에 나선 것이다. 프랑스인권옹호회는 자신들이 중심이 되어 사회여론을 환기하는 운동을 전개할 것을 결의하였다.[17] 그리고는 서영해에게 사건 해결을 위한 모든 상세한 상황과 정보를 제공해줄 것을 요청하였다.[18] 서영해로부터 얻은 정보를 바탕으로 프랑스인권연맹은 1932년 6월 20일 프랑스 외무장관에게 한국인 체포 관련 진상 조사와 즉각 석방을 요구하는 공문을 보냈다.

  … 우리는 프랑스 경찰이 일본 경찰을 적극 도와 일본 지도자들을 상대로 테러를 저지른 자들을 찾아내려 한 점은 이해합니다.

  그러나 그러한 협조가 평화로운 평화주의자들이며 프랑스공화국의 환대에 신임을 지닌 한국인들에 반하는 조치로 변질되어서는 안 되었습니다. 프랑스는 위신과 명성을 저버리고 한국인들을 그 가해자들에게 주저 없이 넘겼습니다.

  이에 우리는 장관님께서 다음과 같은 지시를 내려주시기를 바랍니다. 1. 상기 사실에 대한 진상조사가 이루어지고, 사실임이 판명되면 관련자들이 처벌되도록

---

16 동지회, 「상해 폭탄사건에 대한 파리 고려통신사의 대활동」, 『태평양주보』 26, 1932년 6월 22일.
17 동지회, 「상해 폭탄사건에 대한 파리 고려통신사의 대활동」, 『태평양주보』 26, 1932년 6월 22일.
18 Ligue Française pour la Défense des Droits de l'Homme et du Citoyen, 'Shangai – extradition de réfugiée coréens', 1932년 5월 20일.

조치한다. 2. 체포된 사람들 중 어떤 기소 사항에도 해당되지 않는 자들은 즉각 석방하고 손해를 배상한다.

장관님의 차후 조치가 어떻게 이루어졌는지 알려주신다면 매우 감사하겠습니다.[19]

프랑스 인권 단체들의 항의는 프랑스 정부를 움직였다. 프랑스 외무장관은 도쿄의 프랑스 대사관에 프랑스 정부가 일본 경찰에게 체포된 한국인들의 상황과 신변보장에 대해 지대한 관심을 가지고 있음을 매우 신중하게 일본 당국에 전하라는 지시를 내렸다.[20] 프랑스 정부가 깊은 관심을 가지고 있다는 사실을 알게 된 일본 측에서 곧 답변이 돌아왔다. 1932년 6월 27일 일본 외무성은 프랑스 조계에서 체포된 12명 가운데 9명은 수사 후 석방되었고, 안창호를 비롯한 3명은 한국으로 압송되어 사법당국에 넘겨졌다고 알려왔다. 프랑스 정부는 이 사실을 프랑스인권연맹 측에 통보하였다.[21]

서영해는 사건이 어느 정도 마무리되자, 1932년 7월 21일 그 결과를 임시정부에 공식 보고하였다.

佛蘭西 外務省으로부터 如下한 便紙가 왔기 玆에 公開하나이다. "上略 …… 上海 法界 警官이 脫法的으로 韓人 十二名을 逮捕하여 日本警官에게 手交하였다고 貴社에서 數次 抗議하였음으로 本 外務省에서는 駐中 우리 公使에게 詳細한 事實을 明白히 報告하라고 電命하였으며 爲先 貴社에 알리고자 하는 바는 逮捕된 十二人 中 九人은 폭탄 事件에 無關함이 判明되어 五月 晦日 內로의 解放되었은 즉 結局

---

19 국사편찬위원회, 『대한민국임시정부자료집』 24, 2010, 57쪽.
20 국사편찬위원회, 『대한민국임시정부자료집』 24, 2010, 58쪽.
21 국사편찬위원회, 『대한민국임시정부자료집』 24, 2010, 59~64쪽.

逮捕된 韓人은 三人뿐이겠소이다 … 下略. 外務省 外政係 主任 Alexis Leger" 서
영해 拜.[22]

서영해는 윤봉길 의거 발생
직후부터 사태의 진화를 위해
노력하였다. 프랑스 언론계와
정관계 인사들을 대상으로 사
건의 진실을 알리고, 상해에 거
류하고 있는 한인들을 보호하
기 위한 조치에 나섰다. 서영해
는 프랑스 정부와 국민들을 상
대로 외교 및 선전활동을 펼침
으로써 그 존재를 인정받는 성
과를 거두었다.

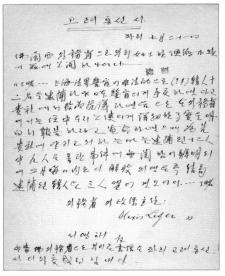

고려통신사 서영해가 보낸 보고서. 1932년 7월 21일
서영해가 프랑스 외무성으로부터 받은 서신 내용을 보고한
것이다.

2) 한국국민당 참여

서영해가 임시정부와 연계하였다고 하는 또 하나는 한국국민당에 참
여해서 활동한 것이다. 한국국민당은 1935년 11월 중국 절강성 항주에서
김구·송병조宋秉祚·차리석車利錫·이동녕李東寧 등이 주도하여 결성한 정당
이다. 1940년 5월 한국독립당을 창당할 때까지 임시정부를 유지·운영한
핵심세력이었다.[23]

서영해는 임시정부를 실질적으로 운영하는 한국국민당에 직접 참여하

22 독립기념관 소장, 「고려통신사 서영해가 보낸 보고서」, 1932년 7월 21일.
23 국사편찬위원회, 『대한민국임시정부자료집』 36, 2009, 해제.

였다. 서영해가 한국국민당에 참여하게 되는 명확한 이유는 알려져 있지 않지만, 김구와의 교류가 작용하지 않았나 생각된다.

1932년 윤봉길 의거 이후 임시정부에서 잠시 벗어나 있던 김구는 한국국민당 창당을 계기로 임시정부에 복귀하게 되었다. 그는 중국국민당 정부의 지원을 배경으로 임시정부 내에서 주도적인 위치를 차지하였고, 점차 임시정부의 체제를 정비해 나갔다.[24] 재정기반 확보를 위해 미주지역 한인사회와 중국 정부의 지원금을 확보하였고, 군사 분야에서도 사업계획을 작성하는 등 역량 확보를 위해 노력하였다.[25]

이러한 시도는 외교 분야에서도 이루어졌다. 1936년 3월 8일 국무위원회의 결의에 따라 서영해를 임시정부 외무부 주법특파위원으로 임명한 것이다.[26] 이러한 소식은 한국국민당 기관지 『한민韓民』을 통해서도 알려지게 되었다.

> 祖國光復을 爲하야 지난 18年間에 繼續奮鬪하여온 臨時政府가 急迫한 世界風雲에 機敏히 應付하야 最後의 成功을 最速한 期間에 거두고저 各 方面으로 新活躍을 하고 있다 함은 本報에 旣報한 바이어니와 近者에 外交施設을 더욱 充實히 하고저 特히 法國 巴里에 外交特派員을 두어 歐洲方面에 對한 外交事務의 敏活을 圖謀하기로 하엿는데 그 首任으로는 該地에서 10餘年間 祖國을 爲하야 努力하든 徐嶺海氏가 被選되리라 한다.[27]

임시정부는 서영해를 외무부 주법특파위원에 임명하였다. 서영해를 통

24 한상도, 『한국독립운동의 역사』 24, 독립기념관 한국독립운동사연구소, 2008, 168~169쪽.
25 한상도, 『한국독립운동의 역사』 24, 독립기념관 한국독립운동사연구소, 2008, 146~149쪽.
26 국사편찬위원회, 『대한민국임시정부자료집』 1, 2005, 193쪽; 국사편찬위원회, 『대한민국임시정부자료집』 8, 2006, 221쪽.
27 국사편찬위원회, 『대한민국임시정부자료집』 35, 2009, 176쪽.

해 대유럽 외교활동에 활기를 되찾으려는 시도였다. 이를 위해 김구는 서영해와 서신을 주고받았다.

김구는 1936년 4월 1일자로 서영해에게 서신을 보냈다. 편지 첫 구절에 "영해선생 회답回答, 금번주신 혜함惠函은 감사히 받았습니다."라고 한 것으로 보아 이들은 1936년 4월 이전부터 서신을 통해 정보를 주고받고 있었던 것으로 보인다. 서신에는 한국국민당에서 추진하고자 하는 유럽지역 지부 설치와 관련된 내용이 담겨져 있었다. 서영해가 유럽에서 독립운동에 참여할 인원을 모집하면 유럽 전역에 한국국민당 조직을 설치한다는 것이었다.[28] 이를 통해 한국독립운동을 유럽 전역에 알리고, 유럽에서 독립운동을 이끌어갈 인재를 양성하고자 했던 것으로 여겨진다.

이처럼 서영해는 김구와 서신을 주고받으며 한국국민당 활동을 전개하였다. 비록 당원은 아니었지만, 한국국민당의 김구와 관계를 갖고 지속적인 도움을 주었다. 이러한 김구와의 교류는 서영해가 한국국민당에 입당하게 되는 계기가 된 것으로 여겨진다.

서영해는 김구와 교류하며 한국국민당 활동을 전개하면서 입당入黨을 희망한 것으로 보인다. 그리고 이러한 의사를 한국국민당에 전달했던 것 같다. 그러자 한국국민당 비서부에서 서영해에게 답신을 보내왔다. 한국국민당 비서부에서는 서영해에게 서신을 보내 "귀 청원을 의하여 입당이 인준되어 후보당원에 편입되었고 통상 당원 되는 서약서 일부를 등정謄呈하오니 서약인 하下에 귀함貴啣을 친서親署하고 일자는 해약該約 발송하시는 일자로 환서換書하여 보내주시옵소서"[29]라는 소식을 알려왔다. 그러면

28 「김구가 서영해에게 보낸 서신」, 1936년 4월 1일.
29 「한국국민당 비서부가 서영해에게 보낸 서신」, 1936년 4월 1일.

서 앞으로 많은 공헌을 기다리겠다며 서영해의 활동에 대한 기대를 표현하였다.

서영해의 한국국민당 입당 소식은 한국국민당 기관지 『한민』을 통해서도 알려졌다. 『한민』은 1936년 4월 29일자 기사에서 "서영해씨가 당원되기를 청원하엿음으로 해당에서는 크게 환영하는 뜻으로 즉시 입당을 허하고"라고 하며 서영해가 당원 되기를 원하여 입당을 허가했음을 공식적으로 알렸다.[30]

이후에도 서영해는 한국국민당과의 관계를 이어갔다. 1936년 11월 25일 발간된 『한청韓靑』 제4기에 자신의 글을 보낸 것이 그것이다. 『한청』은 한국국민당 소속 청년들이 중심이 되어 조직한 한국국민당청년단에서 발행한 잡지이다. 주로 외부에서 투고해 온 원고를 중심으로 제작되었고, 이는 각 지역으로 배포되었다.

서영해는 프랑스에서 『한청』의 발간 소식을 접하고, 글을 기고하였다. 제목은 "축 한청"으로, 『한청』의 발행을 축하한다는 의미에서 보낸 것이었다. 서영해는 기고문에서 "삼천만동포의 해방"이라는 중책을 가진 한국국민당청년단의 출범을 축하하였다. 이와 더불어 구주 각국에서 조국의 독립을 위해 노력하고 있는 청년들에게 감사의 인사를 전했다.[31]

3) 김구 · 조소앙과의 연락 및 교류

서영해가 임시정부와 연락을 맺고 있다고 하는 직접적인 근거는 김구·조소앙과의 교류였다. 김구·조소앙은 임시정부를 이끌고 있던 실질적인 지도자였고, 서영해는 이들과 편지를 통해 긴밀한 연락 관계를 유지하고

---

30 국사편찬위원회, 『대한민국임시정부자료집』 35, 2009, 176~177쪽.
31 국사편찬위원회, 『대한민국임시정부자료집』 36, 2009, 84쪽.

있었다.

서영해는 임시정부와 지속적으로 연락 관계를 유지하며 활동을 펼쳤다. 연락을 주고받은 사람은 임시정부 주석 김구와 외무부장 조소앙이었다. 김구는 임시정부에 참여한 이래 경무국장·내무총장·국무

김구   조소앙

령·주석 등을 역임하며 임시정부를

이끌어 온 인물이다. 조소앙은 주로 외무부장으로 활동하며 임시정부의 외교활동을 총괄하던 인물이었다.

서영해는 파리에 있는 중국대사관을 통해 김구·조소앙과 서신을 주고받았다. 프랑스와 중국을 오가는 중국 인사들이 적지 않은 도움을 주었다.[32] 이와 같은 방법으로 그는 임시정부와 지속적인 연락을 취하며, 자신의 활동상과 유럽의 정세를 보고할 수 있었다.

서영해는 서신을 통해 자신이 수행해야 할 과업을 전달받았다. 김구는 1936년 4월 1일자로 서영해에게 다음과 같은 내용의 서신을 보냈다.

> … 저뿐만 아니라 여러 동지들이 심히 만족해하는 것은 우리 黨과 政府에서 충실한 사업 인재의 일원이 더 늘었다는 것입니다. 유럽에 계신 우리 동포들을 黨과 政府에로 집합하여 앞으로 當到할 大戰에 우리의 독립운동의 유효한 성적이 있도록 治動하실 것을 확신합니다. 黨과 政府에 제의하여 정부에서는 선생으로 臨時政府 外務部 主法特派員으로 결정하였고 黨으론 入黨 許可할 유럽에서 동지들 모집하여 장차 각 지방에 지부를 설치할 희망을 가지고 期待가 많습니다. … 歐美

32 국사편찬위원회, 『대한민국임시정부자료집』 16, 2007, 121쪽.

各地에 散在한 軍事, 政治, 文學, 及 特種技術的 人才를 조사 망라하여 收集 有訪
한 공작을 進行하도록 정부에서 近間에 內外地에 信望이 있는 인사들에게 書信으
로 意見 徵求를 할 作定인데 … [33]

김구는 서신을 통해 서영해
에게 한국국민당과 임시정부
를 위해 헌신할 충실한 인재
가 더 늘었다는 것에 대해 만
족감을 표시하였다. 이는 서영
해가 유럽에서 활동하며 이전
부터 꾸준히 한국독립운동에
참여할 사람들을 모집해 오고
있었음을 보여준다. 김구는 서
영해가 임시정부 외무부 주법

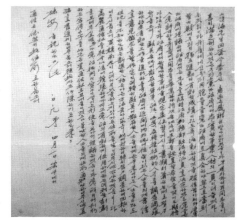

김구가 서영해에게 보낸 서신(1936. 4. 1)

특파원으로 임명되었다는 소식도 알려왔다. 1936년 3월 8일 임시정부 국
무회의가 개최되었다. 이 회의에서 서영해는 임시정부 외무부 주법특파
위원에 선임되었다. 임시정부 국무회의에서 서영해에게 대유럽 외교활동
의 임무를 맡긴 것이었다.[34]

서영해를 주법특파위원에 임명한 데는 이유가 있었다. 임시정부와 한
국국민당에서는 유럽에 거주하는 한인들을 모집하여 장차 그곳에 지부
를 설치할 계획을 가지고 있었기 때문이다. 한국국민당과 임시정부는 서
영해를 통해 한국국민당 조직을 유럽 전역에 설치하여 한국 독립을 알리

---

33 「김구가 서영해에게 보낸 서신」, 1936년 4월 1일.
34 국사편찬위원회, 『대한민국임시정부자료집』1, 193쪽.

고, 유럽의 역량 있는 인재를 모집해서 유럽에서의 독립운동을 이끌어갈 세력을 양성하고자 했던 것으로 판단된다. 그 대상은 군사·정치·문학·특종기술에 종사하는 사람들로 한정하였다.

고려통신사 확장 계획도 세우고 있었다. 서영해가 고려통신사를 확장하여 임시정부와 한국국민당에서 유용하게 이용할 수 있는 계획을 제시하면 도움을 주겠다는 것이다. 이는 임시정부가 대대적인 선전활동을 벌이는데 고려통신사를 활용하고자 한 것이 아닌가 생각된다.[35]

서영해는 김구·조소앙과 서신을 주고받으며 임시정부 외교활동을 추진해 나갔다. 조소앙은 임시정부에서 1937년 11월 3일에 열리는 벨기에 브뤼셀 구국공약회 참석을 추진하자, 서영해에게 그 사실을 알렸다.[36] 서영해로 하여금 벨기에 현지에서 한국의 입장과 극동문제를 알리려는 목적에서였다. 서영해는 직접 회의에 참석하여 일제의 중국 침략을 규탄하고, 한국독립 문제를 국제사회에 알리는데 큰 공헌을 하였다.

민족 통일대당을 이루는 문제도 논의하였다. 서영해는 통일된 정당을 갖추는 것을 '우리 운동 성공의 제1보'로 보았다. 때문에 그는 조소앙에게 힘닿는데 까지 통일대당을 위해 필요한 모든 노력을 기울일 것을 약속하였다.[37] 아울러 제네바에서 함께 고생하며 독립운동을 도운 중국인 친구 정언분鄭彥棻에 대한 감사 인사도 잊지 않았다. 정언분은 1926년 프랑스 리옹으로 건너온 이래로 중국국민당 리옹지부 위원으로 활동하며, 중국국민당 주프랑스총지부 지도위원으로 활동한 인물이다. 1930년에는 국제

---

35 「김구가 서영해에게 보낸 서신」, 1936년 4월 1일.
36 「조소앙이 서영해에게 보낸 서신」, 1937년 10월 26일.
37 「서영해가 조소앙에게 보낸 서신」, 1937년 12월 3일.

연맹 선전부와 비서실에서 근무한 경험을 가지고 있었다.[38]

서영해는 같은 날 김구에게도 다음과 같은 서신을 보냈다.

> … 생은, 원수의 불 밑에서 태동하시는 선생님께, 오직 임정 명령을 절대준수 하
> 여서 도움이 되고자 합니다. 말씀하신 중앙통신사에 가급적 속히 교섭하사 파리
> 통신원 자격을 얻도록 노력하여 줍소서. 파리에서는 '旅歐華僑抗日同盟會 선전위
> 원회' 회원 중 1인으로 중국 인사들과 함께 태동합니다. … [39]

서영해는 김구에게 임시정부 명령에 절대적으로 따를 것을 약속하였
다. 그러면서 김구에게 중국 중앙통신사와 빠른 시일 안에 교섭하여 중앙
통신사 파리통신원 자격을 얻을 수 있도록 노력해 줄 것을 청했다. 당시
서영해는 국적이 중국으로 되어 있었다. 때문에 그 자격을 얻을 경우, 대
중국 활동을 보다 활발하게 펼칠 수 있었고, 국제회의에서도 원활한 활
동을 전개할 수 있었다. 그는 이미 파리에서 '여구화교항일동맹회旅歐華僑
抗日同盟會 선전위원회' 회원으로 중국 인사들과 함께 활동을 펼치고 있는
중이었다.[40]

한편 서영해는 자신의 어려운 사정에 대해서도 이야기 하였다. 호구문
제를 해결하지 못해 온갖 어려운 고비를 다 겪으며 고생하고 있다는 소식
을 전한 것이다.[41] 그는 파리와 제네바를 비롯한 세계 각국을 다니며 활

---

38 凌林煌·尤丽媛,「郑彦棻与中国现代侨务」참조.
39 「서영해가 김구에게 보낸 서신」, 1937년 12월 3일.
40 서영해는 프랑스에서 활동하는 중국 인사들과 교류·협력관계를 맺으며 활동하였다. 서영해가
   교류한 중국 인사들은 대부분 중국국민당과 관련된 인물들이었다. 이들은 1920~30년대 프랑스
   로 유학을 와서 서영해와 관계를 맺었다. 중국국민당 중앙집행위원·교수·군인 등 신분도 다
   양했다. 이들은 본국으로 돌아간 후에도 서영해와 서신을 주고받으며 서로의 안부를 묻고 소식
   을 주고받았다(凌林煌·尤丽媛,「郑彦棻与中国现代侨务」;「張本淸이 서영해에게 보낸 엽서」;
   「袁世斌이 서영해에게 보낸 서신」).
41 「서영해가 김구에게 보낸 서신」, 1937년 12월 3일.

동을 펼쳤는데, 그 경비를 지원받거나 조달하는데 어려움을 겪었던 것 같다. 1937년 12월 브뤼셀 구국공약회에서 활동할 때는 배고픔과 추위에 어려움을 겪었다.[42]

서영해와 김구의 서신 왕래는 임시정부가 피난 중에도 계속되었다. 1938년 5월 '남목청 사건'으로 혼란을 겪던 임시정부는 일본군이 전략적 요충지인 호남성 장사長沙를 공격해 오자, 이곳을 떠나야만 했다. 임시정부는 국무회의를 열어 대책 마련에 나섰다. 그 결과 운남성 곤명昆明으로 이동한다는 국무회의의 결론이 내려졌고, 이에 따라 임시정부와 백여 명 인원들의 이동이 결정되었다.[43]

김구는 1938년 7월 17일 임시정부를 이끌고 장사를 떠나 4일 만에 광동성 광주廣州에 도착하였다. 이곳에 머물며 곤명으로 이동할 방법을 알아보았으나 별다른 방도를 찾을 수 없었다. 그래서 곤명으로 가는 것을 포기하고 광주에 머물기로 하였다. 하지만 일본군의 계속되는 폭격으로 광주도 안전하지 못했다.[44]

김구는 대책을 찾아 나섰다. 그는 장개석에게 전보를 보내 임시정부가 중경重慶으로 이동하는 것을 허락해 줄 것을 요청하였다. 당시 전시수도 중경에 머물던 장개석은 김구의 도움 요청을 받아들였다.[45] 이에 김구는 9월 30일 광주를 떠나 26일 만에 중경에 도착할 수 있었다.[46]

김구는 광주를 떠나 중경에 도착한 후, 서영해에게 서신을 보냈다. 먼저

42 「서영해가 조소앙에게 보낸 서신」, 1937년 12월 3일.
43 김구 저 · 도진순 주해, 『백범일지』, 돌베개, 2010, 373쪽.
44 한시준, 『(민족과 국가를 위해 살다가 간 지도자) 김구』, 독립기념관 한국독립운동사연구소, 2015, 108쪽.
45 김구 저 · 도진순 주해, 『백범일지』, 돌베개, 2010, 374쪽.
46 「김구가 서영해에게 보낸 서신」, 1938년 12월.

서영해가 김구에게 보낸 서신(1937. 12. 3)

서영해가 조소앙에게 보낸 서신(1937. 12. 3)

김구는 피난중인 임시정부의 소식을 알렸다. "… 광주가 함락되어 우리 일행 근近 200명 노유老幼는 광서 유주까지 무사無事 도착한 전보는 재작일말再昨日末 도到하였습니다."[47]라고 하며, 자신이 중경에 도착하였을 때 임시정부는 광주에서 광서성 유주柳州에 무사히 도착했음을 알렸다.

사실 김구가 서영해에게 서신을 보낸 데는 목적이 있었다. 그것은 두 가지이다. 그 하나는 조선민족혁명당과의 통합 논의에 관한 소식을 전하기 위해서였고, 다른 하나는 한중 양 민족이 협력하여 일본을 몰아내고 동아시아의 평화와 행복을 위해 힘써야함을 프랑스에 있는 중국 인사들에게 전달해 달라는 것이었다.[48]

김구는 중경 도착 직후부터 세 가지 일을 추진하였다. 첫째는 중국 당국과 교섭하여 차량과 비용을 유주로 보내는 일이고, 둘째는 미주·하와이 동포들에게 원조를 요청하는 일이었다. 셋째는 각 단체의 통일문제를 제기한 것이었다.[49]

김구는 임시정부를 중심으로 독립운동 세력의 통일을 추진하고자 하였다. 우익세력인 한국국민당·한국독립당·조선혁명당과 이들의 연합체인 한국광복운동단체연합회, 좌익세력인 조선민족혁명당을 비롯한 조선민족해방동맹·조선혁명자연맹·조선청년전위동맹과 이들의 연합체인 조선민족전선연맹이 바로 통합의 대상이었다.[50] 김구가 이러한 정책을 추진하게 된 이유는 중일전쟁이 전개되고 있는 상황에서 좌우로 분산된 독립운동 세력을 한곳으로 집결시킬 필요성을 느꼈고, 제2차 국공합작을 이루

---

47 「김구가 서영해에게 보낸 서신」, 1938년 12월.
48 「김구가 서영해에게 보낸 서신」, 1938년 12월.
49 김구 저 · 도진순 주해, 『백범일지』, 돌베개, 2010, 377쪽.
50 한시준, 『(민족과 국가를 위해 살다가 간 지도자) 김구』, 독립기념관 한국독립운동사연구소, 2015, 114쪽.

어 대일항전을 벌이고 있는 중국을 보면서 좌우익 정당 및 단체의 통일을 추진하게 된 것이었다.[51] 그리고 이러한 논의가 벌어지고 있는 과정을 서영해에게 알렸다.

김구가 서영해에게 서신을 보낸 또 다른 이유는 한중 양 민족의 평화와 행복을 위한 방침을 프랑스에 있는 중국 인사들에게 전달해 달라는 것이었다. 김구는 "중

김구가 서영해에게 보낸 서신(1938. 12. 3)

국 중앙 요인들을 만나보고 중한 양 민족이 정상적으로 관계를 맺고, 같은 원수 일본을 박멸하고 동아에 영구화평永久和平을 보지保持하고 중한 양국이 영구 독립하야 역사적, 지리적으로 자래관계自來關係와 장래행복將來幸福을 도圖하자는 성론誠論도 漸次 가경嘉境에 입入하여 여시與是 불원不遠에 호성과好成果가 있으리라 신信하나이다."[52]라고 하며 자신이 직접 중국 중요 인사들을 만나 한국과 중국이 힘을 합하여 일본을 물리치고 동아시아의 영구적인 평화와 행복을 위해 노력하고 있음을 알렸다. 아울러 관련 신문자료를 함께 보내어 그것을 프랑스에 있는 중국 인사들에게 알려달라고 부탁하였다.

---

51 한시준, 『(민족과 국가를 위해 살다가 간 지도자) 김구』, 독립기념관 한국독립운동사연구소, 2015, 114쪽.
52 「김구가 서영해에게 보낸 서신」, 1938년 12월.

서영해는 조소앙과도 서신을 주고받았다. 조소앙은 서영해에게 다음과 같은 서신을 보내 임시정부의 외교활동에 관한 자문을 구하였다.

> … 본 정부로서 선전위원회 주임으로 본인을 선임하였습니다. 외무장의 직책으로나 선전주임 직무로 우리 형과 긴밀하게 연락하며 통신할 필요가 있지 않습니까? 삼당의 통일과 광복군의 조직과 배합된 임시정부는 대 구미외교가 반드시 필요합니다. 더구나 삼당통합으로 개편 조직된 새로운 단체는 「한국독립당」으로 되었고, 우리 형을 파리 통신원으로 당에서도 지정하였습니다(당조직부 주임이 본인으로 통고함). 최근 한국 내에서 혁명 분위기가 긴장에 미치며, 임시정부와 한국독립당과 국내의 비밀교통이 책동이 점점 유리해지며, 중국 최후의 승기가 한국독립의 성공이 필연적으로 인과관계가 있습니다. 적국 일본은 전쟁을 반대하는 기운이 날마다 심합니다. 조속한 선전소식을 보내주십시오.[53]

조소앙은 임시정부 외무부장의 직책과 선전위원회 직무를 맡아 활동하면서 임시정부 대유럽 외교활동의 필요성을 절실히 느끼고 있었다. 그렇기 때문에 그는 서영해와 긴밀히 연락을 취하면서 서영해의 의견을 반영하고자 하였다. 또한 삼당통합으로 새롭게 한국독립당이 조직되었음을 알리고, 한국독립당 조직부 주임인 자신이 직접 서영해를 파리통신원으로 임명했음을 알려왔다. 그리고 중국 최후의 승리가 한국 독립 성공의 필연적인 관계에 있음을 설명하고 선전활동 소식을 전해줄 것을 요청하였다.

서영해는 이에 대한 답장으로 조소앙에게 서신을 보냈다. 자신이 유럽 여러 나라들을 돌아다니며 강연과 신문 등을 통해 반일선전활동을 전개

---

53 「조소앙이 서영해에게 보낸 서신」, 1940년 6월 2일.

하고 있음을 알렸다. 그는 편지에서 "조국소개, 일화배척, 왜놈 외교와 선전을 방언防言하는 것으로 목표로 파리를 중심하고 전구라파를 무대로 사마 쓰캔다내비아, '발칸'반도와 근동近東까지 도라다니면서 강연, 신문 원고 등등으로 선전에 노력"하고 있고, "특히 중국항일전쟁 개시 이래로 여구旅歐 각 중국항일단체와 연락을 취하야 공동활동을 하엿"다며 그동안의 활동상을 보고하였다.[54]

프랑스를 비롯한 유럽의 실상과 국제정세의 움직임도 임시정부에 알렸다. "프랑스가 전쟁에서 패한 후 모든 기관이 다 파괴되었으며", "구라파 전쟁은 프랑스의 패배로 제2단계에 들어갔다."[55], "일부 프랑스 인사들이 신구라파연합이란 구호를 내세우며 혁명운동을 탄압하고 있다."[56]라며 독일에게 점령당한 직후의 프랑스 상황을 자세히 보고하였다. 또한 "이 전쟁은 영국·프랑스·독일·이탈리아 모두가 도적놈이며, 마지막에 어느 편이 이기던지 침략주의와 러시아 타도가 목적이다."를 비롯하여 발칸반도와 아시아에서의 소련의 움직임, 이에 대한 영국과 이탈리아의 대응책 등 국제정세의 움직임을 면밀히 분석·보고하였다.[57]

서영해의 역할은 보고에만 그치지 않았다. 자신의 활동경험과 정세에 대한 분석을 근거로 임시정부에 대한 건의와 조언을 덧붙였다. 그는 현시점에서 대중국외교가 가장 중요하다고 보고 "우리 임시정부에서 제일 중요한 외교와 선전이 대중국정부 외교이며, 대중국 민중에 대한 선전이다. 중국정부에 우리 정부 승인을 시급히 교섭해서 중국 민중에게 조선독

---

54 국사편찬위원회, 『대한민국임시정부자료집』16, 2007, 117~120쪽.
55 국사편찬위원회, 『대한민국임시정부자료집』16, 2007, 117~118쪽.
56 국사편찬위원회, 『대한민국임시정부자료집』16, 2007, 120쪽.
57 국사편찬위원회, 『대한민국임시정부자료집』16, 2007, 118~120쪽.

립이 중국국방에 필요한 것임을 선전해야 한다.”[58]고 조언하였다.

소련에 대해서도 자신의 생각을 밝혔다. “임시정부에서 소련에 대한 외교와 선전이 절대 필요하다. 소련이 정치·주의·경제·지리상에서 일본과 원수인 만큼 우리는 소련과 주의를 깊이 맺어야 된다.”라고 언급하고 있다. 그러면서 “우리 정부가 외국 영토에 있는 만큼 의견 발표와 행동이 자

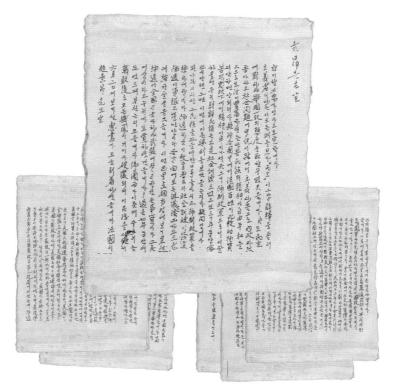

서영해가 조소앙에게 보내는 서신(1940. 7. 20)

---

58 국사편찬위원회, 『대한민국임시정부자료집』 16, 2007, 119쪽.

유롭지 못한다면 구라파에 있는 제弟를 통해서"라고 하여 자신이 임시정부를 대신해서 소련과 교섭할 수 있음을 나타냈다.[59]

서영해는 임시정부에 대한 충고도 아끼지 않았다. "고려통신사가 아무리 결사적 활동을 하고, 해외에 있는 혁명지사들이 헌신적 노력을 한다 할지라도 뒤에 튼튼한 임시정부와 같은 배경이 없으면 모든 공로가 다 소용없다.", "내가 10여 년 동안 유럽 각국 정치가들을 많이 만나보았는데 모두 임시정부의 소식을 묻더라."[60]라고 하며 한국독립운동을 이끌어 나갈 최고지도기관이자 구심체로서 임시정부의 역할을 강조하였다. 또한 『신한민보』에는 다음과 같이 임시정부에 대한 자신의 의견을 발표하기도 하였다.

> … 우리는 3·1운동 이후로 자상어육의 당파싸움으로써 원통한 실패를 얼마나 거듭 하얏드냐! 우리의 실력이 너무 박함을 아는 우리는 늘 국제대세의 전환을 한 기회로 보았으며 중국의 항일전쟁을 고대하든바 … 명일 국제생활에 큰 변동을 일으킬 금일 구주전쟁은 우리의 유일무이한 기회인 것이다. 이럼에도 불구하고 중국 각지에서 활동하는 우리 동포 중 무슨 당 무슨 파하고 아직도 당파 싸움을 하고 있는 분이 있으니 참 한심하다. 나라가 있은 뒤에야 주의와 당도 뜻이 있을 것이니 제발 당파싸움 고치쟈![61]

서영해는 우리 민족이 당파싸움으로 큰 실패를 경험했음에도 불구하고 독립운동을 전개하면서 편을 나누고 다툼을 벌이는 모습을 한심스럽게 생각하였다. 이에 서영해는 파벌을 극복하기 위한 방안을 제시하였다.

---

59 국사편찬위원회, 『대한민국임시정부자료집』 16, 2007, 119쪽.
60 국사편찬위원회, 『대한민국임시정부자료집』 16, 2007, 119쪽.
61 『신한민보』, 1940년 8월 1일, 「고려통신사의 웨치는 소리」.

그것은 두 가지였다.[62]

첫째, 통일적 임시정부의 수립이었다. 서영해는 어떤 활동을 벌이는데 있어 그것을 이끌어나갈 중앙 기관의 필요성을 중요시 여겼다. 이러한 그의 생각은 임시정부에도 적용되었다. 그는 파벌 간의 다툼을 극복하고 통일적 임시정부를 세워 중국정부에 임시정부의 승인을 적극적으로 교섭하고자 하였다.

둘째, 기관지의 필요성이었다. 서영해는 임시정부의 활동을 선전하는 기관지의 필요성을 강조하였다. 이를 통해 임시정부의 존재와 활동을 국제사회에 알리고자 한 것이다.

그는 우리 민족이 당파싸움으로 큰 실패를 경험했음에도 불구하고 독립운동을 하면서도 편을 나누고 다툼을 벌이는 모습을 한심스럽게 생각하였다. 그러면서 이러한 갈등을 해결하기 위한 방안으로 통일적 임시정부 수립과 임시정부의 존재를 전 세계에 알리기 위한 기관지의 창설을 제시하였다.

---

62 『신한민보』, 1940년 8월 1일, 「고려통신사의 웨치는 소리」.

2. 임시정부의 주불대표로 활동

1) 임시정부의 주불대표로 임명

서영해는 1930년대 중반 이후 임시정부의 주불대표로 임명되어 활동을 펼쳤다. 임시정부에서는 1934년 4월 「외무부행서규정外務部行署規程」을 공포하였다. 이는 침체된 임시정부의 활동기반을 다시 확립하기 위해 추진된 활동이었다. 외무행서는 외무부 산하에 각 지방의 사무를 관장하는 기구였다. 하지만 「외무행서규정」만 발표되었고, 실제로 어떻게 운영이 이루어졌는지에 대해서는 알려져 있지 않다. 따라서 당시 서영해가 임시정부 외무부 외무행서 대표로 임명되었는지 여부는 확인되지 않는다. 하지만 1936년 서영해는 임시정부 외무부 주법특파위원에 임명되었다.

서영해는 1936년 임시정부와 공식적으로 관계를 맺었다. 임시정부 국무회의에서 서영해를 주법특파위원駐法特派委員에 선임한 것이다. 서영해는 1936년 3월 8일 개최된 임시정부 국무회의에서 외무부 주법특파위원에 임명되었다.[63] 임시정부로부터 정식으로 프랑스와의 외교를 담당하는 임무를 부여받은 것이다. 서영해가 주법특파위원에 임명된 것은 1921년 파리위원부가 해체된 이후 임시정부의 공식적인 외교 채널이 만들어지는 것이라는 점에서 의미가 있는 것이었다.

---

63 국사편찬위원회, 『대한민국임시정부자료집』 1, 2005, 193쪽; 국사편찬위원회, 『대한민국임시정부자료집』 8, 2006, 221쪽.

서영해는 주법특파위원에 선임된 이후 임시정부로부터 주목을 받았다. 그가 수행한 외교활동들이 임시정부에 알려지고 있던 것이었다. 서영해의 외교활동은 임시의정원에서도 보고가 이루어졌다. 1936년 11월 10일 임시의정원 상임위원회에서는 서영해의 활동을 보고 하였다. 상임위원 김붕준金朋濬과 양묵楊墨이 임시의정원장 송병조에게 경과보고를 하면서 서영해의 활동에 대해 언급한 것이다. 그

『대한민국임시정부공보』 제61호에 실린 서영해의 주법특파위원 선임 기사

들은 프랑스에 있는 서영해가 외교특파원으로서 각국 인사들에게 한국의 정세를 널리 선전하고, 동정과 원조를 얻을 수 있도록 노력 중이라는 사실을 알렸다.[64]

서영해의 외교활동은 임시의정원 정기회의에서도 보고되었다. 1939년 10월 3일 제31회 정기회의가 열렸다. 이 회의에서 서영해의 외교활동에 대한 경과보고가 있었다. 임시정부는 유럽에서 외교특파원으로 활동 중인 서영해가 각지로 다니면서 한국에 대한 선전활동을 전개하고 있음을

알렸다. 또 그 결과가 비교적 양호하다는 소식도 전했다.[65]

서영해는 1940년대에도 임시정부 외무부의 프랑스 파리통신원으로 활동을 이어갔다. 1940년 임시정부의 파리통신원에 임명되었고,[66] 1943년 10월에 열린 임시정부 외무부 정무보고에서는 프랑스 파리통신원에 선임되었다.[67] 서영해가 이러한 활동을 수행할 수 있었던 데는 임시정부 요인들의 신임이 있었기에 가능한 것이었다. 특히 서영해에 대한 임시정부 외무부장 조소앙의 신뢰는 두터웠다.

조소앙은 임시정부 외무장과 외무부장으로 활동하면서 서영해와 밀접한 관계를 유지하고 있었다. 이들은 1930년대부터 서신을 주고받으며 임시정부의 외교정책을 논의하고 추진방향을 모색해 왔다.[68] 이러한 경험은 임시정부에서 서영해를 외교특파원으로 신임할 수 있는 중요한 요인이었다.

1944년 서영해는 임시정부 외무부의 주법예정대표駐法豫定代表로 임명되었다. 그가 주법예정대표로 선임된 데에는 프랑스 정부와 공식적인 외교관계를 수립하고자 하는 임시정부의 의도가 있었던 것으로 여겨진다. 이러한 정황은 1944년 개최된 임시정부 정무보고에서 살펴볼 수 있다.

1944년 임시정부 정무보고회가 열렸다. 이 자리에서 외무부는 현재 추진 중인 각종 외교적 현안에 대해 보고하였다. 이 가운데는 프랑스와의 외교관계를 진전시키기 위한 내용도 포함되어 있었다. 대표파견 문제와 관련하여 "종차從此로 다시 미美·소蘇·법法의 각 우방에 대하야 최단기간

---

65 국사편찬위원회, 『대한민국임시정부자료집』 2, 2005, 304쪽.
66 「조소앙이 서영해에게 보낸 서신」, 1940년 6월 2일.
67 국사편찬위원회, 『대한민국임시정부자료집』 16, 2007, 62쪽.
68 「조소앙이 서영해에게 보낸 서신」, 1940년 6월 2일.

에 가능한 방침으로서 예정한 계획을 실행"하겠다는 것과 임시정부 승인 문제에 있어 "한韓·법法의 국교國交가 초보初步로 개시開始되얏으며"라고 보고한 것이 그것이다.[69]

당시 임시정부는 외무부장 조소앙을 통해 중경에 있는 프랑스 대사관과 우호적인 관계를 유지하고 있었다. 조소앙은 프랑스 대사인 페슈코프 Pechkoff와 교류하며 프랑스 정부가 임시정부에 대해 호의적인 입장을 갖도록 노력을 기울였다. 그리고 이러한 활동을 기반으로 프랑스 정부로부터 임시정부의 승인을 이끌어내는 활동을 추진 중이었다.[70]

임시정부는 프랑스와의 관계가 진전되자, 서영해를 주법예정대표로 임명하였다. 이는 임시정부 정무보고에서 빠른 시일 내에 프랑스에 대표를 파견하겠다고 밝힌 임시정부의 입장을 실천에 옮긴 것이자, 프랑스 정부로부터 임시정부의 승인을 교섭할 본격적인 준비에 나선 것이었다.

서영해는 1945년에도 임시정부를 대표하는 외교관으로서 프랑스와의 외교를 책임졌다. 1945년 3월 12일 국무위원회에서 서영해를 주법대표駐法代表로 임명한 것이다.[71] 1944년부터 프랑스 정부로부터 승인을 얻기 위한 활동을 전개해온 임시정부는 1945년에도 활동을 계속 이어갔다. 프랑스 대사인 페슈코프와 원만한 관계를 유지하며, 프랑스 정부에 임시정부의 승인을 요청하였다.[72] 이에 프랑스대사관은 1945년 2월 26일 프랑스 정부가 임시정부와의 관계를 주중프랑스대사관에 위임했단 사실을 알려

69 국사편찬위원회, 『대한민국임시정부자료집』 16, 2007, 85쪽.
70 한시준, 「대한민국 임시정부와 프랑스」, 『한국근현대사연구』 77, 한국근현대사학회, 2016, 141~144쪽.
71 국사편찬위원회, 『대한민국임시정부자료집』 16, 2007, 90쪽.
72 한시준, 「대한민국 임시정부와 프랑스」, 『한국근현대사연구』 77, 한국근현대사학회, 2016, 144쪽.

왔다.[73]

프랑스 정부로부터 권한을 위임받은 주중프랑스대사관은 임시정부에 대한 승인을 밝혔던 것 같다. 이와 관련하여 명확한 자료는 없지만, 이러한 사실은 1945년 개최된 임시의정원 제37회 의회 각종안各種案에도 보고되었다. 이에 따르면, 프랑스 정부는 임시정부와 사실상 관계를 맺는데 합의했고, 주중프랑스 대사에게 명령을 내려 이러한 뜻을 임시정부 외무부장에게 정식으로 통보했다는 것이었다. 아울러 프랑스와 임시정부 간에 외교대표를 교환하기로 결의했다는 사실도 보고하였다.[74]

이에 임시정부는 프랑스 정부와 외교관계를 수립하기 위한 조치를 취하였다. 1945년 3월 8일 열린 국무회의에서 임시정부와 프랑스 간의 외교대표를 교환하기로 결의한 것이다. 그리고 같은 달 12일 개최된 국무회의에서 서영해를 임시정부 주법대표로 선임하였다.[75]

이처럼 서영해는 1936년 주법특파위원에 임명되어 임시정부와 공식적인 관계를 맺은 이래로, 1945년 주법대표를 역임

서영해 주법대표 임명 문서

73 국사편찬위원회, 『대한민국임시정부자료집』 23, 2008, 247~248쪽.
74 국사편찬위원회, 『대한민국임시정부자료집』 6, 2005, 151쪽.
75 국사편찬위원회, 『대한민국임시정부자료집』 6, 2005, 151쪽.

하기까지 임시정부를 대표하는 외교특파원으로 활동하였다. 이 시기 그의 활동은 임시정부와의 연계를 통해 실행되었다. 그것은 곧 그의 활동이 임시정부의 공식적인 입장임을 의미하는 것이었다. 이는 임시정부의 외교 활동에 있어 서영해가 가진 위상을 보여주는 것이기도 하였다.

2) 임시정부 승인 활동

임시정부가 외교활동을 펼치면서 중요하게 추진한 것이 있다. 임시정부 승인활동이 바로 그것이다. 임시정부는 외교활동을 전개하면서 세계 열강들을 상대로 임시정부의 국제적 승인 획득을 위한 활동을 추진하였다. 그것은 임시정부에서 추진한 중요 목표 가운데 하나였다.

임시정부가 승인활동을 펼친 국가 가운데 하나가 바로 프랑스이다. 1932년 4월 윤봉길 의거로 상해를 떠나 고난의 길을 걸었던 임시정부는 1940년 9월 마지막 종착지로 중경에 정착하였다. 당시 중경에는 중국과 외교관계를 맺은 국가들의 대사관이 있었는데 프랑스도 그 가운데 하나였다. 이에 임시정부는 프랑스대사관과 접촉하며, 다시 프랑스와 관계를 갖기 위한 방안을 모색하였다. 프랑스는 임시정부와 인연이 있는 국가였다. 1919년 4월 11일 임시정부가 수립된 곳이 상해에 있는 프랑스 조계였고, 이곳에서 임시정부는 1932년 4월까지 활동했었다.[76] 이러한 인연은 1940년 9월 임시정부가 중경에 정착한 이후에도 이어지게 된 것이다.

임시정부는 프랑스 정부와 교섭을 진행하였다. 임시정부 외무부장 조소앙은 임시정부를 대표해서 주중프랑스대사인 페슈코프와 주중프랑스대사관의 고문 겸 주중프랑스 임시정부의 대표인 클라락C. A. Clarac 등

---

[76] 한시준, 『한국독립운동의 역사』 25, 독립기념관 한국독립운동사연구소, 2009, 187쪽.

프랑스 정부 관계자들과 만남을 가졌다.[77] 조소앙과의 만남을 통해 이들은 임시정부에 호의적인 반응을 나타냈다. "외무부장과 가능한 한 우호적인 관계를 유지하려고 한다.", "한국에 도움이 될 수 있는 우호의 토대를 닦을 필요가 있다.", "한국은 전략적으로 중요한 위치에 놓여있으며, 가장 중요한 거점이 될 것이다."라고 언급한 것이 이를 방증한다.[78]

프랑스 정부도 임시정부에 대한 호의적인 입장을 취했다. 1944년 8월 14일 답변에서 임시정부와 향후 우호 관계를 맺는 것에 동의한다고 하면서, "프랑스 임시정부와 대한민국 임시정부 간의 사실상 관계를 위임받았음과 함께 한국의 해방을 위해 대한민국 정부가 펼치는 노력을 호의어린 관심으로 지켜보고 있다는 점을 조소앙에게 비공식적으로 알릴 것을 승인합니다."라고 한 것이다.[79]

프랑스 정부와의 관계가 상당한 진척을 거두자, 임시정부는 1945년 3월 12일 서영해를 주법대표로 임명하였다. 국무위원회 비서장 차리석이 외무부장에게 보낸 공함에서, "본일本日 국무회의에서 주파리특파원 서영해를 주법대표로 선임하였사오니 차지此旨로써 법국정부에 조회하야 동의를 구하심을 요합니다."라고 한 것이다. 언론을 통해서도 "한국정부는 프랑스와 외교관계를 수립하기 위해 서영해를 프랑스주재 한국정부대

---

77 조소앙은 1919년부터 1920년까지 프랑스와 유럽에서 활동한 경험을 가지고 있었다. 1919년 6월부터 파리위원부에서 활동을 펼쳤고, 같은 해 8월에는 스위스 루체른에서 열린 국제사회당대회에 참석하여 독립을 선전하는 활동을 벌였다. 1920년 3월과 4월에는 네덜란드 로테르담에서 열린 만국사회당 집행위원회와 영국 하원에서 한국독립 문제를 제기하기도 하였다. 이와 같은 경험은 조소앙이 프랑스 관계자들과 만남을 추진할 수 있는 배경이 되었다(정용대, 「趙素昻의 유럽外交活動의 硏究」, 『삼균주의연구논집』 10, 1988, 222쪽; 국사편찬위원회, 『대한민국임시정부자료집』 23, 2008, 84쪽).

78 국사편찬위원회, 『대한민국임시정부자료집』 23, 2008, 237쪽.

79 국사편찬위원회, 『대한민국임시정부자료집』 23, 2008, 202쪽.

표로 파견하기로 했다"는 사실을 알렸다.[80]

　서영해가 임시정부의 주법대표로 선임된 데에는 이유가 있었다. 그는 1929년 프랑스 파리에 고려통신사를 설립한 이래, 프랑스에서 임시정부를 대표하는 외교특파원으로 활동한 경험을 가지고 있었기 때문이다. 1936년 임시정부 외무부 주법특파위원으로 임명되어 활동을 벌였고[81], 1943년 임시정부 외무부 프랑스 파리통신원으로 임명되었다.[82] 1944년에는 주법예정대표를 역임하는 등 임시정부를 대표하는 특파원으로서 활동을 이어왔다.[83]

　이러한 그의 경험은 임시정부와 프랑스 정부의 우호적 관계 형성에 상당한 도움이 되는 요소였다. 또한 프랑스와 외교관계를 본격적으로 유지·발전시키고자 하는 임시정부의 의도가 담긴 조치였다.

　당시 서영해는 자신을 주법대표로 임명하고자 하는 임시정부의 계획을 예상하고 있었던 것 같다. 그것은 이승만이 보내온 서신을 통해서이다. 1945년 2월 15일 미국에 있는 이승만이 서영해에게 서신을 보냈다. 이것은 서영해가 보낸 서신에 대한 답장이었다. 서영해는 이전에 미국 하와이 호놀룰루Honolulu에 갔었던 것 같다. 어떠한 경위로 그곳에 갔었는지는 알 수 없지만, 서영해는 그곳에서 이승만에게 서신을 보냈고 이승만이 그에 대한 답장을 보내 온 것이었다.[84]

　이승만이 서영해에게 보낸 서신의 핵심은 임시정부의 국제적 승인 문

---

80 국사편찬위원회, 『대한민국임시정부자료집』16, 2007, 90쪽.
81 국사편찬위원회, 『대한민국임시정부자료집』1, 2005, 193쪽; 국사편찬위원회, 『대한민국임시정부자료집』8, 2006, 221쪽.
82 국사편찬위원회, 『대한민국임시정부자료집』16, 2007, 62쪽.
83 국사편찬위원회, 『대한민국임시정부자료집』16, 2007, 85쪽.
84 「이승만이 서영해에게 보낸 서신」, 1945년 2월 15일.

제와 관련된 것이었다. 이승만이 언급한 사항은 두 가지이다. 그 하나는 임시정부의 국제적 승인문제에 대한 미국과 중국 측의 입장을 알리는 것이었고, 다른 하나는 임시정부의 국제적 승인 획득을 위해 서영해가 수행해야할 임무와 역할에 대해서 자신의 의견을 피력한 것이었다.[85]

이승만은 서영해에게 임시정부의 국제적 승인과 관련된 미국과 중국 측의 입장 소식을 전했다. 미국 측의 입장은 "매우 우호적이었고 승인과 원조를 약속했지만 지금까지 공식적인 승인을 보류하고 있다."라고 하며 공식적인 승인이 이루어지지 않고 있음을 알렸다. 중국 측의 입장에 대해서는 "유일하게 우리 임시정부의 실질적인 지위를 승인했을 뿐만 아니라 우리 정부와 군대에 재정적인 원조를 주고 있다.", "현재 중국 정부는 기꺼이 우리에게 법률상의 승인을 부여할 의지가 충분하지만 미국이 태도를 결정하지 않았기 때문에 주저하고 있다."라고 전했다.[86] 중국 정부는 임시정부를 인정하지만 미국의 입장 결정에 따라 변화될 수도 있다는 것이었다. 이승만은 1941년 6월 4일 임시정부로부터 주미외교위원장駐美外交委員長에 임명된 이래로 미국에서 임시정부 승인활동을 전개하고 있었는데[87], 자신이 파악한 국제정세의 흐름을 서영해에게 알린 것으로 보인다.

---

85 「이승만이 서영해에게 보낸 서신」, 1945년 2월 15일.
86 「이승만이 서영해에게 보낸 서신」, 1945년 2월 15일.
87 국사편찬위원회, 『대한민국임시정부자료집』 19, 2007, 8쪽. 이승만은 1941년 6월 4일 임시정부로부터 주미외교위원장에 임명되었다. 그는 미국 정계와 언론·출판계, 학계, 종교계 인사들로 구성된 한미협회와 기독교인친한회의 도움을 받으며 미 국무부를 비롯한 정보기관과 접촉을 시도하였다. 고정휴의 분류에 따르면 이승만은 ① 자신이 직접 나선 신임장제출 단계, ② 한미협회·재미한족연합회 주최의 한인자유대회 개최단계, ③ 한미협회가 전면에 나선 공격적인 교섭단계, ④ 미의회를 통한 행정부 압력 단계 등을 거치며 임정 승인을 위한 외교활동에 나섰다고 한다(고정휴, 『이승만과 한국독립운동』, 연세대학교 출판부, 2004, 433~441·523쪽; 정병준, 「태평양전쟁기 이승만과 중경임시정부의 관계와 연대 강화」, 『이승만과 대한민국임시정부』, 2009, 268쪽).

이승만은 앞으로 서영해가 수행해야 할 역할에 대한 자신의 생각을 언급하였다.

> 이제 태평양에서의 전쟁은 가시적으로 연합군의 승리로 귀결되고 있으므로 국제연합은 한국 정부와 협력할 필요성을 인식하는 듯하며 저는 곧 공식적인 승인이 있기를 희망합니다. 그럴 경우에, 선생님은 파리에서 한국임시정부를 대표해야 할 것이며 저는 분명 우리 정부가 선생님께 이 임무를 부여하는 것을 매우 기뻐하리라고 생각합니다.
> 그동안 선생님 편에서 프랑스 정부에게 우리가 필요로 하는 승인을 위한 주도적인 역할을 요청하신다면 좋은 조치가 될 것입니다. 선생님께서 프랑스와 한국 간의 수호통상조약을 언급하셔도 좋습니다. 프랑스 측의 감정은 항상 우리에게 우호적이고 친절했습니다. 저는 그들이 한국 정부가 연합국 측에서 정당한 위치에 이르도록 원조의 손길을 내밀어 주기를 희망합니다.[88]

이승만은 당시 국제정세가 한국에게 유리한 방향으로 전개되고 있음을 파악하고 있었다. 그에 따라 임시정부의 국제적 승인 문제도 진전이 있을 것으로 내다보았다. 그럴 경우 서영해가 파리에서 임시정부를 대표해야만 할 것이며, 임시정부도 서영해에게 그 임무를 맡길 것이라는 전망을 내놓았다. 임시정부의 국제적 승인 획득에 있어 서영해의 역할이 중요함을 인식하고 있었기 때문이다.

아울러 서영해를 향한 조언도 덧붙였다. 임시정부의 승인을 위해 프랑스 정부를 상대로 주도적인 역할이 필요함을 강조한 것이다. 과거부터 프랑스 정부와 임시정부의 우호적 관계에 기대를 걸어보자는 의도였던 것

---

[88] 「이승만이 서영해에게 보낸 서신」, 1945년 2월 15일.

으로 보인다.

이처럼 서영해는 이승만의 서신을 통해 자신이 주법대표로 선임될 것이라는 것을 예측할 수 있었다. 더 나아가 자신이 임시정부의 국제적 승인 활동에 있어 중요한 역할을 담당할 것이라는 것도 알게 되었다.

서영해가 주법대표로 선임된 다음날인 1945년 3월 13일 임시정부 외무부장 조소앙은 프랑스 임시정부가 한국 정부를 사실상 정부로 승인했음을 발표하였다. 이것은 한국과 프랑스 두 나라가 사실상의 외교관계를 건립한 것이나 마찬가지라는 말도 덧붙였다. 임시정부는 "프랑스는 이번 전쟁에서 휘황한 승리의 전과를 올린 동맹국은 아닙니다. 그럼에도 다른 동맹국에 앞서 한국임시정부를 사실상 승인함에 깊이 감사를 드립니다."[89] 라고 하며 프랑스 정부가 자신들을 정식 정부로 승인한 것을 기정사실화 하였다.

---

89 국사편찬위원회, 『대한민국임시정부자료집』 16, 2007, 89쪽.

환국과
국내에서의
활동

1. 해방을 맞아 환국

서영해는 1945년 8월 15일 프랑스 파리에서 일본의 항복 소식을 접했다. 당시 프랑스 신문에는 일본 정부가 연합국에 항복을 요청했고, 포츠담 선언의 조건을 받아들일 것이라는 소식이 보도되었다.[1] 서영해는 그것을 통해 일본의 항복 소식을 알게 된 것이었다.

일본의 패망 소식이 알려지자, 서영해는 프랑스 언론의 주목을 받았다. 서영해가 한국의 독립을 위해 헌신해 온 인물이라는 것이 프랑스 언론에 알려졌고, 프랑스 언론사에서는 서영해를 인터뷰하고자 하였다.

1945년 8월 16일 프랑스 언론지 *Ce soir*지는 서영해와의 인터뷰 기사를 단독으로 보도하였다. 기사 제목은 "한국은 일본 제국주의의 첫 번째 피해자였다"였다. *Ce soir*지는 "한국 대표의 최초 인터뷰"라고 하며 서영해와의 인터뷰 기사를 게재하였다.[2]

"제 고국은 기후가 프랑스의 코트다쥐르Côte d'Azur와 같이 온화합니다. 논이 끝없이 펼쳐져 있고 산에는 귀중한 금속 자원이 많습니다." 대한민국 임시정부의 서영해 외교 대표는 자신의 조국에 대해 이야기 하면서 감격스럽고 열정적인 모습을 보였다. 그의 작은 눈에 미소가 번졌고 노란빛 얼굴은 약간 붉어졌다. …
1910년 8월 29일은 일본의 통치기구가 한국에 세워진 날로 우리 역사에 있어서

---

1 "PUBLICATION IMMINENTE d'un message impérial", *Le Monde*, 1945년 8월 15일.

2 IMRE GYOMAI, "La Corée a été la première victime de l'impérialisme japonais", *Ce soir*, 1945년 8월 16일(김성혜 번역 · 장석흥 해설, 『어느 한국인의 삶』, 역사공간, 2019, 194쪽).

가장 비극적이고 고통스러운 날입니다. 이날 이후로 우리 동포들은 일본에 대항해 지속적이고 은밀한, 때로는 공개적인 저항을 해왔습니다. … 1919년 3월 1일, 3천만 명 즉 나라 전체가 사회적, 정치적 구분 없이 마치 한 사람처럼 들고 일어나 자유를 위해 저항하겠다고 선포했습니다. … 임시정부는 조국을 떠나 이웃 대국大國인 중국의 환대에 힘입어 상하이에 정착해야만 했습니다.

이때부터 전 세계를 향한 우리의 끈질긴 투쟁이 시작되었습니다. 이러한 저항은 우리 한국이 스스로의 자유와 독립을 누릴 권리가 있음을 전 세계에 보여주기에 충분했습니다. … 우리가 자유를 찾기까지의 그 힘들고 고통스러운 과정에서 우리를 도와준 프랑스에 감사의 말씀을 드립니다.[3]

서영해는 상기된 모습으로 인터뷰에 임했다. 나라를 되찾은 기쁜 마음이 여실히 드러나는 모습이었다. 인터뷰를 통해 서영해가 전달하고 싶은 메시지는 크게 두 가지였다. 하나는 한민족의 독립운동이 가지는 역사적 당위성을 밝히는 것이었고, 다른 하나는 독립된 한국이 앞으로 담당해야 할 역할과 사명에 대한 언급이었다.

서영해는 국치 이후 전개된 한민족의 저항과 투쟁을 설명하며 한국독립운동이 가지는 역사적 당위성을 알렸다. 자유와 독립의 염원을 이루기 위해 모든 한국민들이 떨치고 일어난 3·1만세시위운동에 대한 소개에서부터 임시정부의 수립과 활동에 이르기까지, 끊임없이 전개된 '한국독립운동의 역사'를 상세히 밝혔다. 이를 통해 한국이 스스로의 자유와 독립을 누릴 권리가 있음을 전 세계에 알리고자 하였다.

서영해는 앞으로 한국이 수행해야할 역할에 대한 생각을 가지고 있었다. "가까운 미래에 우리나라가 우리의 진정한 모습을 되찾을 것이라고

---

3 IMRE GYOMAI, "La Corée a été la première victime de l'impérialisme japonais", *Ce soir*, 1945년 8월 16일(김성혜 번역·장석흥 해설, 『어느 한국인의 삶』, 역사공간, 2019, 194쪽).

믿습니다. 그리고 그날이 오면 우리는 프랑스가 서구에서 맡고 있는 역할을 극동지역에서 수행할 수 있을 것이라고 생각합니다."라고 한 것이 그것이다.[4] 한국은 프랑스처럼 정의와 자유 그리고 애국심이 충만하기 때문에 그 역할을 충분히 감당할 수 있을 것이라고 생각한 것이다.

서영해는 그 과정이 쉽지 않을 것이라는 점도 인지하고 있었다. 세계를 재편하고자 하는 강대국들이 한국의 독립을 보장해 주리라고는 생각하지 않는다는 것이었다. 하지만 그는 한국에 대한 믿음과 희망을 가지고 있었다. 앞으로 한국이 대내외적으로 겪게 될 수많은 격동의 소용돌이를 통해 진정한 "고요한 아침의 나라"로 거듭날 것임을 확신하고 있었기 때문이다.[5]

한국이 독립하자, 서영해의 또 다른 활동이 있었다. 한국독립운동을 후원해 준 프랑스 인사들에게 감사의 인사를 전한 것이다. 루이 마랭Louis marin에게 보낸 서신이 대표적이라 할 수 있다.

서영해는 1945년 9월 5일 루이 마랭에게 존경과 감사의 마음을 담은 서신을 보냈다. 루이 마랭은 1921년 6월 프랑스 내에서 한국독립운동을 지지하는 사람들이 모여 결성한 조직인 프랑스 한국친우회Les amis de la Corée의 초대회장을 역임한 인물로, 프랑스인 중에서 한국의 독립운동을 후원해준 대표적인 인사이다.[6]

서영해는 서신에 루이 마랭을 향한 존경과 감사의 마음을 담았다. 자신을 "한국 임시정부의 프랑스 대표"로 소개한 서영해는 한국독립운동을

---

4 IMRE GYOMAI, "La Corée a été la première victime de l'impérialisme japonais", *Ce soir*, 1945년 8월 16일(김성혜 번역 · 장석흥 해설, 『어느 한국인의 삶』, 역사공간, 2019, 194쪽).

5 IMRE GYOMAI, "La Corée a été la première victime de l'impérialisme japonais", *Ce soir*, 1945년 8월 16일(김성혜 번역 · 장석흥 해설, 『어느 한국인의 삶』, 역사공간, 2019, 194쪽).

6 국사편찬위원회, 『대한민국임시정부자료집』 23, 2008, 68~69쪽.

위해 아낌없는 도움을 준 루이 마랭을 "프랑스의 고귀한 양심"이라 칭하며, "한국이 가장 암울한 시기에 처해 있을 때, 망설임 없이 한국을 도와주고 옹호해 준 것"에 대해 감사를 전했다.[7]

서영해는 중경에 있는 임시정부로부터도 연락을 받았다. 주석 김구가 임시정부의 소식을 알려온 것이다. 김구는 전보를 통해 임시정부 국무위원과 임시의정원 의장 등이 중경을 떠나 한국으로 향한다고 하면서 임시정부가 귀국한다는 소식을 전해왔다.[8]

서영해가 김구로부터 전보를 받은 시점은 임시정부가 중경에서 환국방침을 결정했을 때로 판단된다. 당시 임시정부는 일본의 항복 소식을 접하고 국무회의를 열어 환국 준비를 추진해 나가고 있었다. 임시정부 자체적으로 환국 방침을 정하고, 중국·미국 정부와 구체적인 환국 교섭을 진행하는 등 긴박한 일정을 추진하고 있던 때였다.[9]

이러한 긴급한 상황에서도 임시정부는 서영해에게 연락하는 것을 잊지 않았다. 이를 통해 서영해와 임시정부가 긴밀한 연락 관계를 유지하여 왔음을 알 수 있다.

서영해는 프랑스에 머물며 한국에 대한 소식을 접했다. 워싱턴의 한국위원부Korean Commission가 소식을 알려온 것이다. 미국의 한국위원부는 전보를 통해 모스크바 회담 결과는 국내외에 있는 한국인들의 분노를 유

---

7 「서영해가 루이 마랭에게 쓴 편지」, 1945년 9월 5일(장석흥, 「대한민국 임시정부 주불특파위원, 서영해의 독립운동」, 『한국근현대사연구』 84, 2018, 216쪽).

8 'TÉLÉGRAMME VIA RADIO – FRANCE, XF 96 CHENGTU 33 4 0820 AMPLIATION'.

9 한시준, 「대한민국임시정부와 환국」, 『한국근현대사연구』 25, 한국근현대사학회, 2003, 59~74쪽. 임시정부는 국민들에게 발표할 임시정부의 입장과 정책을 기초하고, 1945년 9월 3일에는 주석 김구 명의로 「국내외 동포에게 고함」을 공포하였다. 중국, 미국 정부와는 환국방법을 구체화시켰다. 즉 이동 노선은 먼저 중경에서 상해로 이동하고, 상해에서 국내에 들어간다는 방침을 정했고, 교통편은 중경에서 상해까지는 중국 측이, 상해에서 서울까지는 미국 측이 부담하기로 결정하였다(한시준, 「대한민국임시정부와 환국」, 『한국근현대사연구』 25, 한국근현대사학회, 2003, 60~63쪽; 『大公報』, 1945년 10월 20일, 「韓臨時政府將返國」).

발하고 있다고 하면서 한국의 신탁통치 소식을 전해왔다.[10]

　서영해는 1947년 5월 고국으로 돌아왔다. 1919년 국내를 떠난 지 27년 만이었다. 1947년 3월 프랑스 마르세유를 출발한 서영해는 5월 26일 상해 합중행合衆行 소속선 이주호利洲號를 타고 청도靑島를 거쳐 국내로 환국하였다.[11] 27년 만에 고국으로 돌아온 서영해는 인천의 삼양공사三洋公社에 여장을 풀고 다음과 같이 소감을 밝혔다.

　　나는 1919년(당시 19세) 고국을 떠나 상해를 거쳐 구라파 각지를 예방하고 파리에 가서 있었는데 당시 구주에서는 조선 사람에 대한 인식은 전혀 없었고 더러 아는 사람이 있다할지라도 망국 민족으로 밖에는 더 알아주지 않았다. 내가 구주에 있는 동안 일본 정부에 여행권을 가지고 구주로 오는 동포가 많았는데 대게 그들은 일본인의 행세를 하는 것을 명예로 알고 민족성을 잊어버렸던 반민족적 분자도 있는데 조선에 돌아와서 활동하고 있다는 소식을 듣고 매우 유감으로 생각한다. 국내 사정은 백지임으로 우선 배워야 하겠다.

　　그리고 역사적인 이 최후적 찬스에 있어서 희생 그것이 우리에게 부과된 지상임 무인만치 그러한 각오를 새롭게 하고 있을 뿐이다. 구라파 제국은 8·15 이후 조선으로 인하여 미소공위가 개최되자 조선에 대한 인식이 일층 현저하게 되어 해방 이후 과도기를 걸어가는 우리 민족을 진심으로 동정하고 있다. 현재 구라파는 우리 동포가 약 20명 재류하고 있는데 조국이 하루 바삐 자주독립하기를 고대하고 있다.[12]

---

10 'Télégramme VIA COMMERCIAL(BR 0736 MKK702 WASHINGTON 95)'. 한국위원부는 "유엔의 런던 회담에 미국으로부터 파견된 대표단이 신탁통치 폐지를 위해 싸워줄 것을 요청"한다는 소식도 함께 전해왔다.

11 『경향신문』, 1947년 5월 29일, 「紙類藥材等滿載한 中國船仁川에 入港」; 『민중일보』, 1947년 6월 1일, 「海外風霜三十年만에 歐洲諸國은 朝鮮을 認識, 徐領海氏歸國」; 『민중일보』, 1947년 7월 17일, 「胎動하는 戰後歐洲의 再建相, 經濟復興이 急先務, 모든 思想은 建國의 集中表現, 二十八年만에 歸國한 徐嶺海氏報告」.

12 『민중일보』, 1947년 6월 1일, 「海外風霜三十年만에 歐洲諸國은 朝鮮을 認識, 徐領海氏歸國」; 『영남일보』, 1947년 6월 1일, 「歐洲諸國은 朝鮮에同情, 臨政歐洲特派員徐氏歸國談」.

해방된 조국에 돌아온 서영해가 밝힌 소감의 핵심 내용은 세 가지이다. 첫째는 반민족 행위자의 청산이었다. 제2차 세계대전이 끝난 후, 프랑스에서 반민족행위자에 대한 엄정한 처벌을 지켜봤던 서영해에게 이것은 어쩌면 당연한 것이었다. 그는 일본 정부 여권을 소지하고, 일본인 행세를 하는 것을 자랑스럽게 여긴 한국인들이 해방된 조국에서 아무렇지 않게 활동하고 있다는 소식을 접하고 불쾌함을 드러냈다.

그러면서 당부의 말도 잊지 않았다. 서영해는 "우리의 역사는 의기가 망쳐 놓은 그 사실을 바라보고 재성할 때가 이때"임을 강조하였다. 유명한 프랑스 철학자 '앙리 베르그송Henri Bergson'의 예를 들며 독일 점령군이 강압적으로 글을 쓰고 연설을 하라했으나 총칼 앞에 엄연히 이것을 거부한 그 민족성을 우리가 배워야 할 것임을 주장하였다.[13]

둘째, 국내 정세 파악을 위해 노력하겠다는 것이다. 서영해는 1919년 망명 이후 27년간 유럽에서 활동하였다. 그런 만큼 국내 정세에 대해서는 모르는 부분이 많을 수밖에 없었다. 해방 정국의 복잡한 정세는 이를 더 가중시켰다. 그래서 서영해는 빠른 시일 내에 정세를 파악하고 배울 것임을 밝혔다.

『민중일보』, 1947년 6월 1일자에 실린 서영해 귀국 인터뷰 기사.

---

13 『자유신문』, 1947년 7월 10일, 「구라파서 중시하는 조선임을 자각하자 - 체불30년의 서영해씨 귀국담」.

셋째, 자주독립의 실현이었다. 서영해는 한국이 일본의 식민지에서는 벗어났지만 완전한 자주독립은 이루지 못한 것으로 판단하였다. 그는 현재의 상황을 "역사적인 최후의 찬스"로 보고 이를 위해 "희생"할 각오가 되어 있음을 내비쳤다. 그러면서 "지금부터 우리의 지위와 세계사적 입장을 제대로 바라보고 우리 자신을 비판하지 않으면 안 될 것"이라고 역설하였다.[14]

---

14 『자유신문』, 1947년 7월 10일, 「구라파서 중시하는 조선임을 자각하자 – 체불30년의 서영해씨 귀국담」.

2. 프랑스어 교재 편찬과 강연활동

서영해는 환국 직후부터 국내정치 상황을 살펴보는 한편 후학양성에
도 노력을 기울였다. 대학에서 프랑스어 강사로 활동하기도 하였으며, 각
종 신문 관계 행사에 참석하여 강연을 펼쳤다. 직접 신문학원을 개설해
수강생을 가르치기도 하였다. 하지만 그 가운데서도 가장 먼저 시작한 일
이 있다. 바로 자신의 이름을 내 건 프랑스어 교재를 편찬하는 일이었다.

1947년 7월, 서영해는 프랑스어 교재 제작에 나섰다. 고국으로 환국한
지 불과 1달여 만의 일이었다. 프랑스어 교재 제작은 친구의 권유에서 비
롯되었다. 서영해의 친구는 환국한지 얼마 안 된 서영해에게 '좋은 불어
교재'를 만들어볼 것을 권하였다.[15] 당시만 하더라도 일본인들이 만든 교
재가 사용되고, 우리 손으로 만든 교재는 없는 실정이었다. 따라서 해방
된 조국에서 우리 손으로, 우리 실정에 맞는 교재를 만드는 일은 중요한
과업 중에 하나였다.

서영해는 독립운동을 하는 마음으로 교재 제작에 임하였다. "일인日人
들이 만든 교과서를 일소一掃하고 우리 손으로 만든 교과서를 쓰는 것은
그만큼 우리 독립에 대한 일 하나를 이루어 놓는 것"[16]이라는 표현이 당
시 그의 심정을 대변해준다. 교재를 만드는 데는 오랜 시간이 걸리지 않

---

15 서영해, 『Cours de langue francaise, PREMIER DEGRE』, 1947, 1쪽; 『동아일보』, 1947년 11월
23일, 「新刊紹介」; 『경향신문』, 1948년 4월 3일, 「新聞學院一週年 公開新聞學講座」.
16 서영해, 『Cours de langue francaise, PREMIER DEGRE』, 1947, 1쪽.

왔다. "조국의 독립정신에 이바지 하는 지성"[17]으로 불과 3주일 여 만에 201쪽에 달하는 『Cours de langue francaise, PREMIER DEGRE』(이하 제1권)를 제작하였다. 이는 서영해가 국내에서 집필한 첫 번째 저서이다.

서영해는 1947년 7월 30일 초급자용 프랑스어 교재를 발간하였다. 발행목적은 초보적인 프랑스어 학습에 있었다.[18] 외국어를 배우는데 있어 그 나라 말을 먼저 배우는 것이 순서라는 자신의 경험에서 우러나온 생각 때문인 것으로 보인다.

교재는 총 60장, 201쪽으로 구성되었다. 각 장은 어휘·텍스트·문법 파트로 나누었다. 이를 통해 프랑스어 알파벳에서부터 장문의 텍스트에 이

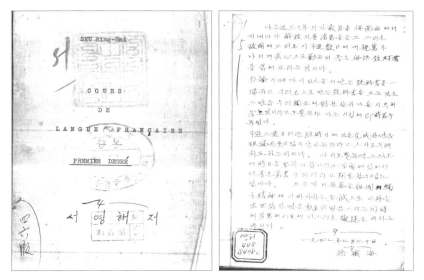

서영해가 발간한 프랑스어 교재 『Cours de langue francaise, PREMIER DEGRE』 표지(좌측)와 서문(우측)

---

17 서영해, 『Cours de langue francaise, PREMIER DEGRE』, 1947, 1쪽.

18 서영해, 『Cours de langue francaise, DEUXIEME DEGRE』, 밝은문화사, 1947, 1쪽.

르기까지 학습이 가능하도록 하였다.

각 단원마다 어휘·문법·예문·발음기호 등도 짜임새 있게 배치하였다. 어휘는 12가지의 새로운 단어로 구성하였는데, 이 단어들은 다음 단원에 필요한 것들이었다. 예습 효과까지 고려한 것으로, 다음 장에서 학생들이 어려움 없이 읽고 이해할 수 있도록 배려한 것이다. 각 단어에는 직접 손수 악센트를 꼼꼼히 표시하였고, 그에 따른 예문과 자세한 설명을 덧붙였다. 문법은 동사의 결합 또는 간단한 문법 범위를 벗어나지 않는 선에서 구성하여 학습자가 쉽게 익힐 수 있도록 하였다. 색인에는 직접 한글로 단어의 뜻을 적어 학습자의 편의를 도왔다. 이를 통해 학습자들이 프랑스어에 대한 이해의 폭을 넓히고, 언어를 배울 수 있도록 하였다.

1947년 9월 30일에는 두 번째 프랑스어 교재를 발행하였다. 『Cours de langue francaise, DEUXIEME DEGRE』(이하 제2권)가 그것이다. 제1권을 발간한지 불과 2달 여 만에 또 한권의 교재를 펴낸 것이다. 그는 책의 서문에 다음과 같이 발간 목적을 밝히고 있다.

> 글은 말 다음에 생긴 것이다. 外國글을 硏究하는데 그 나라 말을 먼저 배우는 것이 自然的 順序임으로 前者 佛語敎科書 第一卷은 初步말을 中心하고 지은 것이다.
> 今番 이 佛語敎科書 第二卷은 初步글을 中心하고 지은 冊인데 大槪 第一卷을 마친 者 또는 同等資格者에 適當하도록 지은 것이다.
> 이 一卷, 二卷을 마친 者는 佛語는 勿論이요 佛文에 對한 基礎的 常識이 있으리라 믿는다. 그럼으로 只今 著作 中에 있는 第三卷으로 그 常識을 充實히 만들어 볼가 하는 것이 著者의 願이다.
> 第一卷에서와 같이 이 冊에도 單語附錄이 있으니 字典이 없이 工夫하도록 되어

있고 오직 學生諸君의 努力을 바라는 바이다.[19]

서영해는 언어를 학습하는 과정을 명확하게 인식하고 있었다. 글을 배우기 앞서 말을 먼저 배우는 것이 자연적인 순서임을 알고 있던 것이다. 이것은 자신이 프랑스에서 유학하며 얻은 소중한 경험에서 우러나오는 것이었다. 이에 따라 제2권은 '초보적인 글'을 중심으로 저술되었다. '초보적인 말'을 중심으로 구성된 제1권에 비해 한 단계 더 발전한 것이라 할 수 있다. 제1권을 공부한 학습자들이 다음 단계로 나아가 프랑스어를 학습할 수 있도록 한 것이다.

제2권은 모두 60개 장, 234쪽으로 구성되었다. 체제는 제1권과 같지만, 더 정돈되고 체계화된 형식을 갖추었다. 어휘는 다음 장 텍스트에 나오는 주요단어를 선별하여 수록하였다. 문법은 형용사·관사·전치사·시제 등 기초적인 문장 구성에 필요한 내용을 담았다. 텍스트는 1925년 Charles Maquet와 L. Flot이 공동으로 집필한 *Cours de langue francaise GRAMMAIRE ET EXERCICES*에 실린 작품들 가운데 선별하여 구성하였다.[20] 프랑스의 유명한 정치가·철학자·역사가·언론인·극작가·시인·평론가·종교인 등 다양한 분야의 인물 39명의 60개 작품이 수록된 책이다. 그 중에는 16세기 르네상스 시기 프랑스 최고의 시인으로 문예 부흥기를 이끈 롱사르Pierre de Ronsard를 비롯하여 프랑스의 계몽주의 사상가 루소Rousseau Jean Jacques, 프랑스의 위대한 문호로 추앙받는 작가 빅토르

---

19 서영해, 『Cours de langue francaise, DEUXIEME DEGRE』, 밝은문화사, 1947, 1쪽.

20 이 책은 Charles Maquet&L. Flot이 공동으로 집필한 프랑스어 학습서이다. *Cours de langue francaise GRAMMAIRE ET EXERCICES – Premier Degre*, *Cours de langue francaise GRAMMAIRE ET EXERCICES –DEUXIÈME DEGRÉ*, *Cours de langue francaise GRAMMAIRE ET EXERCICES –* 의 총 3권으로 이루어졌다. 당시 프랑스 교육위원장이 채택한 원칙에 맞게 구성되었고, 학생들이 프랑스어 실력을 향상 시킬 수 있도록 문법, 텍스트, 어휘 연습을 할 수 있도록 구성하였다(Charles Maquet&L. Flot, *Cours de langue francaise GRAMMAIRE ET EXERCICES – Premier Degre*, LIBRAIRIE HACHETTE, 1925, 2쪽).

위고Victor-Marie Hugo 등의 글이 다수 포함되었다.[21] 수준 높은 작품을 학습자에게 접하게 함으로써 학습자의 언어능력과 지적향상을 꾀하고자 하는 의도가 담긴 것으로 여겨진다.

자신의 작품도 교재에 실었다. 총 4개의 작품으로, 「Le fils aîné en Angleterre」・「Une scène matinale en Nouvelle-Zelande」・「Le vieux moulin」・「Les coutumes et le progres」가 그것이다. 「Le fils aîné en Angleterre」는 18세기 유럽의 사회상에 관한 글이다. 장자長子 우선주의에 입각한 관습으로 인해 어떠한 권리도 부여받지 못하고 차별대우 받는 가족들의 실상을 담았다. 또한 이것이 심각한 사회문제로 발전되어 가고 있는 현실에 대해서도 서술하였다.[22] 당시 유럽사회를 비판한 글이지만, 유교적 관습이 짙은 한국 사회를 모티브로 삼은 것이 아닌가 생각된다. 「Une scène matinale en Nouvelle-Zelande」・「Le vieux moulin」은 「뉴질랜드에서의 아침」・「방앗간」이라는 소설이다. 제목에서 풍겨지듯이 서정적인 감정표현과 생생한 자연환경 묘사가 돋보이는 작품이다.[23] 「Les coutumes et le progres」는 관습과 진보에 대한 자신의 생각을 개진한 글이다. 관습은 항상 존중 받을 가치를 가지지만, 맹목적인 방식은 위험이 따르고, 진보적인 정신을 싹틔우는데 장애가 된다고 하였다. 그러면서 "한민족의 물질적이고 정신적인 생활방식으로서 진보적 정신은 자유로운 정신을 내포한다. 그것은 관습의 속박을 흔드는 것을 전제한다. 개혁을 원하지 않는 사람들에게 그것을 알리려고 시도했던 진보 정신을 가진 사

---

21 *Cours de langue francaise GRAMMAIRE ET EXERCICES – Premier Degre*에는 40명, 57개의 작품이 실려 있고, *Cours de langue francaise GRAMMAIRE ET EXERCICES – DEUXIÈME DEGRÉ*에는 84명, 128개의 작품이 수록되어 있다.
22 서영해, 『Cours de langue francaise, DEUXIEME DEGRE』, 밝은문화사, 1947, 102쪽.
23 서영해, 『Cours de langue francaise, DEUXIEME DEGRE』, 밝은문화사, 1947, 138・152쪽.

람들이 있던 시대가 없었을
까?"[24]라며 관습을 개선시키고,
개혁을 추진해 나갈 것을 표현
하였다.

서영해는 이렇게 제작한 프랑
스어 교재를 가지고 직접 대학
강의에 나섰다. 경성여자의학전
문학교[25]와 연희전문학교에서
펼친 그의 프랑스어 강의는 학
생들에게 깊은 인상을 주었다.
"작은 키에 가무잡잡한 피부 그
러나 탄탄한 몸매에 로이드 안

경성여자의학전문학교 위촉장(1947년 9월 1일)

경"을 착용하고, "직접 지은 불어佛語교과서로 아주 명쾌하고 열성적인 강
의"를 펼친 서영해의 모습은 학생들의 관심을 끌기에 충분했다.[26]

서영해는 대학에서 강의뿐만 아니라, 직접 사무실을 마련하여 후학양
성에도 노력을 기울였다. 개인 사무실은 서울 을지로 4가에 마련해 놓고,
청계천에 있는 수표동 교회에서 강의를 펼쳤다. 강의는 1주일에 3번 열렸
는데, 20여명의 사람들이 수강했다고 한다. 유럽을 비롯한 국제무대에서
의 경험담과 국제정세에 대한 해박한 지식을 수강생들에게 전달하였다.[27]

서영해는 각종 행사에 참석하여 강연활동도 활발히 펼쳤다. 서영해는

---

24 서영해, 『Cours de langue francaise, DEUXIEME DEGRE』, 밝은문화사, 1947, 172쪽.
25 「위촉장」, 1947년 9월 1일, 財團法人 友石學院.
26 「최초의 佛語소설 쓴 徐嶺海는 이런 人物-上」, 『주간한국』제1159호, 1987년 3월 15일, 20쪽.
27 「최초의 佛語소설 쓴 徐嶺海는 이런 人物-下」, 『주간한국』제1161호, 1987년 3월 29일, 29쪽.

1947년 8월 2일 조선시보 사에서 주최하는 '국제정 국좌담회'에 참석하여 「근 동近東발칸제국諸國」이란 주제로 강연을 펼치며, 유 럽과 아시아 각국에서 활 동했던 여러 인사들과 국 제정세에 관한 의견을 나 누었다.[28] 1947년 10월부 터는 설의식薛義植·양주동 梁柱東 등과 함께 조선신문 학원 강사로도 활동하였 다.[29]

프랑스어 강연 모습(부산시립박물관 제공)

    1947년 11월 15일에는 조선신문기자협회가 후원하는 '개천절기념 음악 강연회'에 참석하였다. 이 자리에서 자신이 국제 외교무대에서 펼친 활동 경험을 살려 「국제약소민족의 독립운동」이라는 주제로 강연을 펼쳤다.[30] 1948년 4월 7일에는 '조선신문학원' 1주년 신문학 공개강좌에 강사로 참 여하여 「외교와 신문」이라는 주제로 강연하였다.[31] 뿐만 아니라 신문학원

28 『공업신문』, 1947년 8월 1일, 「國際政局座談會 時報社에서 開催」.

29 『한성일보』, 1947년 10월 8일, 「朝鮮新聞學院事務局」.

30 『동아일보』, 1947년 11월 13일, 「開天節記念 音樂과 講演會」; 『자유신문』, 1947년 11월 13일, 「開 天節 記念으로 文總서 講演音樂」; 『민중일보』, 1947년 11월 13일, 「開天節을 記念, 音樂講演會開 催, 全國文化團體總聯合會서」; 『민중일보』, 1947년 11월 15일, 「이날을 記念하는 文總主催音樂講 演會, 오늘 天道敎堂에서」; 『민중일보』, 1947년 11월 16일, 「開天節記念, 文總主催音樂會盛況」.

31 『한성일보』, 1948년 4월 1일, 『『新聞學講座 四月六日부터 開催』; 『경향신문』, 1948년 4월 3일, 「신문학원일주년 공개신문학강좌」; 『공업신문』, 1948년 4월 4일, 「新聞學公開講座」.

후원회 구주대표위원을 맡아 구미각국의 신문관계 자료와 도서를 구입하고, 구미 유학생을 파견하는 업무에도 힘썼다.[32] 그밖에도 프랑스 문화계 동향과 자신의 소설 등을 국내에 소개하며 해방된 조국에서의 활동을 이어갔다.[33]

32 『동아일보』, 1948년 4월 8일, 「新聞學院 後援會 結成」; 『경향신문』, 1948년 4월 8일, 「신문학원 후원회」.
33 서영해, 「戰後 佛蘭西 文化界의 動向」, 『신천지』, 1947년 통권 18호, 제2권 제7호; 서영해, 「佛蘭西에서 만난 잊혀지지 않는 女人」, 『신세대』, 1948년 통권 22호, 제3권 제2호.

　서영해가 1947년 5월 국내로 환국했을 때, 임시정부가 당면했던 문제는 신탁통치문제를 둘러싼 미국과 소련의 갈등이었다. 두 국가 간의 대립은 한국문제가 UN으로 넘어가고 UN한국임시위원단이 파견되는 결과를 가져왔다. 이 과정에서 서영해는 UN한국임시위원단의 사무총장 호세택胡世澤이 한국에 온다는 사실을 알게 되었다. 호세택은 서영해와 관계가 있는 인물이었다. 이를 계기로 해서 서영해는 UN한국임시위원단과 관련된 업무에 깊이 관여하게 되었다.

　해방 정국에서 임시정부는 자주적이고 통일된 정부수립을 추진하였다. 이는 임시정부가 독립운동 시기부터 천명해 온 정부수립 방향이었다. 이러한 노선은 해방 전 삼균주의를 바탕으로 하는 「건국강령」으로 체계화되었고, 해방 후에는 「당면정책」으로 이어졌다.[34]

　당시 혼란한 국내외 정세 속에서 남과 북은 독자적인 정부수립을 추진하였다. 또 미국과 소련의 대립으로 인해 미소공동위원회가 결렬되며 1947년 9월 17일 한국문제는 UN으로 넘어갔다. 같은 해 11월 14일 제112차 UN총회 본회의에서는 한국에서 총선거를 실시할 것을 결의하고, 이를 감시·관리하기 위한 UN한국임시위원단UNTCOK-UN Temporary Commission on Korea의 한국 파견이 결정되었다.[35] 이들의 파견 목적은

---

34 오대록, 「해방 후 대한민국임시정부 연구」, 단국대학교 대학원 박사학위논문, 2014, 132쪽.
35 경희대학교 한국현대사연구원, 『한국문제 관련 유엔문서 자료집』上, 경인문화사, 2017, 38~39쪽.

남북총선거 실시와 정부수립 문제를 감시함에 있었다.[36]

서영해는 UN한국임시위원단을 맞이하는 과정에서 호세택이 한국을
방문한다는 소식을 접했다. 호세택은 UN부사무총장
겸 UN한국임시위원단의 사무총장으로, 일제의 억압
에 신음하고 있는 한국을 돕기 위해 적극적인 도움을
주었던 인물이다.[37] 한국 독립운동가들에 대해 존경
심을 가지고 있어 해외에 망명한 한국 독립운동가들
이 면회를 요청하면 흔쾌히 허락하였고, 한국인들의
편의를 봐주는 등 한국독립운동에 우호적이었다.

호세택

서영해는 호세택과 남다른 인연을 가지고 있었다. 이들은 1931년 9월
제네바에서 개최된 국제연맹총회 보도관계로 만나 1933년까지 함께 활
동을 펼쳤었다. 당시 서영해는 고려통신사 특파원 자격으로 참가 중이었
고, 호세택은 중국대표 비서장이었다.[38]

서영해는 호세택과 함께 활동하며 그로부터 많은 도움과 격려를 받았
다. 국제연맹에서 발행되는 각종 인쇄물을 제공받았고, 외국대표와의 면
회도 주선 받을 수 있었다. 또한 서영해가 현지에서 생활하는데도 적지
않은 도움을 주었다.[39] 이를 계기로 서영해는 호세택과 친밀한 관계로 발
전할 수 있었다.

---

36 『조선일보』, 1947년 11월 22일, 「來朝할 유엔한국임시위원단 9개국의 윤곽 드러남」; 『조선일
  보』·『동아일보』, 1947년 12월 16일, 「유엔한국임시위원단 중국대표, 조선 문제에 대한 유엔의
  동태 언명」; 경희대학교 한국현대사연구원, 『유엔한국임시위원단 제2분과위원회 보고서 - 한국
  측 요인 면담 기록(1948.1.26~3.6) -』, 경인문화사, 2018, 56쪽.
37 河龍雲, 「UN韓國臨時委員團(UNTCOK)硏究 - 5 · 10選擧期의 役割과 性格을 中心으로 -」, 한
  성대학교 대학원 석사학위논문, 1992, 40 · 47쪽.
38 『한성일보』, 1947년 12월 12일, 「胡團長片貌 UN에서 올 外賓政客」.
39 『민중일보』, 1947년 12월 12일, 「유엔委員團長胡世澤氏, 우리獨立爲하야 애써온 분」; 『한성일
  보』, 1947년 12월 12일, 「胡團長片貌 UN에서 올 外賓政客」.

서영해는 호세택과의 만남에 기대감을 드러냈다. 호세택을 '열렬한 혁명가', '양심적인 지도자'로 표현하며 한국의 자주독립과 민족자결을 위해 힘썼던 호세택에 대해 감사를 전했다. 관료적 태도나 권위의식을 지니지 않은, 외교관의 자격과 능력을 충분히 갖춘 인물이란 평가도 덧붙였다.[40] 그러면서 "20년 전 조선의 혁명가들에 동정을 아끼지 않은 씨氏가 이번 조선정부수립에 ●● 힘을 쓰게 된 것은 씨 자신도 만족하겠지만 우리 조선으로서도 다행한 일이라 하겠다."[41]라며 호세택의 참여가 한국문제 해결에 도움이 될 것임을 내비쳤다.

이러한 호세택과의 관계는 서영해가 UN한국임시위원단과 관련된 업무에 깊이 관여하는 계기가 되었다. 서영해는 UN한국임시위원단 파견에 따른 대책과 추진 방향을 논의하기 위해 김구와 잦은 만남을 가졌고,[42] 경교장에서 임시정부 요인들과 UN한국임시위원단의 회견이 개최될 때면 자리를 함께하였다. 대표적인 활동이 1948년 2월 6일 오후 7시, 경교장에서 열린 임시정부 요인들과 UN한국임시위원단의 환담회에 참석한 것이다. 이 자리는 같은 날 오전, 국제호텔에서 열린 김구·김규식과 UN한국임시위원단의 메논 의장, 호세택 사무총장의 '남북협상을 위한 회담'에 뒤이은 모임이었다.[43] 김구의 측근인 안우생·엄항섭·이청천·최순기·김

40 『민중일보』, 1947년 12월 12일, 「유엔委員團長胡世澤氏, 우리獨立爲하야 애써온 분」.

41 『한성일보』, 1947년 12월 12일, 「胡團長片貌 UN에서 올 外賓政客」.

42 金高榮 인터뷰, 2018년 6월 29일, 서울 중화동 자택. 김구는 서영해, 엄항섭 등과 함께 김덕은의 집에 자주 모여 회합을 가졌고, 이 자리에서 국내 정세와 관련된 많은 이야기들이 오고갔다고 한다.

43 『경향신문』·『동아일보』·『서울신문』·『조선일보』, 1948년 2월 7일, 「김구와 김규식, 남북요인회담 방안 임위원장 메논에게 제의」; 『독립신문』, 1948년 2월 7일, 「代表選出, 時日, 場所等 南北會談召集을 金九主席, 金博士, 韓委와 討議」; 『자유신문』, 1948년 2월 7일, 「양金씨要談」. 오전 회의에서는 남북협상 대표선출방법, 회담시일, 장소 등에 관한 사항과 회의소집에 필요한 사항으로써 정치범 석방, 정치지도자 체포령 취소, 언론의 자유, 미소 양군 철수조건 및 시일의 협정·공포 등이 논의되었다.

1948년 2월 6일 경교장을 방문한 UN한국임시위원단과 함께한 서영해. 뒷줄 맨오른쪽이 서영해이다.

덕은 등도 자리를 함께 하였다.[44] UN한국임시위원단의 유어만劉馭萬과 임시정부 요인인 김규식·조소앙도 초청을 받았으나 참석하지 못하였다.[45]

서영해는 이 자리에서 메논 의장, 호세택 사무총장과 만남을 가졌다. 그가 구체적으로 어떤 역할을 수행했는지에 대해서는 알려진 바가 없다. 다만, 서영해가 외국어에 능통하다는 점, 국제 외교무대에서 오랜 기간 활동하며 국제 정세에 밝다는 점 그리고 호세택과 인연이 있다는 점 등으로 미루어보아 임시정부 요인들과 메논·호세택 사이의 '가교' 역할을 수행한 것으로 판단된다.

한편 남북총선거 문제로 붉어진 국내 정계의 의견 불일치는 쉽게 해결

---

44 백범김구선생기념사업협회 · 백범학술원 · 백범김구기념관, 『백범김구사진자료집』, 디자인시, 2012, 344~345쪽.
45 『경향신문』, 1948년 2월 8일, 「김구, 임위 대표를 초청 환담」.

될 기미를 보이지 않았다. 또한 소련과 북한은 UN한국임시위원단의 방북을 거부하였다. 때문에 UN한국임시위원단은 자신들의 임무를 북한지역에서 수행할 수 없게 되었다. 결국 UN한국임시위원단은 한국문제를 UN소총회에서 협의하기로 결의하였다.[46]

1948년 2월 26일 UN소총회 제9차 회의에서는 UN한국임시위원단의 제안을 통과시켰다. 임무수행이 가능한 지역에서 총선거를 실시한다는 방침이었다.[47] 이로써 1948년 5월 10일 남한만의 단독선거가 결정되었다.[48] 남한만의 총선거를 실시하여 국회를 구성하고 국회에서 정부를 수립한다는 절차였다.

남한만의 단독선거가 결정되자, 국민 대다수가 반대하고 나섰다. 임시정부 세력도 단독선거에 출마하지 않겠다는 입장을 천명하였다. 3월 12일 김구·김규식·김창숙·조소앙·조성환·조완구·홍명희 등은 「공동성명서」를 발표하고, 단독정부 수립 반대 의사를 명확히 밝혔다.[49] 단독정부 수립은 "오직 동족상잔의 참화를 격성할 뿐"이며, "개인의 이익을 도모하려고 민족의 참화를 촉진하는 것은 민족적 양심이 허락지 아니"한다며 선거에 출마하지 않겠다는 의지를 표명한 것이다. 그리고 통일 독립을 달성하기 위하여 남은여생을 바칠 것을 국민들에게 맹세하였다.

---

46 『조선일보』, 1948년 1월 25일, 「北朝鮮人境拒否 蘇外相代理正式通告」; 경희대학교 한국현대사연구원, 『한국문제 관련 유엔문서 자료집』上, 경인문화사, 2017, 56쪽.

47 『동아일보』, 1948년 2월 28일, 「中央政府樹立案 31對2로 可決」.

48 국제신문사 편, 『UN조선위원단보고서』, 108~109쪽. 당초 선거 일자는 1948년 3월 1일, 5월 10일 이전에 선거를 실시하게 될 것이라고 공포되었다. 이후 3월 12일, 5월 9일에 선거를 실시하고 이를 감시할 것이라는 내용의 결의안이 채택되었다. 그러나 1948년 4월 2일, 주한미군사령관으로부터 5월 9일은 개기월식(total eclipse)이 있으므로 하루 연기하여 5월 10일에 선거를 실시하는 것이 바람직할 것이라는 연락을 받고, 이를 받아들여 5월 10일에 선거를 실시하기로 결정하였다(경희대학교 한국현대사연구원, 『한국문제 관련 유엔문서 자료집』上, 경인문화사, 2017, 59~60쪽).

49 「공동성명서 – 서선생에게 보내주시오」, 1948년 3월 12일; 『조선일보』 1948년 3월 13일 「民族自決推進 兩金氏等共同聲明」; 『자유신문』, 1948년 3월 13일, 「오직 통일 독립 민족자결의 기회 달라」.

「공동성명서」 발표 이후 남북한 요인들의 서신 왕래를 통해 통일정부 수립을 위한 남북협상이 이루어지게 되었다. 1948년 4월 13일 경교장에서 연락원들의 보고를 기초로 북행문제를 토의한 김구는 4월 19일 북행을 실행에 옮겼다.[50] 김구가 북으로 출발했다는 소식이 전해지자, 다른 주요 인사들도 북행에 나섰다. 4월 19일 저녁 홍명희를 시작으로 20일에는 조소앙, 21일에는 김규식 등이 서울을 출발하여 북으로 향했다.[51]

서영해도 평양에서 열리는 남북연석회의에 참여하고자 하였다. 그는 김구보다 하루 앞선 1948년 4월 18일 연석회의 취재를 위해 떠나는 기자와 다른 단체대표들과 함께 북으로 향했다.[52] 하지만 서영해의 남북연석회의 참석은 이루어지지 못했다. 개성 인근 지역인 남천南川에서 북행을 저지당하고 만 것이다. 북한 측에서는 유독 서영해만 통과시키지 않았다고 한다.[53] 자세한 이유는 알 수 없지만 서영해에 대한 정보를 익히 알고 있었던 것 같고, 서영해가 참석함으로 인해 남북연석회의의 주요 내용들이 국제사회에 알려지게 되는 것을 우려한 것이 아닌가 생각된다.

---

50 『동아일보』, 1948년 4월 22일, 「北行한 人士의 面面」.
51 『경향신문』, 1948년 4월 21일, 「金九氏, 期於 38以北에」; 『경향신문』, 1948년 4월 21일, 「北行한 人士와 團體名簿」; 『동아일보』, 1948년 4월 22일, 「北行한 人士의 面面」.
52 서영해가 프랑스 외무부 아시아-대양주 국장과 면담한 결과보고에 김구가 남북연석회의에 참석할 때 서영해도 동반했다는 기록이 있는 것으로 보아 서영해가 연석회의 참석을 위해 북으로 향했던 것은 신빙성이 있어 보인다(국사편찬위원회 소장, 「A/S Seu Ring Hai」, 1948년 12월 2일; 정상천, 『파리의 독립운동가 서영해』, 산지니, 2019, 298~299쪽 참조).
53 서익원, 「최초의 佛語소설 쓴 徐嶺海는 이런 人物-下」, 『주간한국』 제1161호, 1987년 3월 29일, 31쪽.

4. 임시정부의 UN총회 파견 대표로 선정

1) 추진배경

서영해는 임시정부로부터 특수한 임무를 부여 받았다. 파리에서 개최되는 UN총회에 임시정부 대표로 참가하려고 하는 임무였다. 서영해는 UN총회 임무를 부여받고 다시 프랑스로 향하게 되었다.

서영해의 프랑스행은 1948년 초부터 논의된 것으로 보인다. 여기에는 1948년 2월 26일 열린 UN소총회의 결의가 결정적으로 작용하였다. UN소총회는 UN한국임시위원단이 회부한 한국문제를 논의할 목적으로 개최된 회의로,[54] 이 회의에서 남한만의 단독선거가 결정되었다.[55]

남한만의 단독선거가 결정되자, 임시정부 요인들은 반대에 나서는 한편 위기를 극복할 방법을 강구하였다. 그 중에 하나가 외교적 방법을 동원하는 것이었다. 한국문제를 국제사회에 호소하여 정당한 해결을 구하고자 하는 의도였다.

한국문제의 실질적인 해결을 위해 김구는 1948년 9월 21일 파리에서 개최될 제3차 UN총회를 염두 해 두고 있었다.[56] 이 회의는 1948년 9월

---

54 『동아일보』, 1948년 2월 28일, 「中央政府樹立案 31對2로 可決」.
55 경희대학교 한국현대사연구원, 『한국문제 관련 유엔문서 자료집』上, 경인문화사, 2017, 57쪽.
56 엄항섭 편, 「대한독립촉성국민회 전국대표자대회에 보낸 글월」, 『김구주석최근언론집』, 삼일출판사, 1948, 24쪽; 『白凡金九先生言論集』(하), 백범학술원, 2004, 92쪽. 1948년 9월 21일 프랑스 파리에서 UN총회가 개최된다는 소식이 한국에 전해진 것은 1948년 2월 18일자 보도를 통해서이다(『자유신문』, 1948년 2월 18일, 「巴里로 決定, 今年 國聯總會 開催地」).

21일부터 12월 12일까지 프랑스 파리 샤이요궁Palais de Chaillot에서 열리는 것으로, 개최 목적은 그동안의 '복잡다단複雜多端한 국제문제 안건'을 해결하는데 있었다.[57] 이 안건들 중에는 '한국정부승인'과 관련된 의제도 포함되어 있었다.[58]

서영해는 김구와 함께 '자주독립국가 건설'이라는 우리 민족의 정확한 의사를 국제사회에 알리기 위한 준비에 들어갔다. 첫 단계는 대표단을 구성하는 것이었다. 대표단을 구성하는 문제는 신중하게 논의되었을 것으로 사료된다. 현 상황을 냉철하게 판단할 수 있는 능력과 외교에 대한 이해와 경험이 풍부한 인물의 선정이 필요했기 때문이다. 또 미국 측의 저항도 고려해야할 문제였다.[59]

서영해는 UN총회에 참석할 대표단을 구성하는 회의에 적극적으로 참여하였다. 그는 김구·엄항섭·김덕은金德銀[60]과 함께 김덕은의 집에서 자주 모임을 가졌다. 이 자리에서 파리 UN총회에 파견할 대표단의 구성과 추진방향 등이 논의되었다. 또한 구체적인 추진사항과 결의문 등이 작성되는 과정도 거쳤다.[61]

심도 있는 논의 끝에 파리 UN총회에 파견할 대표단 구성이 이루어졌

---

57 鄭一亨, 「巴里UN總會回想記」, 『施政月報』 8, 1950, 11쪽.

58 張基永, 「今次UN總匯展望」, 『신천지』 제4권 제9호, 1949, 81쪽; 정인섭, 「한국과 UN, 그 관계 발전과 국제법학계의 과제」, 『國際法學會論叢』, 제58권 제3호, 2013, 58쪽.

59 『호남신문』, 1948년 8월 11일, 「巴里에 先發隊派遣, 單政反對라고 處罰하면 받을 뿐, 金九氏東萊 梵魚寺에서 記者團과 問答」.

60 김덕은(金德銀, 1912~1994)은 자수성가한 사업가이다. 金治善의 5남 2녀 중 장남이다. 보성전 문학교 상과를 다니면서 부친 밑에서 포목점 장사를 배웠다. 이를 통해 무역업에 눈을 뜨게 되었다. 일본을 드나들며 무역을 전개하며 상당한 수익을 얻어 많은 재산을 모았다. 해방 이후 보성전문학교 동문인 엄항섭을 통해 김구와 인연을 맺게 되었다(金高榮 인터뷰, 2018년 6월 29일, 서울 중화동 자택).

61 金高榮 인터뷰, 2018년 6월 29일, 서울 중화동 자택. 김구는 서울시 종로구 인사동 15번지 김덕 은의 집 사랑방에서 UN총회 대표단 파견 문제를 논의하였다고 한다.

다. 대표단에는 서영해와 김규식·엄항섭이 선정되었다.[62] 오랜 기간 외교 분야에서 활동한 경험을 갖춘 인물들이었다. 특히 서영해와 김규식은 프랑스 파리에서 활동한 경험을 가지고 있었다.

이 중에서도 서영해는 선발대로 파견이 결정되었다. 그가 선발대로 선정된 데에는 이유가 있었다. 그것은 두 가지이다. 하나는 미국 측의 방해를 피하기 위한 전략이었다.[63] 당시 이승만 측에서도 파리 UN총회에 대표 파견을 추진하고 있었다. 그렇게 될 경우, 중복 파견 문제가 제기될 수 있었다. 당시 이승만 측에 영향력을 행사할 수 있는 미국 측에서 이 사실을 알게 될 경우, 김구 측의 대표 파견을 문제 삼을 수 있다는 판단에서였다. 그래서 서영해를 프랑스 파리로 미리 파견하여 UN총회 참석을 위한 준비를 하려는 계획이었다.[64]

서영해를 선발대로 파견한 다른 이유는 UN총회에서 발언권이 인정되지 않을 것에 대비한 것이었다. 이승만 측에서 공식적으로 파리 UN총회에 대표를 파견할 경우, 김구 측의 발언권이 인정되지 않을 수도 있었다. 이럴 경우, '임기응변'으로 임무를 수행해야 했는데 그 역할을 서영해가 맡았다.[65]

이와 같은 계획에 따라 서영해의 파리 UN총회 참석이 결정되었다. 그가 맡은 공식적인 임무는 교섭위원 자격으로 먼저 파리에 가서 성과를 내

---

62 『婦人新報』, 1948년 7월 28일, 「南北協商代表 UN總會參席次 徐嶺海氏出發?」; 『서울신문』·『조선일보』·『경향신문』·『동아일보』, 1948년 8월 7일, 「김구, 조각 등 제반 정치문제 답변」; 『남조선민보』, 1948년 8월 7일, 「政府組織은 吾不關焉 急은 臨政承認이 要諦」; 『동아일보』, 1948년 8월 12일, 「統促內部不統一 金博士巴里行을 拒絕」; 『국제신문』, 1948년 9월 8일, 「韓國獨立黨, 유엔총회에 맞추어 당면정책을 입안」.

63 『호남신문』, 1948년 8월 11일, 「巴里에 先發隊派遣, 單政反對라고 處罰하면 받을 뿐, 金九氏東萊 梵魚寺에서 記者團과 問答」.

64 『동아일보』, 1948년 8월 12일, 「統促內部不統一 金博士巴里行을 拒絕」.

65 『남조선민보』, 1948년 8월 10일, 「國內가 混亂되고 民族이 相殘될줄 魂魄이엇지아렷으랴?」.

기 위한 '사전 준비 작업'을 펼치는 것이었다.[66] 하지만 그것이 끝이 아니었다. 서영해가 김구로부터 부여받은 임무가 하나 더 있었다. 그것은 프랑스 정부와 "긴밀한 관계"를 구축하는 것이었다.[67] 이것은 김구와 서영해 사이에 추진된 비공식적인 임무였다.

서영해는 프랑스 파리로 향할 준비에 나섰다. 1948년 4월경 프랑스 외무부에 비자 발급을 신청하였고, 한국을 떠나기 전에 자신이 계획했던 일들을 실행에 옮기기 시작했다. 고려통신사 서울지국을 설치하고자 한 것도 그 하나였다. 서영해는 UN총회 참석을 위해 프랑스 파리로 떠나기 직전인 1948년 6월 1일 김덕은과 고려통신사 서울지국 설치 계약을 체결하였다. 계약 조건은 두 가지이다. 하나는 서영해가 유럽에서 김덕은을 대신해서 무역에 관한 업무를 도모하는 것이고, 다른 하나는 김덕은이 고려통신사 서울지국을 맡아 통신료를 징수하여 서영해에게 지불한다는 내용이었다.[68]

이 계약은 서영해와 김덕은의 이해관계가 맞아 떨어진 결과였다. 서영해는 무역업에 종사하는 김덕은을 대신해서 대유럽 무역활동에 도움을 줄 수 있었다. 김덕은 역시 고려통신사 서울지국을 운영하며 국내 정세를 유럽에 알리고, 서영해에게 통신료를 보내 서영해의 유럽활동을 재정적으로 뒷받침 할 수 있었기 때문이다. 계약은 이루어졌지만 계약 내용은 이행되지 못했다. 파리 UN총회 참석을 위해 한국을 떠난 서영해가 중국에서 문제가 생기면서 국내와의 연락이 끊겼기 때문이다.

---

66 「동아일보」, 1948년 8월 12일, 「統促內部不統一 金博士巴里行을 拒絕」.
67 국사편찬위원회 소장, 「A/S Seu Ring Hai」, 1948년 12월 2일(정상천, 「파리의 독립운동가 서영해」, 산지니, 2019, 298~301쪽).
68 「고려통신사 서울지국 계약서」, 1948년 6월 1일.

서영해의 사정으로 인해 고려통신사 서울지국의 활동은 이루어지지 못했다. 하지만 고려통신사 서울지국 설치 계획은 그가 해방된 조국에서 추진하고 싶어 했던 것이 무엇인지를 알 수 있게 해주는 것이라 할 수 있다. 서영해는 유럽에서 언론인으로 꾸준한 활동을 펼쳤다. 그 '토대'는 바로 고려통신사였다. 고려통신사를 '전초기지' 삼아 한국독립운동을 국제사회에 알리는데 일조하였다. 서영해는 이러한 자신의 오랜 경험을 토대로, 해방된 조국에서 고려통신사 서울지국 설치를 계획했던 것으로 판단된다. 고려통신사 서울지국 설치 추진은 유럽과 한국을 연결하는 통신기구의 설치를 통해 국제적인 통신망을 구축하고자 했던 서영해의 의지를 엿볼 수 있는 것이었다고 할 수 있다.

2) 중국을 거쳐 파리행

서영해는 임시정부의 UN총회 대표로 선임되어 1948년 6월 중국을 거쳐 프랑스 파리로 향했다. 그의 파리행에는 1948년 3월 결혼한 부인 황순조도 동행하였다. 필요한 자금은 김덕은이 마련해 주었다.[69]

서영해가 파리로 가는데 중국을 거쳐 가는 데는 이유가 있었다. 그것은 그가 중국 국적을 가지고 있었기 때문이다. 그래서 먼저 상해에 가서, 상해에서 파리로 가는 여권을 발급 받으려고 했다. 이미 프랑스 외무부에 비자도 신청된 상태였다.

서영해는 경유지인 상해에 머물며 프랑스로 갈 채비를 갖추었다. 그러나 프랑스행 수속 절차가 복잡하게 진행되면서 어려움을 겪어야만 했다. 그는 난국을 타개하기 위해 노력을 기울였다. 프랑스에 있을 때부터 친분

---

69 金高榮 인터뷰, 2018년 6월 29일, 서울 중화동 자택.

을 유지해온 정언분에게 연락을 취해 사태 해결을 위해 힘써 줄 것을 부탁하였다.[70] 뿐만 아니라, 상해에 있는 임시정부 요인들에게도 협조를 구했다. 이에 민필호閔弼鎬와 박수덕朴樹德[71]이 서영해를 돕기 위해 나섰다.

서영해는 민필호에게 도움을 요청하였다. 민필호는 1911년 상해로 망명한 이래, 임시정부 재무총장·주석판공실 주임·한국독립당 선전부장 등을 역임한 인물이다. 당시에는 주화대표단 대표로 활동하고 있었다.[72]

민필호는 서영해를 돕는 일에 적극 나섰다. 1948년

민필호

7월 15일 민필호는 중국국민당 장수현張壽賢에게 서영해의 여권발급을 요청하는 서신을 보냈다. 장수현은 중국국민당 비서와 부비서장을 역임한 인사로, 한국독립운동에 우호적인 인물이었다. 민필호는 서신을 통해 "서영해군이 프랑스의 기자로 일하기 위해서는 여권을 발급 받아야합니다. 외교부에 사전 신청을 했지만 외교부에서는 행정원 신문국으로부터 허가를 받아 여권을 발급해야 한다고 합니다."라는 사실을 전했다.[73] 서

---

70 후에 정언분은 당시 상해에 근무하면서 서영해의 부탁을 들어주지 못한 것을 안타깝게 생각한다고 회상하였다(서익원, 「최초의 佛語소설 쓴 徐嶺海는 이런 人物−下」, 『주간한국』 제1161호, 1987년 3월 29일, 32쪽).

71 박수덕(朴樹德, 1923~1982)은 평안남도 설암리 출신이다. 본관은 寧海이고, 본명은 朴承憲이다. 朴壽德이란 이명을 사용하기도 하였다. 일본 明治大 법과를 다니던 중 학도병으로 징집되었다. 중국으로 파견되어 徐州에 있는 일본군 中支파견군 제7991부대에 배치되었다가 1944년 4월 29일 탈출하였다. 중국군 제4정진군 유격대 사령부에서 한국광복군 징모제6분처 대원 金國柱를 만나 안휘성 임천의 한국광복군훈련반에 입대하였다. 이곳에서 다른 한인청년들과 군사교육과 훈련을 받았다. 1945년 2월 土橋隊에 편성되었다가 警衛隊가 창설되자 지원하였다. 광복군 副尉로 임명되어 총사령부 부관처 관리과 과원으로 근무하였다. 해방 이후에는 상해에 설치된 광복군 총사령부 駐滬辦事處에서 활동하였다. 金祐銓 등과 함께 김학규를 도와 주호판사처에서 임무를 수행하였다(국가보훈처, 『독립유공자공훈록』 5, 1988, 951쪽; 독립운동사편찬위원회, 『독립운동사』 6, 1975, 409~410·418~423·454~467쪽; 한시준, 『한국광복군연구』, 일조각, 1993, 176쪽).

72 김정인, 「임정 주화대표단의 조직과 활동」, 『역사와 현실』 24, 한국역사연구회, 1997, 131쪽.

73 추헌수, 『자료 한국독립운동』 1, 연세대출판부, 1972, 519쪽.

영해가 중국 외교부에 미리 여권 신청을 했지만, 외교부에서는 행정원 신문국으로부터 허가를 받으라고 한 사실을 알린 것이다. 이어서 "귀사 신문국과 협의하여 조속히 여권을 발송할 수 있도록 허가해 주시면 발급될 수 있다고 합니다."[74]라고 하며, 장수현이 직접 행정원 신문국과 협의하여 서영해의 여권 발급을 빠른 시일 내에 허락해 줄 것을 요청하였다.

서영해의 여권 발급은 신속히 진행되지 않았다. 이에 민필호는 1948년 7월 29일 가까운 지인인 박수덕에게 서영해의 여권 문제와 관련된 서신을 보내 사태 해결을 위한 도움을 부탁하였다.

박수덕

박수덕은 사태 해결을 위한 상황 파악에 나섰다. 그리고는 그 결과를 담은 서신을 서영해에게 보냈다. 박수덕은 1948년 8월 3일자 서신을 통해 "여권은 신문국에서 말하기를 실제로 증명할 문건이 없으면 수속을 하는데 매우 곤란하니 될 수 있는 대로 가져오라 합니다. 증명문건을 파리에서 가져오지 못하셨다면 자기네들이 책임상 어찌할 수 없다고 합니다. 그러므로 그 어떠한 신문기자의 증명문건이라도 있어야 하겠으니 바로 증명문건을 보내시던지 그렇지 않으시면 다른 방책을 지시하여 주시기 바랍니다."라고 알려왔다.[75]

서영해는 중국국민당 정부에 사회주의자로 몰려 체포되기까지 하였다. 이번에도 민필호가 도움을 주었다. 민필호는 즉시 국민당 정부에 서신을 보내 "서영해는 파리에서 신문사 일을 한 사람입니다. 프랑스 측의 허가

74 추헌수, 「자료 한국독립운동」1, 연세대출판부, 1972, 519쪽.
75 「박수덕이 서영해에게 보낸 서신」, 1948년 8월 3일.

를 받아 고려통신사 등록증을 우리 측에서 제공할 테니 하루 빨리 서영해를 풀어주시기 바랍니다."라고 하며 서영해의 석방을 촉구하였다.[76]

그로부터 얼마 후, 서영해가 고초를 겪게 된 구체적인 이유가 밝혀지게 되었다. 그것은 민필호가 서영해에게 보낸 서신을 통해서였다. 1948년 8월 9일 서영해는 민필호로 부터 서신을 받았다. 서신에는 문제가 발생하게 된 구체적인 이유가 담겨져 있었다.

> 호조건은 한인으로써 중국인 호조를 신청하고 중국인으로써 또한 고려통신사를
> 경영한다는 등등 모순성이 중첩한 연고로 이 문제를 해결함에 매우 힘이 드는 것
> 입니다. 9월내로는 좌우지간에 결정이 있을 것입니다. 상황이 이러하니 이해하십
> 시오.[77]

서영해가 중국에서 어려움을 겪게 된 이유가 밝혀졌다.[78] 그것은 서영해의 여권 문제 때문이었다. 중국 정부는 한국인인 서영해가 중국 여권을 신청하고, 프랑스에서는 중국 국적으로 활동하며 고려통신사를 운영했다는 점에 의구심을 가졌다. 때문에 프랑스로 가는 여권 발급을 쉽게 허락해주지 않은 것이었다.

서영해의 여권 문제는 쉽게 해결될 것 같지 않았다. 그러자 민필호가 사태의 조속한 해결을 위해 중국국민당의 오철성吳鐵城에게 도움을 요청하였다. 오철성은 중국국민당의 핵심 요인으로, 임시정부와 오랜 기간 협

---

76 『조선일보』, 2017년 4월 14일, 「항저우 우리집은 독립운동가 합숙소였죠」.
77 「민필호가 서영해에게 보낸 서신」, 1948년 8월 9일.
78 그동안 서영해가 UN총회에 참석하지 못하고 중국에 머물게 된 명확한 이유는 알려지지 않았다. 아내 황순조와 동료 최광석의 수속문제 때문이었다는 것이 보도된 적이 있으나(서익원, 「최초의 佛語소설 쓴 徐嶺海는 이런 人物−下」, 『주간한국』 제1161호, 1987년 3월 29일, 32쪽) 그 정확한 근거는 찾을 수 없었다. 하지만 '민필호가 서영해에게 보낸 서신'을 통해 그 명확한 이유가 밝혀지게 되었다.

력관계를 유지하며 한국독립운동을 지원해 온 인물이었다. 1948년 8월 10일 민필호는 중국국민당 비서장을 맡고 있는 오철성에게 서한을 보내 "프랑스 당국에서 서군에게 발급한 고려통신사 등기증登記證을 보내드리니, 이 증명서를 행정원 신문국에 전하여 빠른 시일 내에 출국여권을 획득할 수 있게 해주시기 바랍니다."라고 하며 서영해의 여권 문제를 조속히 해결해 줄 것을 요청하였다.[79]

오철성

서영해는 여권 문제가 해결될 때까지 상해에 거처를 마련하고 머물렀다. 부인과 함께 상해시 해영로海寧路 순천방順天坊 21호에 머물며 프랑스로 갈 수 있는 방법을 모색하였다. 그 사이 부인 황순조는 상해 인성학교에서 수예 과목 교사로 근무하고 있었다.[80]

서영해의 여권 문제는 1948년 9월 말에 가서야 해결되었다. 1948년 9월 17일 박수덕이 서신을 통해 "오철성씨를 보증인으로 하고 판리辦理하기로 결정했습니다. 그러나 아무리 해도 일주일은 더 걸려야 하겠습니다. 될 수 있는 한 속히 하도록 힘쓰겠습니다."라고 하며 서영해의 여권 문제가 오철성의 보증을 통해 처리될 것임을 알려온 것이다.[81]

이후 서영해는 여권 문제가 해결됨으로써 프랑스로 갈 수 있게 되었다. 여기에는 주화대표단의 민필호와 박수덕의 도움이 크게 작용하였다. 이들은 중국국민당 정부의 핵심 요인인 오철성과 장수현의 도움을 이끌어

---

79 「민필호가 오철성에게 보낸 서신」, 1948년 8월 10일.
80 김광재, 「광복 이후 상해 仁成學校의 재개교와 변천」, 『한국근현대사연구』 54, 한국근현대사학회, 2010, 258쪽.
81 「박수덕이 서영해에게 보낸 서신」, 1948년 9월 17일.

내는 등 서영해의 여권 문제 해결에 상당한 도움을 주었다.

3) 파리에서의 활동

서영해는 임시정부의 UN총회 파견 대표로 프랑스 파리에 도착하였다. 하지만 예정됐던 파리 UN총회에는 참석하지 못했다.[82] 대신 그는 파리에서 또 다른 임무 수행에 나섰다. 1948년 10월 파리에 도착한 이후, 1949년 다시 중국으로 돌아올 때까지 프랑스 아시아 대양주국과 접촉하면서 김구와 임시정부의 활동 상황을 알리는 활동을 전개한 것이다.

1948년 10월 경 서영해는 프랑스 파리에 도착하였다. 프랑스로 돌아온 그가 향한 곳은 우체국이었다. 서영해는 1948년 10월 22일 프랑스 우체국 Paris-95지점에 가서 자신의 통장을 확인하였다.[83] 통장에 1946년 10월 25일·1946년 12월 4일·1946년 12월 31일·1947년 1월 31일 도장이 찍혀 있는 것으로 보아 그가 프랑스에서 활동하던 당시 사용하던 통장이었다.[84] 자신이 한국에 머무는 동안 문제가 없었는지 확인하는 것과 더불어 프랑스에 체류하면서 임무 수행에 필요한 경비를 확인하기 위한 것으로 판단된다.[85]

서영해는 프랑스에서 임무 수행에 나섰다. 서영해가 임무 수행의 목표로 삼은 인물은 프랑스 외무부 아시아-대양주국장이었다. 아시아-대양

---

[82] 『대동신문』, 1948년 11월 16일, 「全奎弘, 한국유엔대표단 법률고문, 일시 귀국하여 여순사건의 영향 등에 대해 기자와 문답」.

[83] 서영해의 통장에는 그가 이용하던 우체국 지점명이 적혀있다. 'Paris-95'가 그것이다. 파리의 우체국은 각 지점마다 고유번호가 있는데 서영해가 이용하던 은행은 95라는 번호를 가진 지점이었다. 이 우체국 지점은 '프랑스 파리 5구 퀴자스 거리 13번지'에 아직도 존재하고 있다.

[84] 「서영해 은행 통장」.

[85] 통장에 마지막으로 도장이 찍힌 날짜는 1948년 12월 11일이다. 그는 이날 당시 남은 잔고 6,791프랑 60센트 중에서 6,500프랑을 인출하였다. 따라서 그는 적어도 1948년 12월까지 프랑스에 머물렀던 것으로 판단된다(「서영해 은행 통장」).

주국장과 만남을 가지기 위해 서영해는 프랑스 외무부 고문인 미쉘리히 Michelich를 통해 접촉을 시도하였다. 이러한 시도는 성공을 거두었다. 아시아-대양주국장이 서영해와의 만남을 수락한 것이었다.[86]

1948년 12월 1일 서영해는 프랑스 외무부 아시아-대양주국장을 찾아가 만남을 가졌다. 서영해가 아시아-대양주국장과 만남을 추진한데는 분명한 목적이 있었다. 그것은 한국과 프랑스 간의 "긴밀한 관계"를 구축하기 위한 문제를 논의하기 위함이었다.[87]

서영해는 유창한 프랑스어로 자신을 소개하였다. 자신이 22년 전부터 임시정부를 대표하고 있으며, 김구 세력의 사람임을 밝혔다. 그리고는 한국의 국내문제와 관련된 김구의 상황을 설명하였다. "김구는 격렬하게 한국의 통일을 추구하며, 전력을 다해 미국과 소련 군대의 철수를 위해 노력하고 있다.", "김구가 미국의 금지에도 불구하고 평양회의에 간 것은 이 계획을 실현하기 위해서였다."라고 하며, 현재 김구가 추진하고 있는 주요 사항에 대해 알렸다.[88]

김구가 남북연석회의에 참석하여 북한 측과 논의한 주요 내용에 대해서도 언급하였다. 농업개혁·노동입법·공교육에 대해서도 협약이 이루어졌고, 인민군의 지휘 문제, 미·소 양군의 동시철수와 한반도 총선 실시, 중립적인 군대 운영 등의 제안이 오고간 사실을 전했다. 이를 통해 김구와 북한 지도부 간의 회담이 상당히 유익했다는 평가를 내렸다.[89]

---

86 국사편찬위원회 소장, 「A/s Seu Ring Hai」, 1948년 12월 2일(정상천, 『파리의 독립운동가 서영해』, 산지니, 2019, 298쪽).

87 국사편찬위원회 소장, 「A/s Seu Ring Hai」, 1948년 12월 2일(정상천, 『파리의 독립운동가 서영해』, 산지니, 2019, 298쪽).

88 국사편찬위원회 소장, 「A/s Seu Ring Hai」, 1948년 12월 2일(정상천, 『파리의 독립운동가 서영해』, 산지니, 2019, 298쪽).

89 국사편찬위원회 소장, 「A/s Seu Ring Hai」, 1948년 12월 2일(정상천, 『파리의 독립운동가 서영

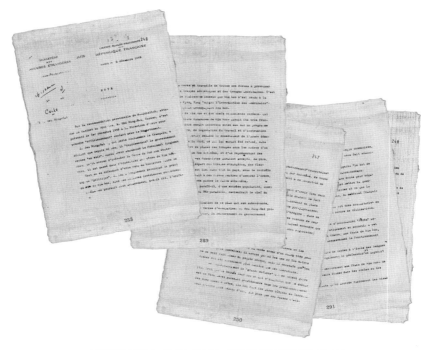

서영해의 프랑스 외무부 아시아–대양주국장 면담결과 보고서

　자신의 정치적 전망도 내놓았다. 그는 남과 북에서 큰 인기를 얻고 있는 김구가 새로운 정부의 수반이 될 것으로 내다보았다. 또한 내년 2월에는 이승만의 전복이 있을 것이고, 미국이 지지하는 과도정부가 들어설 것이라고 예측하였다.[90]

　한반도에 주둔하고 있는 미국과 소련에 대한 자신의 견해도 밝혔다. 그는 미국과 소련에 대해 상당히 비판적이었다. 자신들의 분쟁 해결을 위해 한국을 싸움터로 이용하고 있다고 평가하였다. 미국을 "다 큰 어린애"라

해』, 산지니, 2019, 298쪽).
90 국사편찬위원회 소장, 「A/s Seu Ring Hai」, 1948년 12월 2일(정상천, 『파리의 독립운동가 서영해』, 산지니, 2019, 298쪽).

고 표현하며 미국의 근시안적인 정책과 물질만능주의를 비판하였다. "그들의 짧은 소견으로 한국에서 최악의 바보 같은 짓을 벌여 놓았다."라며 미국에 대한 비판적 견해를 내비쳤다.

소련에 대해서는 짧지만 강한 멘트를 남겼다. 서영해는 미국을 비판하면서 "우리는 그들을 더 이상 필요로 하지 않는다."라고 하였는데, "소련은 더욱 필요 없다."라고 하며 소련에 대한 부정적인 평가를 내렸다. 한국은 공산주의 사상이나 미국의 자본주의에 예속되기를 원치 않는다는 말도 덧붙였다.[91]

프랑스 외무부 아시아-대양주국장을 상대로 한국 정부가 당면한 주요 정치적 현안에 대한 보고를 마친 서영해는 본격적으로 자신이 준비해온 제안을 내놓았다. 자신이 아시아-대양주국장을 찾아온 목적이 한국과 프랑스 간의 접촉을 준비하기 위함임을 밝혔고, 세 가지 사항을 제시하였다. 제안내용과 성격으로 볼 때, 김구와 충분히 논의된 것으로 판단된다.

1) 현재 파리에 있지만 거의 수면상태에 있는 고려통신사를 발전시키는 문제. 이를 위해 서영해는 김구의 재정지원으로 고려통신사의 운영을 담당할 두 명의 대학출신 관리인을 프랑스에 파견할 것이다.
2) 동양어학교에 한국인 교수 자리 하나 만드는 문제. 역시 김구가 교수의 여비를 지불할 것이다.
3) 김구가 전액 부담하여 프랑스 교육기관에 장학생 5명을 파견하는 문제. 서영해는 가급적 빨리 이 학생들에 대한 비자를 발급해줄 것을 희망하였다.[92]

---

91 국사편찬위원회 소장, 「A/s Seu Ring Hai」, 1948년 12월 2일(정상천, 『파리의 독립운동가 서영해』, 산지니, 2019, 298쪽).
92 국사편찬위원회 소장, 「A/s Seu Ring Hai」, 1948년 12월 2일(정상천, 『파리의 독립운동가 서영해』, 산지니, 2019, 298쪽).

서영해가 제시한 사항은 세 가지이다. 가장 먼저 언급한 것은 고려통신사의 운영과 관련된 것이었다. 그는 자신이 한국에 있는 동안 운영되지 못한 고려통신사를 다시 운영·발전시켜 나갈 것임을 알렸다. 이를 위해 고려통신사의 운영을 담당할 두 명의 한국인을 프랑스에 파견할 것이라고 하였다. 모든 운영은 김구의 재정지원으로 이루어질 것이라는 것도 전했다.

두 번째 제안은 프랑스에 있는 동양어학교에 한국인 교수를 임용하는 것이었다. 이 역시 김구가 재정을 지원한다고 하였다. 이는 프랑스에 한국어를 가르치는 교수를 둠으로써 프랑스 학생들에게 한국을 알리고, 한국에 우호적인 프랑스인을 양성하고자 하는 의도로 계획된 것으로 여겨진다.

마지막 제안은 프랑스 교육기관에 한국인 장학생을 파견하는 것이었다. 이를 위해 가급적 빠른 시일 안에 비자를 발급해줄 것을 요청하였다. 국외에 장학생을 파견하는 것은 인재 양성을 위한 김구의 의도가 반영된 것으로 판단된다. 해방 이후 김구는 국내의 혼란한 정세를 바라보며 신국가 건설에 투신할 수 있는 인재의 필요성을 절감하였다. 국내에 건국실천원 양성소를 설립하여 운영한 것도 이러한 취지에서였다. 그는 국내뿐만 아니라 국외에도 장학생을 파견·육성하여 새로운 국가 건설에 헌신할 수 있는 유능한 인재로 활용하고자 한 것이다.

서영해는 프랑스 외무부 아시아-대양주국장과의 만남을 마지막으로 프랑스에서 자신이 수행해야 할 임무를 마쳤다. 당초 계획했던 파리 UN총회에는 참석하지 못했지만, 프랑스 외무부 아시아-대양주국장과 만남은 성공적으로 수행하였다. 이는 해방 이후, 한국이 프랑스와의 협력 관계를 구축할 수 있는 기반을 마련하고자 하는 첫 시도였다는 점에서 의의가 있다고 할 수 있다.

4) 파리에서 활동 이후의 행적

서영해는 임시정부의 특수임무를 수행하기 위해 프랑스 파리로 향했고, 그곳에서 프랑스 외무부 아시아-대양주국장과 접촉하여 임시정부 요인들의 의사를 전달하였다. 자신에게 부여된 임무를 성실히 수행한 것이었다. 프랑스에서 임무를 마친 서영해는 한국으로의 귀국을 준비했다. 프랑스에서 수행한 결과를 김구와 임시정부 요인들에게 알려야 했기 때문이다.

서영해는 1949년 초 다시 중국 상해로 돌아왔다. 상해에는 부인 황순조가 인성학교에서 수예교사로 재직하고 있었다. 아마도 상해에 머물고 있던 부인을 데리고, 다시 한국으로 돌아오고자 한 계획이었던 것 같다.

그러나 서영해의 한국행은 이루어지지 않았다. 그가 돌아오지 않은 이유에 대해서는 여러 가지 추측이 있다. 비교적 설득력을 가질 수 있는 추측은 1949년 6월 26일 김구의 암살, 중국국민당 정부의 퇴각과 중국의 공산화, 이승만과의 불화 등이다.[93] 구체적인 사실은 확인할 수 없으나 독립운동 시기부터 서로 믿고 의지해 왔던 김구의 죽음은 서영해에게 상당한 영향을 끼쳤을 것으로 판단된다. 아울러 해방 이후 다른 노선을 걸었던 이승만과의 관계는 서영해가 국내로 돌아오는 것을 쉽게 결정하지 못

---

93 서익원, 『주간한국』 제1159호, 1987년 3월 15일, 「최초의 佛語소설 쓴 徐嶺海는 이런 인물－上」, 24쪽 ; 서익원, 『주간한국』 제1161호, 1987년 3월 29일, 「최초의 佛語소설 쓴 徐嶺海는 이런 인물－下」, 32쪽 ; 『부산시보』, 1995년 11월 24일, 「부산의 獨立運動家」 ; 김광재, 「광복 이후 상해 仁成學校의 재개교와 변천」, 『한국근현대사연구』 54, 한국근현대사학회, 2010, 262쪽.

하는 이유였을 것이다.

서영해는 한국으로 귀국하지 않고 상해에 머물렀다. 그리고 1949년 가을, 부인을 홀로 한국으로 돌려보내고 자신은 상해에 남아 생활했다. 이후 서영해의 행적에 대해서는 알려진 것이 없다. 알려진 것으로는 두 가지 사실이 언급되고 있다. 하나는 1955년 인성학교 교사를 역임했다는 것이고, 다른 하나는 북한으로 갔다는 것이다.[94]

서영해는 1955년 상해 인성학교에서 교사로 재직하였다. 그가 어떠한 경위로 인성학교에서 근무하게 되었는지는 알려져 있지 않다. 1955년 한해만 재직한 것으로 보이며, 담당과목과 직무에 대해서도 확인된 바가 없다.

1955년 이후 서영해의 행적으로 현재까지 많이 알려진 것은 그가 북한으로 들어갔다는 것이다. 서영해가 북한행을 선택했다는 주장은 서영해를 알고 있는 지인 또는 주변인들의 증언에 의해 알려지게 되었다. 이들은 "북한에 간 서영해는 김일성종합대학에서 불문과 교수를 지내면서 불어 통역을 하기도 하였다."[95], "서영해는 북경으로 가서 거류민단 일을 하다가 북한으로 들어갔다."[96]라고 하며 공통적으로 서영해의 북한행을 언급하고 있다.

서영해의 북한행은 많은 의문을 품고 있다. 그는 독립운동 시기부터 해방 이후까지 민족주의자의 길을 걸어왔다. 프랑스에서 활동하면서 사회

---

94 김광재, 「광복 이후 상해 仁成學校의 재개교와 변천」, 『한국근현대사연구』 54, 한국근현대사학회, 2010, 261~262쪽 ; 金高榮 인터뷰, 2018년 6월 29일, 서울 중화동 자택. 김고영은 이 소식을 중국 북경지역 교민단에서 활동했던 차달성으로부터 들었다고 한다. 김고영은 중국을 드나들며 독립운동가 李興官(일명 馬超軍)과 만남을 가졌는데, 이흥관으로부터 차달성을 소개받고 이후 자주 만남을 가졌다고 한다.
95 김광재, 「광복 이후 상해 仁成學校의 재개교와 변천」, 『한국근현대사연구』 54, 한국근현대사학회, 2010, 262쪽.
96 金高榮 인터뷰, 2018년 6월 29일, 서울 중화동 자택.

1955년 상해 인성학교 필업(畢業)사진속의 서영해. 가운데줄 왼쪽에서 두번째가 서영해이다(김광재 제공)

주의에 관심을 가지기는 했지만 어디까지나 '관심'에 불과했다. 언론인으로서, 지식인으로서 세계 정치의 흐름을 파악해야 하는 서영해의 입장에서 시대의 사조思潮를 이해하는 것은 당연한 것이었다. 이러한 관심은 (Le)*Socialisme : but et moyen*(사회주의 : 목적과 수단), (Le)*"Jeunesse socialiste" son organiation*(사회주의 청년 조직), *Radicalisme et socialisme*(급진주의와 사회주의), *Socialisme utopique et socialisme scientifique*(유토피아 사회주의와 과학 사회주의), (La)*Socialisme : sa definition, ses debuts la doctraine Saint-Simonienne*(사회주의 : 그것의 정의, 성 모니의 교리의 시작) 등 서영해가 소장하고 있는 도서에서도 찾아볼 수 있다.

서영해는 반파시스트 성향을 가진 인물이었다. 유럽의 지식인들과 함께 반파시스트 운동 실천에 나서 파시스트 정권에 대항하고 자유 수호를 위해 힘썼다. 또 파시즘을 정치적 수단으로 이용하는 것을 비판하는 글을 게재하기도 하였다.

　서영해의 이러한 정치적 신념은 해방 이후 활동에서도 확인할 수 있다. 그는 1947년 5월 국내로 환국한 이래로, 임시정부가 추진한 '자주독립국가' 수립에 적극적이었다. 미국과 소련의 간섭에서 벗어나 우리 민족의 진정한 통일을 이루기 위해 힘썼다. 1948년 12월에는 프랑스 외무부 아시아-대양주국장과의 만남에서도 이러한 점을 피력하였다. 그는 미국과 소련을 강력히 비판하며, 한국이 미국의 자본주의나 소련의 공산주의에 예속되기를 원치 않는다는 입장을 분명히 밝혔다.

　이렇듯 서영해는 시대의 이데올로기를 극복하고 국가와 민족을 위해 자신의 일관된 가치관을 끝까지 견지하고자 했던 인물이다. 그는 한국의 독립을 위해 힘쓴 독립운동가이자, 한국의 진정한 자주독립을 위해 노력한 민족주의자였다.

맺음말

지금까지 대한민국 임시정부 외교특파원으로 활동한 서영해의 역할과 활동상에 대해 살펴보았다. 그의 활동은 프랑스 유학시기부터 유럽에서의 외교활동, 저술·언론활동, 임시정부와 연계활동, 해방 이후 국내활동에 이르기까지 폭넓고 다양했다. 이제 논의된 내용을 요약 정리하면서 글을 맺고자 한다.

서영해는 유럽지역 한국독립운동사에 있어 핵심적 위치를 차지하는 인물이다. 그의 삶은 외교활동을 통해 조국 독립을 이루고자 했던 독립운동가의 모습을 대표한다고 할 수 있다. 전 세계를 넘나들며 임시정부 외교특파원·언론인·저술가로 활약한 그의 활동은 역동적이었다.

서영해가 독립운동에 관심을 가지게 된 데에는 1919년 3·1만세시위운동을 목격한 경험이 크게 작용하였다. 직접 만세시위의 열기를 목격하면서 그 실상을 생생하게 접할 수 있었다. 이는 민족의식과 애국의식의 성장에 상당한 영향을 끼쳤고, 중국 망명을 결심하는 중요한 동기가 되었다.

서영해는 중국 망명을 통해 임시정부와 인연을 맺었다. 임시정부와의 인연은 그의 인생에 있어 가장 큰 기회였다. 그가 유럽에서 독립운동을 전개할 수 있는 기회를 얻을 수 있었다는 점, 이를 통해 자신의 재능을 발견하고, 국제무대에서 임시정부를 대표하여 활동을 벌일 수 있었다는 점 등이 그렇다. 서영해가 프랑스로 향하게 된 데에는 임시정부 요인들의 권유가 결정적으로 작용하였다. 당시 임시정부는 국제무대의 중심인 프랑스에서 한국독립운동을 국제사회에 알리고, 외교활동을 펼칠 인재가 필요했는데 그 역할을 서영해에게 맡긴 것이었다.

프랑스 유학 초기 서영해의 활동은 독립운동을 전개하기 위한 역량을 쌓는데 집중되었다. 프랑스 정규 교육과정인 리세를 이수하고, 파리 고등사회연구학교에서 언론을 전공한 것이 바로 그러한 활동이었다. 프랑스 정규 교육과정을 거치며 프랑스 언어와 역사·문화를 제대로 이해할 수 있는 기초를 닦았다. 독립운동에 대한 열정과 신념은 만 11년이 걸리는 과정을 6년 만에 마치는 것을 가능케 했다. 파리 고등사회연구학교에서의 저널리즘 수학은 독립운동의 방향을 설정할 수 있는 좋은 기회가 되었다. 이곳에서의 교육을 통해 언론선전활동이 독립운동의 중요한 수단이 될 수 있음을 확신할 수 있었다. 또한 앞으로 전개해나갈 독립운동에 있어 그 역할과 임무를 명확히 인지하는 기회가 되었다. 이와 같은 교육과정은 독립운동을 전개하는데 있어 밑거름이었다.

서영해는 유럽에서 전개된 한국독립운동을 위한 외교활동을 전담하였다. 그의 활동은 국제무대에서 다양한 성과를 거두었다. 고려통신사의 설립이 그 하나이다. 서영해는 1929년 9월 28일 파리 시내 자신의 숙소인 말브랑슈 7번지에 고려통신사를 설립하였다. 고려통신사는 1919년 설립되어 임시정부의 대유럽 외교활동을 담당했던 파리위원부와 같은 역할을 수행하기 위해 설립되었다.

서영해는 고려통신사를 '전초기지' 삼아 국제무대를 누비고 다녔다. 유럽에서 개최되는 각종 회의에 참석하여 임시정부 대표로서, 또 기회에 따라서는 기자로서 열강의 지도자들을 상대로 외교활동을 펼쳤다. 프랑스를 비롯한 세계 각국의 언론사에 글을 기고하고, 협업에도 적극 나섰다. 또한 직접 저술활동을 펼치기도 하였다.

　이러한 서영해의 활동은 임시정부로부터 주목을 받았다. 임시정부는 1921년 7월 파리위원부의 활동이 중단된 이후 유럽에서의 외교활동에 있어 새로운 활로를 모색하고 있었기 때문이다. 서영해는 임시정부의 김구와 꾸준한 연락을 취하며 유럽의 정세를 보고하였다. 이러한 서영해와 김구의 관계는 서영해가 임시정부와 관계를 맺는 밑바탕이 되었다.

　각종 국제회의에 참석하여 한국독립운동을 세계에 알린 것도 서영해의 대표적인 외교 성과이다. 1929년 7월 20일부터 31일까지 독일 프랑크푸르트에서 개최된 제2회 반제국주의연맹회의에서의 활약은 서영해의 존재를 국제사회에 각인시키는 계기가 되었다. 한국 독립에 대한 굳은 신념과 세계평화를 실현하고자 하는 의지로 가득 찬 열변은 각국 대표들에게 깊은 인상을 주기에 충분했다. 1933년 1월, 스위스 제네바 국제연맹회의에서는 프랑스 언론계에서 활동하며 얻은 폭넓은 관계를 활용하여 한국독립 문제를 국제연맹 관계자들과 언론계에 부각시켰다. 특히 만주의 한국인 문제를 집중 부각시켜 일제의 만주침략과 만주국 수립의 부당성을 지적함으로써 「리튼보고서」 채택과 일본의 국제연맹 탈퇴에 일조하였다. 1936년 9월 3일부터 6일까지는 벨기에 브뤼셀에서 개최된 만국평화대회에 참석하여 세계평화와 동아시아 평화에 있어 한국 독립이 가지는 의의를 당당히 밝혔다. 1937년 11월 3일부터 24일까지 벨기에 브뤼셀에서 개최된 구국공약회의에서는 회의에 참석한 개인과 단체를 직접 방문하며 한국문제를 알리고, 극동문제의 해결에 앞장섰다.

　서영해는 유럽지역에서 한국독립운동을 전개하면서, 파시즘과 파시스트들에 대항하여 반파시스트로 활동하는데 앞장섰다. 그는 1930년대 중반부터 프랑스 진보 지식인들의 단체인 반전쟁·반파시즘 투쟁위원회 회원으로 활동하며, 프랑스 경찰국의 주목을 받기도 했다. 1937년부터는 스페인으로 활동 범위를 넓혀, 마드리드에서 개최된 각종 반파시스트 대회에 참가하는 등 활발한 활동을 이어갔다. 또한 중국의 장개석 정부가 파시즘을 정치적 수단으로 이용하자, 이를 비판하는 글을 작성하기도 하였다. 이러한 반파시즘 반대 운동을 통해 서영해는 유럽의 다양한 지식인·예술인들과 긴밀한 관계를 맺을 수 있었다. 아울러 그가 유럽에서 전개한 독립운동의 성격이 세계 평화를 지향한다는 점을 보여주는 것이었다.

서영해는 저술과 언론활동에 있어서 뚜렷한 업적을 남겼다. 저술활동은 한국을 알리는 차원을 넘어 독립운동의 연장이라는 사실을 보여주었다. 1929년 발행한 『어느 한국인의 삶과 주변』과 1934년에 펴낸 『거울, 불행의 원인 그리고 기타 한국 우화』는 바로 그러한 의미를 담고 있는 작품이었다. 서영해는 동서양 상호간의 무지함을 극복하고, 간극을 좁힐 수 있는 방안으로 문학이라는 장르를 선택하였다. 이는 단순한 소설 차원을 넘어 민족의식·민족정신을 고취시키는데 유용한 방편이 되었다. 이를 통해 역사적 진실을 구현하고자 한 것이다. 두 작품에서 그는 일제 침략에 신음하는 한국의 실상을 그대로 드러냈다. 그동안 일본을 통해서만 한국을 접했던 유럽인들에게 일본 제국주의의 본 모습과 한국의 실체를 숨김없이 드러냈다. 비록 소설의 형태를 취했지만 유럽인들에게 서영해의 작품은 역사적 진실로 받아들여졌다.

서영해는 독립운동의 '매개체'로서 언론을 적극 활용하였다. 언론을 통해 국제사회에 한국의 실상을 널리 알리고, 일제 침략의 잔학성을 규탄·

고발하는 임무를 수행한 것이다. 대표적인 언론활동으로는 세 가지를 꼽을 수 있다. 첫째, 일본의 한국 침략을 규탄하고 폭로한 것이다. 서영해는 을사늑약에서부터 3·1만세시위운동, 제암리 사건에 이르기까지 일본이 한국을 침략하여 저지른 만행을 알렸다. 아울러 일본이 한국을 지배하기 위해 펼친 법률·군대·토지 정책에 대해서도 규명하였다. 둘째, 한국에 대한 선전 활동이다. 서영해는 한민족의 저항과 투쟁을 국제사회에 전했다. 일본의 침략행위를 비판하는 한편, 동양의 낯선 나라인 한국을 국제사회에 알리는데도 심혈을 기울였다. 지리·기후·인구·언어·종교·역사·문화 등 한국과 관련된 상세한 정보를 담았다. 그 결과 국제사회가 한국에 대해 관심을 보이고, 국제 언론도 한국에 호의적인 기사를 내보내는 성과를 거두었다. 셋째, 일본의 만주 침략과 만주국 수립의 부당성을 전 세계에 알린 점이다. 주변 국제정세와 연관 지어 분석한 그의 비판은 구체적이었고, 자신만의 관점을 명확하게 드러냈다. 또한 국제기구로서 역할과 임무를 수행하지 못한 국제연맹에 대해서도 책임을 물었다. 국제연맹의 본질에 대해 언급하며 엄중한 경고를 전했다. 이와 같은 활동을 통해 서영해는 전 세계 언론에 한국 독립이 가져다 줄 '세계 평화의 메시지'를 전달하였다. 이는 세계 언론이 한국이라는 나라가 처한 상황을 인식했다는 점, 한국에 대한 인식의 변화를 가져왔다는 점에서 의미하는 바가 크다고 할 수 있다.

　서영해는 유럽에서 임시정부와 연계를 맺고 활발한 활동을 전개하였다. 1932년 4월 29일 윤봉길 의거 당시, 일제에 체포된 안창호와 한인들의 석방을 위해 힘썼다. 1932년 4월 29일 파리 현지 석간신문을 통해 윤봉길 의거 소식과 안창호의 체포소식을 접한 서영해는 신속한 대응에 나섰다. 프랑스 각 언론기관에 서신을 발송하여 한인보호와 사태 진화에 노력을 기울였다. 일제에 체포된 안창호와 한인들의 석방을 위한 교섭도 그의 몫이었다. 프랑스 언론계와 정관계 인사들에게 사건의 진실을 알리고 해결과 협조를 구했다. 이러한 노력은 결국 프랑스 정부를 움직였다. 프랑스 정부가 체포된 한국인들의 상황과 신변보장에 대해 관심을 가지고 있음을 알게 된 일본 정부가 체포된 한인 일부를 석방한 것이다. 이러한 결과는 서영해가 프랑스 정부와 국민들을 상대로 외교활동을 펼침으로써 이루어낸 성과였다.

서영해가 임시정부와 연계하였다고 하는 또 하나는 한국국민당에 참여해서 활동한 것이다. 서영해는 한국국민당에 입당하기 이전부터 김구와 지속적으로 연락을 취하며 도움을 주었고, 이러한 김구와의 교류는 서영해가 한국국민당에 입당하게 되는 계기가 되었다. 서영해의 한국국민당 입당은 한국국민당 기관지 『한민』에도 소개되는 등 임시정부 내에서도 주목을 받았다. 또한 서영해는 1935년 11월 한국국민당 소속 청년들이 만든 잡지인 『한청』이 발행되자, 이를 축하하는 글을 기고하는 등 임시정부와의 관계를 꾸준히 이어갔다.

임시정부의 핵심 요인인 김구·조소앙과 협력·교류는 서영해와 임시정부의 긴밀한 신뢰관계를 보여준다. 서영해는 유럽에서 서신을 통해 임시정부 주석 김구와 외무부장 조소앙과 지속적인 연락을 취하며, 자신의 활동상과 유럽의 정세를 보고해 왔다. 김구와는 한국국민당 유럽지부 설치 문제·고려통신사 확장 계획·대중국외교활동 등 유럽에서 전개할 독립운동의 방향을 협의·추진하였다. 조소앙과는 자신의 활동상과 유럽의 정세를 보고하는데 중점을 두었다.

서영해는 임시정부의 주불대표로 임명됨으로써 임시정부와 공식적인 관계를 맺었다. 그는 1936년 3월 8일 개최된 임시정부 국무회의에서 임시정부 외무부 주법특파위원에 임명된 이래로, 1945년 주법대표를 역임하기까지 임시정부와 프랑스 간의 외교를 담당하는 외교특파원으로써 활동하였다. 이 시기 서영해의 활동은 곧 임시정부의 공식적인 입장임을 의미하는 것이었으며, 이는 임시정부의 외교활동에 있어 서영해가 가진 위상을 보여주는 것이라 할 수 있다.

또한 서영해가 주불대표로써 임시정부의 핵심 추진활동이던 임시정부 승인활동에 일정한 역할을 수행한 점도 주목되는 활동이다. 임시정부는 프랑스 정부와의 관계가 상당한 진척을 거두자, 1945년 3월 12일 서영해를 주법대표로 임명하였다. 1929년 프랑스 파리에 고려통신사를 설립한 이래, 임시정부를 대표하는 외교특파원으로 활동한 서영해의 경험이 임시정부의 국제적 승인 획득에 있어 중요한 역할이 될 것임을 인식하고 있었기 때문이다. 이는 임시정부 내에서 서영해의 역할과 위상을 확인할 수 있다는 점에서 중요한 의미를 지닌다.

서영해는 해방 이후 국내에서도 다양한 활동을 전개하였다. 자신의 이름으로 프랑스어 교재를 제작하기도 하였으며, 대학과 신문학원에서 불어를 강의하며 후학양성을 위해서도 힘썼다. 임시정부와도 지속적인 협력 관계를 이어 나갔다. UN한국임시위원단이 파견되자, 임시정부 요인들과 향후 대책을 마련하는데 노력을 기울였다. 또한 임시정부에서 '자주독립국가 건설'이라는 우리 민족의 정확한 의사를 국제사회에 알리기 위해 1948년 9월 21일 파리에서 개최되는 UN총회 파견을 추진하자, 선발대의 임무를 맡기도 했다. 중국에서 발생한 여권문제로 인해 파리 UN총회에는 참석하지 못했지만, 1948년 12월 1일 프랑스 외무부 아시아-대양주국장과 만남을 갖고, 한국과 프랑스 간의 협력 관계 구축을 시도하였다.

이처럼 서영해는 1920년 프랑스 파리로 건너간 이래 1945년 8월까지 한국독립운동 대유럽 외교활동의 최선봉에서 활약하였다. 임시정부가 유럽지역에서 지속적으로 외교활동을 추진할 수 있었던 것, 그리고 한국 독립운동을 세계에 알릴 수 있었던 것은 서영해가 있었기에 가능한 것이었다. 또한 해방 이후 임시정부가 당면한 위기를 극복하면서 통일운동을 추진해 나갈 수 있었던 것도 그의 역량 덕분이었다.

한국독립운동은 우리 민족의 독립만을 부르짖은 것이 아닌, 인류의 자유와 평화를 함께 갈구한 '세계성'을 지니고 있다. 그런 면에서 일평생 독립운동에 헌신한 서영해의 삶은 한국독립운동사에서 주요한 의미를 지닌다. 그것은 그가 펼친 독립운동이 인류의 자유와 평화·정의를 수호하고자 하는 의미를 담고 있기 때문이다. 그는 임시정부를 대표하는 외교관, 국제무대에서 활약한 언론인으로 활동하며 민족의 독립과 세계평화의 실현 그리고 자주독립국가 수립에 앞장섰다. 이러한 활동은 독립운동사 분야에서 소중하고 가치 있는 것임이 분명하다.

부록

허정이 서영해에게 보낸 서신(1929. 9. 19)[1]

삼일신보사
서영해 귀하

盛華를 벌서부터 듯삽고 景仰하든 터입니다. 修學하시는 中에 우리 民族 事業을 爲하시와 많은 活動이 계심을 仰聞 하얐고 感幸不己하였습니다. 더욱이 今番에는 反帝國主義大會에서 努力이 多大하셨사음을 感祝하였습니다. 時下에 學體가 連護旺 하압시고 硏究하심이 日進되심을 앙축하나이다. 本社에서 貴下의 住所를 알지 못하와 本報를 送呈치 못하 온 것 悚帳無比입니다. 이번에 본사 同人 金良洙씨를 通하여 貴下의 特別하신 贊助를 仰請하였삽는바 成諾을 주셨다는 喜報를 接하압고 이제 感謝를 올리는 同時에 本報 第六十五號에 讀者諸位께 特高합니다.

이처럼 應援하여 주심이 本報의 發展을 爲하여 따라서 우리의 最高事業을 爲하여 幸賀할 일로 本社一同이 매우 기뻐합니다.

이압흐로 通信만하여 주실 뿐 아니오라 本報에 對하여 좋은 意見도 많이 주시기를 바랍니다. 通信하여 주실 것에 대하여 참고로 말씀합니다. 三一신보는 보시는 바와 같이 紙面이 狹小하온 즉

一. 記事를 될 수 있는 대로 간단히 써주실 것입니다. 그러나 무슨 특별한 긔사이면 물론 몇 일이라도 계속할 수 있습니다.

一. 기사의 종류는 우리에게 관련되는 것은 물론이오며 중국, 일본에 대한 것도 좋습니다. 그런데 구주의 모든 큰 기사들은 미국신문에 게재되온 즉 모슨 특별한 것이오면 역시 좋을 줄 믿습니다.

듯사 온 즉 방금 고려통신사를 창설 준비하신다오니 듣기에 반가

1 「허정이 서영해에게 보낸 서신」(1929. 9. 19, 부산시립박물관 소장).

운 일입니다. 자세한 것을 가르쳐 주실 三一신보사와 밀접한 연락을 맺기를 간절히 바랍니다.

타지에 계신 우리 동포 중에 三一신보를 보실 독자도 구하여 주시 바랍니다.

본사 통신원 있는 곳은 미국 내 중요 도시들과 남미, 쿠바, 중국 상해, 북경, 봉천, 길림 등지와 일본에 있습니다.

무엇이든지 물으실 것 있으면 기별하심 바랍니다.

여러 가지로 바쁘실 줄 아는데 이처럼 앙청 하옴이 너무 막사와 도도혀 미안합니다.

順時大安 하심 仰禱 합니다.

民國11年 9月 19日 本社長 許政

本社의 記事에 用紙를 別封하여 送呈하오니 그것으로 使用하여 주십시오.

貴下의 參考하시도록 昨年의 趣旨書를 드립니다.

임시정부 요인들이 서영해에게 보낸 서신(1932. 2)[2]

삼가 답신 드립니다.

보내주신 서신 잘 받았사온 바, 온 글에 가득 넘쳐나는 정성에 어찌 감사를 표해야할지 모르겠습니다. 본래 예정하기로는 전번 서신에 말씀드린 대로 금년 1월 상순에 이곳에서 회의를 열어 큰 방침을 협의결정하려 하였습니다. 그러나 중일전쟁이 이곳에서 발발하여 주변 환경 상 막대한 장애가 있어 회의가 열리지 못하게 되었으니, 참으로 유감스럽습니다. 각계 동지들께서는 답신 속에 운동에 관한 高見을 문자로 제출하여 출석을 대신한 분도 적지 않습니다. 그래서 저희들은 각계의 지혜로우신 제안의 요지를 종합하여, 血戰과 직접행동과 국제적 선전에 결사적 노력을 계속하기로 결정하였습니다.

하오니, 선생께서는 이미 영도적 지위에 계신 이상 평소보다 더욱 분발노력하시와 본 정부의 실제 운동에 특별한 후원을 부어주시기를, 그래서 우리가 최후의 승리를 쟁취할 때까지 힘을 보태주시기를 앙망합니다. 그리고 때때로 귀하 쪽의 정세와 본 정부에 대한 가르침과 조언을 주시어 저희들의 부족한 바를 바로잡고 보완해주시기를 간청합니다. 아울러, 나라를 위해 옥체 보중하시기를 앙축합니다.

대한민국 14년(1932) 2월 〇일, 임시정부에서
李東寧, 金九, 趙琬九, 趙素昻, 金徹

徐嶺海 선생께

---

2 「임시정부 요인들이 서영해에게 보낸 서신」(1932. 2, 부산시립박물관 소장).

김구가 서영해에게 보낸 서신(1936. 4. 1)[3]

嶺海先生 回答 今番주신 惠函은 感謝히 받았습니다. 저뿐만 아니라 여러 同志들이 甚히 滿足해하는 것은 우리 黨과 政府에서 忠實한 事業 人材의 一員이 더 늘었다는 것입니다. 유럽에 계신 우리 同胞들을 黨과 政府에로 集合하여 앞으로 當到할 大戰에 우리의 獨立運動의 有效한 成績이 있도록 治動하실 것을 確信합니다. 黨과 政府에 提議하여 政府에서는 先生으로 臨時政府 外務部 主法特派員으로 決定하였고 黨으론 入黨 許可할 유럽에서 同志들 募集하여 將次 各 地方에 支部를 設置할 希望을 가지고 期待가 많습니다. 政府에서 하실만한 事件을 規定委任할 거시니 書類到着하는대로 努力하시옵소서. 구미 각지에 산재한 군사, 정치, 文學, 及 特種技術的 人才를 調査 網羅하여 收集 有效한 工作을 進行하도록 政府에서 近間에 內外地에 信望이 있는 人士들에게 書信으로 意見 徵求를 할 作定인데 特히 歐美에 散在한 人士들에게는 平素에 아는 人士들이라도 住地를 不知하고 또는 新進한 人物은 아는 방법 조차 없으니 此에 對하여 特히 努力 調査하여 回報하여 주시옵소서. 黃鎭南君이 어디서 무엇을 하는지 아시거든 住所를 알려 주시면 감사하겠습니다. 高麗通信社를 從今以後에 擴張하여 가지고 黨·政의 有效하게 使用하게 하는데 對한 計劃을 보여주시오면 弟가 黨·政 機關의 實力이 생기는 形便을 모아서 提議하겠습니다. 黨·政에서 刊行하는 宣傳文字를 우선은 貴 通信社로 보내들이겠으나 볼만한 人士들에게 住所 通知만 하여 주시면 直接으로 發送케 하여 주옵소서. 從此 자조 仰陳하기로 하고 來來旅安을 祝하고 只此.

白凡 弟 4月 1日 客中에서
통신은 依然히 此住所로 하옵소서

---

3 「김구가 서영해에게 보낸 서신」(1936. 4. 1, 부산시립박물관 소장).

조소앙이 서영해에게 보낸 서신(1937. 10. 26)[4]

서영해 형님 보세요.

　오랫동안 소식이 막혀 슬프고 우울한 마음 말로 다하기 어렵습니다. 요즘 국제문제가 긴장한 때를 만나 바쁘십니까? 아우는 항주로부터 남경에 와서 연합 선전위원회의 주임이라는 직무를 가지고 여러 단체의 위원과 합작으로 진행하는 중입니다. 아시는 바와 같이 통일적 대당을 만들 계획으로 우선 합작을 개시하였습니다. 아우는 한국 독립당의 한 사람으로 이곳에서 일합니다. 연합 선전위원회로 이 글을 기초하여 모든 위원의 통과를 전보하려다가 항공 편지를 보내기로 하였습니다. 우리 형이 파리에 계시기 때문에 일체의 전송 교섭 등을 형에게 위탁하기로 공결되었고, 아우 또한 공적, 사적으로 우리 형에게 정중히 말씀드리오니 받은 편지의 명의는 성의장 이라하거나 의장 성명 이외에 각 대표수석 등을 열거하든지 형에게 일임하오니 법문을 번역하여 적당한 체재로 스스로 헤아려 보시고 자구의 변동도 형에게 일임하겠습니다. 다만 번역된 뒤에는 번역본 여러 권을 여기로 보내주십시오. 일종의 선전이니 각 통신사와 보관으로 분배하여 주시기 바랍니다.

　구주공약회의의 성격을 모르는 것은 아니나 우리 입장을 밝히며, 극동문제 중심이 되는 중한 양국의 결심을 알리는 것입니다. 연합위원회는 가입된 민족주의자 단체의 중앙 간부들로 조직되어 십여 인에 달했습니다. 지나치게 위엄 있는 공작이지만 월간 한자보를 다음

---

4 「조소앙이 서영해에게 보낸 서신」(1937. 10. 26, 부산시립박물관 소장).

달부터 발간하겠습니다. 문자선전에 관하여 국제정세와 밀접한 관계가 있으니 각 신문 보도 중에서 극동에 관한 재료나 형의 활동하신 경과나 또 원고로 좋은 의견을 주시면 월보에 발표하겠습니다.

원원히 통신하여 주시옵소서. 이왕 내부의 일체 말한 것은 물이 흘러가고 구름이 덧없이 흘러간 것 같으니 오직 논평으로 신뢰하고 능력대로 맡기는 대로 노력하자는 것이 아우가 결심한 뜻입니다. 무궁한 말씀을 다 못다 쓰겠습니다. 극동의 동포들은 무고합니다.

10월 26일 아우 조소앙 수결

중국인 벗 정언분 군이 형의 재능에 항상 탄복하며 형의 저술이 있는지를 탐문하였으니 있는 대로 저에게 보내주십시오.

서영해가 김구에게 보낸 서신(1937. 12. 3)[5]

파리 12월 3일
白凡 先生님 앞

時局이 時局인 만큼 先生님께서 얼마나 바쁘실 줄 推測 하겠습니다. 더구나 直接 運動을 主張하시는 先生님으로서는 唯一無二한 機會가 왔다고 믿습니다.

生은, 원수의 불 밑에서 活動하시는 先生님께, 오직 臨政 命令을 絶對遵守 하여서 도움이 되고자 합니다. 말씀하신 中央通信社에 可及的 速히 交涉하사 巴里通信員 資格을 얻도록 努力하여 줍소서. 巴里에서는 '旅歐華僑抗日同盟會 宣傳委員會' 會員 中 1人으로 中國 人士들과 함께 活動합니다. 그러나 糊口問題를 解決 못한 生으로서는 千辛萬苦를 免치 못합니다. 九國公議에 參席 後 比國에서 兩次 太平洋問題에 對하여 講演을 하였사오며 昨夜에 歸巴하였습니다. 先生님의 健康을 비오며.

徐嶺海

---

5 「서영해가 김구에게 보낸 서신(1937. 12. 3, 부산시립박물관 소장).

서영해가 조소앙에게 보내는 서신(1937. 12. 3)[6]

파리 12월 3일
趙素昻 先生 大鑒

10月 26日에 보내신 惠書는 11月 27日에 겨우 파리에 到着하였어오며, 生外友瀆 하기는 比利西 "루망"에서 11月 30日이였음내다. 報告書 中에 이미 告한바와 같이 惠書가 九國公約會 散會後에 到着하였음으로 使命을 이루지 못하였음내다.

統一大黨은 우리 運動 成功의 第1步 이랬음내다. 부대 努力에 努力을 더하숫사 이 統一大黨을 必死的으로 忠實히 만드시기를 바랍니다. 第는 힘 밋치는대까지 趙先生을 돕겠아오니 자주 高見을 주시기 바랍니다.

鄭彦棻君은 第의 至親한 友人입니다. 年前에 第가 제네바에서 空腹冷房에 苦生을 하며 祖國宣傳에 努力할 때 鄭君에게 無數한 신세를 끼쳤습니다. 其時에 第가 우리 宣傳上 不小한 成功이었는데 亦是 鄭君의 物質上 同情의 德澤이라고 보입니다. 君을 만나서 그은 우리 事業의 名下도 感謝를 드릴 必要가 있음내다.

鄭君이 歐洲를 떠난 뒤에 一卷新著述이 있으나 아직 出板이 못되었음내다. 新聞紙上에는 數十 原稿가 發表되었는데 特히 中日戰爭 以後에 登記된 一二張을 數日內로 郵送하겠아오니 鄭君에게 좀 傳해 줍소서.

第 徐嶺海 拜

---

6 「서영해가 조소앙에게 보내는 서신(1937. 12. 3, 부산시립박물관 소장)

뿌류쉘 九國公約會參席報告書(1937. 12. 3)[7]

파리 12월 3일
뿌류쉘 九國公約會參席報告書

뿌류쉘 九國公約會議는 11月 3日에 열엇음내다. 九國公約의 內容과 目的을 보와서든지 危險한 時局을 눈앞에 두고 브리쉘 會議를 召集한 動機를 보와서는 우리로서 큰 活動을 할 만한 기회라고 보이겠음내다. 그러나 近來 모든 國際會議 및 國聯會議까지도 不過 形式이요, 其 實은 開會 前에 世界 外交의 서울이라 볼만한 巴里에서 大綱이 미리 作定됨내다. 列國政府, 特히 佛蘭西 外務省 "콤뮤니게"의 사어줄을 읽을 줄 알며 또 政界 與論의 後幕을 볼 줄 아는 사람은 開會 前에 會議結果를 미루어 볼 수 있습니다.

11月 初日에 臨政으로부터 旅費 200元을 받고도 브리쉘 가기를 躊躇하엿사오며 다만 大韓臨時政府 名下로 九國公約會에 希望電報 一張을 보냈는데 그 內容은 11月 9日에 白凡 先生님께 올린 片紙에 보고하엿음내다. 11月 8日에 臨政의 命令을 받고 左右間 九國會에 直接 參席하기로 하엿음내다.

11月 10日 生이 브리쉘에 當到한 그때 會議 風氣는 中國에 퍽 不利합니다. 近半數 以上의 代表團은 日本에 重罰은 不願하고 條約違反及罰宣言承認까지 反對하며 自己내의 政部訓令을 기 달아서 態度를 明白히 하겟다 하엿음내다. 當時의 與論을 보아서는 4~5日 內로 九國會議에서 日中 和解를 은근히 圖謀하리라 뵈입대다!

---

7 「뿌류쉘 九國公約會參席報告書」(1937. 12. 3, 부산시립박물관 소장).

生이 大韓民國臨時政府 代表 名義로 또 機會에 따라 新聞記者 資格으로 介人과 團體를 尋訪하며 各 方面으로 外交에 努力하엿음 내다.

11月 15日 午後에 근근히 日本의 條約違反을 檢證하는 것 같은 宣言書를 두고 討論을 하는데 伊太利는 反對를 하며 渃威, 丁末, 瑞典 3國은 不干涉 態度로서 會議의 第一幕을 마치게 되엿음내다.

11月 22日에 會議의 第二幕이 열리는 첫날부터 風氣가 매우 不良합니다. 美國代表 Norman H. Davis씨와 중국대표 顧·郭 兩大使를 除한 몇 外에는 重要한 人物이라고는 한사람도 會場에 모이지 안헛음내다. 그리고 會議를 公開치 않고 秘密會를 連續 連續 열더니 마침내 11月 24日에 흐지부지한 宣言으로 散會를 하였으며 "必要한 境遇에 따라 會를 다시 連續할수 있다!!!" 합내다.

結局 會議 結果는 生 이 처음부터 推測한 바와 같이 되엿음내다.

會議가 끝난 뒤에 生은 比國 都市 "리에즈", "루망" 兩處에 太平洋 問題에 對한 講演次로 떠났는데 "루망"서 11月 30日에 趙素昂 先生이 보내신 九國公約會議長께 가는 呼訴書 原文을 받게 되엿음내다. 同封한 皮封日付印이 證明하는 바와 같이 이 原文이 巴里에 到着하기는 11月 27日 卽 九國會議가 끝난 3日 後입내다. 原文 內容은 生이 贊成하는 바이오며 機會에 따라서 利用할 뿐만 아니라 "루망"서 講演時에 그 內容 大綱을 聽衆에게 紹介하엿음내다.

파리 大韓臨時政府 駐歐外務特派員
徐嶺海 拜

김구가 서영해에게 보낸 서신(1938. 12)[8]

徐嶺海君은 咨30일 이전 廣州서 付呈한 편지는 보셨고 回答까지 廣州로 送하셨을 줄 믿나이다. 弟는 9월 30일 광동을 떠나 重慶까지 26일 만에 도착하였는데 그새 광주가 함락되어 우리 一行 近 200명 老幼는 廣西 柳州까지 無事 到着한 電報는 再昨日末 到하였습니다. 弟가 이번 北上한 目的은 두 가지니

(一) 이곳에 朝鮮民族革命黨의 數가 우리 國民黨보다도 多數이나 其 內部가 複雜하여 統一하기를 주저하나 時機는 急迫한데 傍觀만 하기 不可하야 다시 統合의 方針을 講究次로 이곳 來後 金白淵 等 여러 同志들을 만나서 商議한 結果가 良好아야 不遠에 成印될 希望이 있고

(二) 中國 中央 要人들을 만나보고 中韓 兩 民族이 正常的으로 關係를 맺고 같은 원수 일본을 박멸하고 東亞에 永久和平을 保持하고 中韓 兩國이 永久 獨立하야 歷史的, 地理的으로 自來關係와 將來 幸福을 圖하자는 誠論도 漸次 嘉境에 入하여 与是不遠에 好成果가 있으리라 信하나이다. 新聞 一片을 보시면 中國 記寫들의 向意를 알 듯 하기로 封呈하니 보시고 그 곳 中國人士들에게 돌려보도록 하심이 好何 곧 回答이나 하여 주시오. 更祝

白凡 弟 作 12월초 3上

---

8 「서영해가 김구에게 보낸 서신」(1937. 12. 3, 부산시립박물관 소장).

조소앙이 서영해에게 보낸 서신(1940. 6. 2)[9]

　시국이 요란한 때 온전히 평안하십니까? 본 정부로서 선전위원회 주임으로 본인을 선임하였습니다. 외무장의 직책으로나 선전주임 직무로 우리 형과 긴밀하게 연락하며 통신할 필요가 있지 않습니까? 삼당의 통일과 광복군의 조직과 배합된 임시정부는 대 구미외교가 반드시 필요합니다. 더구나 삼당통합으로 개편 조직된 새로운 단체는「한국독립당」으로 되었고, 우리 형을 파리 통신원으로 당에서도 지정하였습니다(당조직부 주임이 본인으로 통고함). 최근 한국 내에서 혁명 분위기가 긴장에 미치며, 임시정부와 한국독립당과 국내의 비밀 교통이 책동이 점점 유리해지며, 중국 최후의 승기가 한국독립의 성공이 필연적으로 인과관계가 있습니다. 적국 일본은 전쟁을 반대하는 기운이 날마다 심합니다. 조속한 선전소식을 보내주십시오.

6월 2일 외무장 조소앙

서령해 동지 앞
전날 형의 임무를 이전대로 진행해주시니 감사합니다.

---

9 「조소앙이 서영해에게 보낸 서신」(1940. 6. 2, 부산시립박물관 소장).

이승만이 서영해에게 보낸 서신(1945. 2. 15)[10]

1945. 2. 15

서영해
말브랑슈 7
파리, 프랑스

친애하는 서선생에게

오늘 아침 선생님께서 호놀루루에서 부치신 카드를 받고 무척 기뻤습니다. 저희는 줄곧 선생님을 생각하고 있었고 사실 저도 얼마전에 선생님께 연락이 닿기를 바라며 편지를 썼습니다. 선생님과 다시 연결이 되어서 정말 기쁩니다. 충킹에서한국임시정부가활동중입니다. 저희는 국제 연합의 승인을 얻고자 힘쓰고 있습니다. 미국 정부는 매우 우호적이었고 승인과 원조를약속했지만지금까지공식적인승인을보류하고있습니다.

중국 정부가 유일하게 우리 임시 정부의 실질적인 지위를 승인했을 뿐만 아니라 우리 정부와 군대에 재정적인 원조를 주고 있습니다. 현재 중국 정부는 기꺼이 우리에게 법률 상의 승인을 부여할 의지가 충분하지만 미국이 태도를 결정하지 않았기 때문에 주저하고 있습니다.

이제 태평양에서의 전쟁은 가시적으로 연합군의 승리로 귀결되고 있으므로 국제 연합은 한국 정부와 협력할 필요성을 인식하는 듯하

10「이승만이 서영해에게 보낸 서신(1945. 2. 15, 부산시립박물관 소장).

며 저는 곧 공식적인 승인이 있기를 희망합니다. 그럴 경우에, 선생님은 파리에서 한국 임시 정부를 대표해야 할 것이며 저는 분명 우리 정부가 선생님께 이 임무를 부여하는 것을 매우 기뻐하리라고 생각합니다.

그동안에 선생님 편에서 프랑스 정부에게 우리가 필요로 하는 승인을 위한 주도적인 역할을 요청하신다면 좋은 조치가 될 것입니다. 선생님께서 프랑스와 한국 간의 수호 통상 조약을 언급하셔도 좋습니다. 프랑스 측의 감정은 항상 우리에게 우호적이고 친절했습니다. 저는 그들이 한국 정부가 연합국 측에서 정당한 위치에 이르도록 원조의 손길을 내밀어 주기를 희망합니다.

부디 선생님의 정확한 주소를 알려주셔서 저희가 도울 길을 알려 주십시오.

건강을 빕니다.
선생님의 진실한 벗으로부터

이승만

고려통신사 서울지국 계약서(1948. 6. 1)[11]

契約書

便宜上 高麗通信社 社長 徐嶺海를 甲이라 하고 金德銀을 乙이라함
甲乙은 左記 條項에 依하야 契約을 締結함
一. 甲은 歐羅巴에서 乙을 代理하야 貿易에 關한 諸般便宜를 圖謀함.
一. 乙은 高麗通信社 서울支局의 責任을 가지고 通信料를 徵收하
야 甲이 指定하는 方法으로 甲에게 支拂함
右二項에 對한 費用은 各其 實費로 하고 右 契約期限은 契約日로
부터 滿二箇年으로함

檀紀 4281년 6월 1일
巴里 高麗通信社
社長 徐嶺海

---

11 「고려통신사 서울지국 계약서」(1948. 6. 1, 부산시립박물관 소장).

박수덕이 서영해에게 보낸 서신(1948. 8. 3)[12]

영해선생께 올립니다.

7월 29일 민 선생님께서 주신 보내신 편지는 잘 읽었습니다. 객지에서 얼마나 수고가 많으십니까? 여권은 신문사에서 말하기를 실제로 증명할 문건이 없으면 수속을 하는데 매우 곤란하니 될 수 있는 대로 가져오라 합니다. 증명문건을 파리에서 가져오지 못하셨다면 자기네들이 책임상 어찌할 수 없다고 합니다. 그러므로 그 어떠한 신문기자의 증명문건이라도 있어야 하겠으니 바로 증명문건을 보내시던지 그렇지 않으시면 다른 방책을 지시하여 주시기 바랍니다. 대표단에서는 적극적으로 주선하여 왔으나 사안이 이렇게 되었으니 어찌 하겠습니까? 양해해 주시고 증명문건을 위해 이렇게 노력해 주시기를 바랍니다.

공손히 기도합니다.
편안 하십시오.
박수덕 삼가 올립니다.
8월 3일

---

12 「박수덕이 서영해에게 보낸 서신」(1948. 8. 3, 부산시립박물관 소장).

민필호가 서영해에게 보낸 서신(1948. 8. 9)[13]

상해 규강지로 길상리 1호
한국기독교회내처
서영해 선생
경기
쾌

　호조건은 한인으로써 중국인 호조를 신청하고 중국인으로써 또한 고려통신사를 경영한다는 등등 모순성이 중첩[14]한 연고로 이 문제를 해결함에 매우 힘이 드는 것입니다.
　9월내로는 좌우간에 낙착이 있을 것입니다.
　종차 조량 하시암.

영해선생
석린 배
팔월구

---

13 「민필호가 서영해에게 보낸 서신」(1948. 8. 9, 부산시립박물관 소장).
14 원문에는 疊로 되어있지만, 疊의 오자로 보인다.

박수덕이 서영해에게 보낸 서신(1948. 9. 17)[15]

嶺海 先生 앞, 今日 來函은 拜悉 했읍니다.

吳鐵城氏를 保證人으로 하고 辦理하기로 決定했읍니다. 그러나 아무리 해도 一週日은 더 걸려야 하겠읍니다. 될 수 있는 限 速히 하도록 힘쓰겠읍니다. 이 消는 누구에 말하지 맙시오. 生은 後日 中大 醫學院에 入學을 합니다. 五年間이나 學習을 떠났다가 지금 다시 學習으로 들어가게 되오니 한편으로는 기쁘나 또 한편으로는 將次 六年間이라는 앞길의 險惡함을 두려워하지 않을 수 없읍니다. 그러나 目的을 標準하야 奮鬪할 따름에 있다고 생각합니다. 醫學은 아무리 해도 獨逸이 比較的 澈底하다고 生角하여 將次 中大를 나와서는 獨逸을 한번 꼭 갈 作定인대 先生이 그때까지 法國에 계신다면 참 多幸으로 生角합니다.

敬祝

客安

生 樸樹德 敬開

九月 十七日

日後에는 南京市門西 小仙鶴街 三號로 便紙해 주시오.

---

15 「박수덕이 서영해에게 보낸 서신」(1948. 9. 17, 부산시립박물관 소장).

서영해 연보

1902년

1. 13.   경남 부산 영선동에서 부친 달성서씨 서석주徐錫籌와 모친 김채봉
         金采鳳 사이의 8남 2녀 중 넷째로 출생. 본명은 희수羲洙이고, 호는
         영해嶺海.

1916년

3. 24.   부산공립보통학교(현 부산 봉래초등학교) 졸업.

1919년

3.   3·1만세시위운동을 직접 목격한 것을 계기로 중국 망명 결심.

6.   중국 망명 실행. 이름도 '희수'에서 이모부가 지어준 호인 '영해嶺
         海'로 변경. 기차를 타고 압록강 철교를 건너 중국 상해上海에 도
         착하여 대한민국 임시정부를 찾아감.

1920년

11. 6.   한국 청년 21명과 함께 배를 타고 프랑스로 향함.

12. 13. 프랑스 남부에 위치한 마르세유Marseille항에 도착.

12. 14. 마르세유에서 기차를 타고 파리Paris에 도착, 동포들의 도움으로
         숙소를 마련하고 파리 시내 곳곳을 돌아다님.

12.   여러 동포들과 상의하여 '보베 고등중학교'에 입학. 보베 고등중학
         교는 보베Beauvais지역의 '리세Lycée'로, 프랑스 정규 교육 과정에
         해당.

교장에게 라틴어를 교육받을 수 있도록 요청.

프랑스 역사 교사가 수업 중 한국 민족을 무시하는 발언을 하자, 이를 반박하고 프랑스 교사와 학생들 앞에서 한국 역사를 강연함. 이를 통해 역사적 사실을 바로잡고, 민족의식을 일깨울 수 있는 기회가 됨.

공부에 더욱 열중하기 위해 샤르트르Chartres시에 있는 리세 마르소Lycée Marceau로 전학함. 이곳에서 성실히 학업을 이어가 제1반을 무사히 마치고 파리대학 철학과 진급시험에도 합격. 만 11년이 걸리는 프랑스 정규교육 과정을 6년만에 마침.

부친 서석주의 타계로, 파리대학 철학과를 1학기만 다니고 학업을 중단함.

11. 생계를 이어갈 자금을 마련하기 위해 로렌지방 뫼르트에모젤주 Meurthe Moselle에 위치한 롱위Longwy 지역으로 일자리를 찾아 떠남.

12. 13. 롱위시에 도착하여 관청을 찾아가 자신의 신분을 증명하는 절차 진행. 1928년 4월까지 롱위 지역에 머물며 포도농장, 식당, 도서관 등에서 일함.

파리고등사회연구학교 언론학교ECOLE DES HAUTES-ETUDES SOCIALES에 입학하여 저널리즘 교육을 받음. 저널리즘의 대원칙·언론법·사회교육학·언론인의 역사와 정치가 등의 과목을 이수하며 언론인으로서 기본적인 소양과 덕목을 갖춤.

1929년

7. 20~31. 독일 프랑크푸르트에서 열린 제2회 반제국주의연맹회의에 김백평, 김양수와 함께 참가하여 한국민족의 역사적 배경과 한국이 일본에 의해 병탄되는 전말과 이후의 상황을 국제사회에 알림.

9. 28.   파리 시내에 위치한 자신의 숙소인 말브랑슈Malebranche 7번지에 고려통신사를 설립하고 한국독립운동을 국제사회에 알리는 활동을 전개함.

한국인이 집필한 최초의 프랑스어 소설이라 평가받는 『어느 한국인의 삶과 주변(Autour d'une vie coréenne)』을 발간함. 자신의 경험과 상황을 소설에 투영시켜 역사소설 형식으로 서술함. 주인공을 통해 사회적 차별과 멸시가 행해지는 전근대적인 사회 모습과 일제 침략에 제대로 대응하지 못하고 신음하는 한국의 현실을 사실적으로 담아내고, 한국을 중심으로 펼쳐지는 국제정세의 이해관계도 가감 없이 나타냄. 「독립선언문」을 불어로 번역·게재하여 한국인들의 독립에 대한 열망과 의지를 널리 알림.

로맹 롤랑Romain Rolland의 *L'Europe* 집필에 참여.

1932년

4. 29   프랑스 파리 현지 석간신문을 통해 윤봉길 의거와 안창호 체포 소식을 접함. 임시정부도 전보를 보내 사태의 조속한 처리를 요청. 즉시 안창호와 한인들의 석방을 위한 활동에 나서 프랑스 각 언론사에 서신을 발송하여 상해 프랑스 조계 내에 있는 다른 한인들이 피해를 입지 않도록 하고, 직접 프랑스의 각 신문·잡지사를 찾아다니며 여론의 도움을 요청함.

5. 1.   프랑스 언론에 「유럽의 자유양심에 고함」이라는 호소문을 배포.

5. 9   프랑스 국민들에게 윤봉길 의거에 대한 진실을 알리기 위해 언론에 기사를 게재.

5.   '프랑스인권연맹'과 '프랑스인권옹호회'를 방문하여 관계자들과 장시간에 걸쳐 회담을 가짐.

7. 21 안창호와 한인들의 석방을 위한 활동에 대한 결과를 대한민국 임시정부에 보고함.

1933년

1. 6. 스위스 제네바 국제연맹회의에 이승만과 함께 참석하여 활동을 전개함. 통신원으로 유럽 각지를 돌아다닌 경험을 바탕으로 한국 독립을 지원해 줄 중국, 미국, 아일랜드 등 대표들과 이승만을 연결시켜 주는 조력자 역할을 수행함. 뿐만 아니라, 고려통신사의 이름으로 『만주의 한국인들 : 이승만 박사의 논평과 함께 리튼보고서 발췌』를 발행하기도 함.
2. 제네바 언론계를 움직여 한국 독립에 우호적인 언론활동을 펼침.

1934년

12. 『거울, 불행의 원인 그리고 기타 한국 우화(Mirror, cause malheur! Et autres contes coreens)』를 발간함. 한국의 이야기와 노래는 한국인의 삶을 반영하고 있다는 점에서 착안한 것으로, 한국의 민담과 전설 등 한국 문화와 풍속을 외국인들에게 알리기에 충분한 내용을 수록함.

1936년

3. 8 대한민국 임시정부 외무부 주법특파위원駐法特派委員에 임명됨.
4. 한국국민당 입당.
9. 3.~6. 벨기에 브뤼셀 만국평화대회에 참석하여 각국 대표들과 기자들을 향해 한국의 사정과 독립운동을 널리 선전함. 한국독립운동의 현재 상황을 자세히 설명하고, 세계평화와 동아시아 평화에서 한국이 차지하는 중요성을 역설함.
11. 한국국민당 소속 청년들이 중심이 되어 조직한 한국국민당청년단에서 발행한 잡지인 『한청』 제4기에 발행을 축하하는 글 기고.

1937년

스페인 마드리드에서 열린 반파시스트 모임인 '스페인 문화보호위원회'에 참석하여 헌정의 글을 전달함.

7.　　26개국 200여 명의 작가들이 참석한 '문화보호를 위한 반파시스트 작가회의'에 참석하여 파시즘에 맞서 자유를 지켜낸 스페인 청년들에게 감사를 전하고, 반파시스트 활동을 전개함.

11. 10.　대한민국 임시정부의 요청에 의해 벨기에 브뤼셀에서 열린 구국공약회의에 참석하여 임시정부 대표, 신문기자 자격으로 다방면에 걸쳐 외교·선전활동을 전개함. 일일이 회의에 참석한 개인과 단체를 직접 방문하며 한국문제를 알리고, 극동문제의 해결을 위해 힘씀.

1940년

대한민국 임시정부 파리통신원에 임명됨.

1943년

10.　　대한민국 임시정부 외무부 정무보고에서 프랑스 파리통신원에 임명됨.

1944년

대한민국 임시정부 외무부 주법예정대표駐法豫定代表에 임명됨.

1945년

3. 12.　대한민국 임시정부 국무위원회에서 주법대표駐法代表로 임명함.

8. 15　프랑스 파리에서 일본의 항복 소식을 접함.

1947년

3.　　프랑스 마르세유를 출발하여 국내로의 환국 길에 오름.

5. 26.　상해 합중행合衆行 소속선 이주호利洲號를 타고 청도靑島를 거쳐 국내에 도착함.

7. 24.　경교장을 방문한 죠지 피치George A. Fitch 박사 내외와 함께함.

7. 30.	친구의 권유로 프랑스어 교재 제작에 나서 국내에서 집필한 첫 번째 저서인 『Cours de langue francaise, PREMIER DEGRE』 발간함. 초급자용 프랑스어 교재로서, 학습자들이 프랑스어에 대한 이해의 폭을 넓히고, 언어를 배울 수 있도록함.
8. 2.	조선시보사에서 주최하는 '국제정국좌담회'에 참석하여 「근동발칸제국」이란 주제로 강연.
9.	경성여자의학전문학교와 연희전문학교에서 프랑스어 강의를 하고, 직접 사무실을 마련하여 후학양성에 노력을 기울임.
9.	김구, 이승만, 피치 박사 등이 참석한 경교장 모임에 참석함.
9. 30.	두 번째 프랑스어 교재인 『Cours de langue francaise, DEUXIEME DEGRE』를 발간함. 교재의 텍스트는 1925년 Charles Maquet와 L. Flot이 공동으로 집필한 *Cours de langue francaise GRAMMAIRE ET EXERCICES*에 실린 작품들 가운데 선별하여 구성했는데, 프랑스의 유명한 정치가·철학자·역사가·언론인·극작가·시인·평론가·종교인 등 다양한 분야의 인물 39명의 60개 작품을 수록함. 또한 자신의 작품 4개도 교재에 게재함.
10.	설의식薛義植·양주동梁柱東 등과 함께 조선신문학원 강사로 활동.
11. 15.	조선신문기자협회가 후원하는 '개천절기념 음악 강연회'에 참석하여 「국제약소민족의 독립운동」이라는 주제로 강연을 펼침.
12. 13.	UN한국임시위원단 중국대표 유어만 공사와 함께 경교장 방문.

1948년

	1948년 9월 21일부터 12월 12일까지 프랑스 파리 샤이요궁Palais de Chaillot에서 열리는 파리 제3차 UN총회 대표단의 선발대로 파견 결정.
2.	경교장을 방문한 리리보 주교, 노기남 주교 일행과 만남을 가짐.
2. 6.	경교장에서 열린 임시정부 요인들과 UN한국임시위원단의 환담회에 참석하여 메논 의장, 호세택 사무총장과 만남을 가짐.
3.	황순조와 결혼.

4.	프랑스 외무부에 비자 발급 신청.

4.   프랑스 외무부에 비자 발급 신청.

4. 7.   '조선신문학원' 1주년 신문학 공개강좌에 강사로 참여하여 「외교와 신문」이라는 주제로 강연활동 전개.

4. 18.   평양에서 열리는 남북연석회의에 참여하고자 연석회의 취재를 위해 떠나는 기자와 다른 단체대표들과 함께 북으로 향함. 그러나 개성 인근 지역인 남천南川에서 북행을 저지당함.

6. 1.   김덕은과 고려통신사 서울지국 설치 계약을 체결.

6.   프랑스 파리로 가기 위해 중국 상해로 향함. 중국에서 여권문제 발생. 주화대표단의 민필호, 박수덕 그리고 중국국민당의 장수현, 오철성 등의 도움으로 사태 해결.

10.   프랑스 파리에 도착.

10. 22.   프랑스 우체국 Paris-95지점에 가서 자신의 통장을 확인.

12. 1.   프랑스 외무부 아시아-대양주국장과 한국과 프랑스 간의 "긴밀한 관계"를 구축하기 위한 문제를 논의하기 위해 만남을 가짐.

1949년

프랑스에서 상해로 돌아옴. 상해에는 부인 황순조가 상해 인성학교에서 수예교사로 재직하고 있었음.

부인을 홀로 한국으로 돌려보내고 자신은 상해에 남아 생활함.

1955년

상해 인성학교에서 교사로 재직. 이후 북한으로 들어간 것으로 추정.

참고문헌

1. 자료
1) 신문
『京鄕新聞』,『공업신문』,『國際新聞』,『南鮮新聞』,『南朝鮮民報』,『獨立新聞』,『독립신문(환국속간)』,『東亞日報』,『대동신문』,『民衆日報』,『婦人新報』,『서울신문』,『新韓民報』,『世界日報』,『自由新聞』,『朝鮮日報』,『朝鮮中央日報』,『中外日報』,『한국일보』,『한성일보』,『호남신문』

2) 잡지
『開闢』,『관훈저널』,『東光』,『婦人新報』,『三千里』,『施政月報』,『신세대』,『신천지』,『月刊朝鮮』,『저널리즘』,『朝鮮出版警察月報』,『週刊韓國』,『太平洋週報』,『한보』

3) 개인 및 단체 · 기관 소장 자료
「고려통신사 서영해가 보낸 보고서」, 1932년 7월 21일(독립기념관 소장).
「고려통신사 서울지국 계약서」, 1948년 6월 1일.
「공동성명서 – 서선생에게 보내주시오」, 1948년 3월 12일.
「김구가 서영해에게 보내는 서신」, 1936년 4월 1일.
「김구가 서영해에게 보내는 서신」, 1938년 12월.
「민필호가 張壽賢에게 보낸 서신」, 1948년 7월 15일.
「민필호가 서영해에게 보낸 서신」, 1948년 8월 9일.
「박수덕이 서영해에게 보낸 서신」, 1948년 8월 3일.
「박수덕이 서영해에게 보낸 서신」, 1948년 9월 17일.
「三一申報 創刊趣旨書」,『移入輸入 不穩刊行物 槪況』, 1928(국사편찬위원회 소장).

「서영해 民籍簿」.

「서영해가 김구에게 보내는 서신」, 1937년 12월 3일.

「서영해가 조소앙에게 보내는 서신」, 1937년 12월 3일.

「서영해 은행 통장」.

서영해, 『海外서 지낸 十五星霜을 도라다보며』.

서영해, 「극동에 있어서의 일본의 행동 분석과 서양의 영향」, 1934년 8월
    14일.

서영해, 「뿌류쉘 九國公約會參席報告書」, 1937년 12월 3일.

서영해, 「중국에 관한 소고(제사 및 문화 성향)」.

「위촉장」, 1947년 9월 1일, 財團法人 友石學院.

外務省外交史料館, 「反帝國主義及民族獨立期成同盟關係一件分割」
    5(1929.12.12~1930.2.14).

이경일, 「徐君羲洙暫照」.

「이승만이 서영해에게 보낸 서신」, 1945년 2월 15일.

「임시정부에서 서영해에게 보낸 편지」, 1932년 2월.

「조소앙이 서영해에게 보내는 편지」, 1937년 10월 26일.

「조소앙이 서영해에게 보낸 편지」, 1940년 6월 2일.

「주서울 미총영사 앨런 홀쯔버그의 보고(4월 23일자)」, 『한국기독교와 역
    사』 7, 한국기독교역사연구소, 1997.

「주서울 미국 총영사 보고(5월 12일자)」, 『한국기독교와 역사』 7, 한국기
    독교역사연구소, 1997.

「한국국민당 비서부가 서영해에게 보내는 편지」, 1936년 4월 1일.

韓國光復運動團體聯合會宣傳委員會, 「九國公約會議長 閣下」, 1937년 10
    월 26일.

「허정이 서영해에게 보내는 편지」, 1929년 9월 19일.

「回鄕偶書」.

'Adresse télégraphique: NATIONS GENEVE', 1932년 12월 27일.

Aline BOURGOIN, "Paris–Genève N° 2…Où la France vue par un
    Coréen", L'Intransigeant, 1930년 4월 2일.

'ANDRÉ TARDIEU'.

'Autour d'une vie coréenne par SEN-RING-HAI'.

'CERTIFICAT', 1929년 6월 26일.

'CERTIFICAT d'Immatriculation', 1927년 3월 22일.

Charles Maquet&L. Flot, *Cours de langue francaise GRAMMAIRE ET EXERCICES-Premier Degre*, LIBRAIRIE HACHETTE, 1925(국립중앙도서관 소장).

Charles Maquet&L. Flot, *Cours de langue francaise GRAMMAIRE ET EXERCICES-DEUXIÈME DEGRÉ*, LIBRAIRIE HACHETTE, 1925(국립중앙도서관 소장).

Charles Maquet&L. Flot, *Cours de langue francaise GRAMMAIRE*, LIBRAIRIE HACHETTE, 1925(국립중앙도서관 소장).

Commune d'longwy, 'EXTRAIT DU REGISTRE D'IMMATRICULATION', 1928년 4월 2일.

Consulat Général de la République de Chine a Paris, 'CERTIFICAT d'Immatriculation', 1927년 3월 22일.

'CONSULAT GÉNÉRAL DE LA RÉPUBLIQUE CHINOISE PARIS', 1933년 4월 29일.

'DÉCLARATION AUX FINS D'IMMATRICULATION', 1929년 9월 28일.

'DELEGATION TCHECOSLOVAQUEA L'ASSEMBLEE DE LA SOCIETE DES NATIONS', 1932년 12월 16일.

'DÉLÉGATION HONGROISE AUPRÈS DE LA SOCIÉTÉ DES NATIONS', 1933년 1월 21일.

DIRECTES DÉPARTEMENT, 'Le Contrôleur des Contributions directes', 1929년 9월 28일.

ECOLE DES HAUTES-ETUDES SOCIALES, 'CERTIFICAT', 1929년 6월 26일.

Ernest Raynaud, "PARIS capitale de l'exil"', *Le Petit journal*, 1930년 2월 18일.

'EXTRAIT DU REGISTRE D'IMMATRICULATION', 1927년 12월 13일.

'EXTRAIT DU REGISTRE D'IMMATRICULATION', 1931년 10월 13일.

Gabriel GOBRON, "LE MILITARISME JAPONAIS", *LE RÉVEIL OUVRIER*, 1932년 5월 2일.

GREFFE DU TRIBUNAL de COMMERCE DE LA SEINE, 'REGISTRE DU COMMERCE'(No.51866), 1929년 9월 28일.

"HOMMAGE des INTELLECTUELS A MADRID L'HEROIQUE pour le premier anniversaire de sa résistance", *L'Humanité*, 1937년 11월 13일.

IMRE GYOMAI, "La Corée a été la première victime de l'impérialisme japonais", Ce soir, 1945년 8월 16일.

'La Bibliothèque', 1933년 1월 5일.

'LEGATION D'IRLANDE', 1933년 6월 17일.

'L'Homme, l'Ami'.

'Le peuple le plus doux du monde'.

Ligue Françise pour la Défense des Droits de l'Homme et du Citoyen, 'Shangai-extradition de réfugiée coréens', 1932년 5월 20일.

"LOS ESCRITORES QUE DEFIENDEN LA CULTURA SALUDAN A LA JUVENTUD ESPAÑOLA", *AHORA*, 1937년 7월 9일.

MINISTÈRE DU COMMERCE ET DE L'INDUSTRIE, 'DÉCLARATION AUX FINS D'IMMATRICULATION'(No.51866), 1928년 9월 28일.

'MINISTÈRE DES FINANCES ADMINISTRATION DES CONTRIBUTIONS'.

'MINISTÈRE DU TRVAIL ET DE LA PRÉVOYANCE SOCIALE. RETRAITES OUVRIÈRES ET PAYSANNES. CARTE D'IDENTITÉ'.

'PENDANT QUE JAPON DOMINE... Que demandent les Coréens à la S.D.N.? : d'appliquerson programme'.

'PREFECTURE D'EURE-&-LOIR 3ème Division-Bureau Millitaire', 1926년 4월 21일.

PRÉFECTURE POLICE R.G. 1-n° 6017, 'Le Directeur des Ren

seignements Généraux et des Jeux à Monsieur le PREFET
DE POLICE', 1936년 11월 23일.

"PUBLICATION IMMINENTE d'un message impérial", *Le Mon
de*, 1945년 8월 15일.

"REVISTA DE LIBROS Notas criticas", *Le sol*, 1929년 12월 20일.

'SEU RING HAI : Autour d'une vie coréene(Ed. Korea)'.

Seu Ring-Hai, *Autour d'ame vie Coreenne*, Agence Korea, 1929(국립
중앙도서관 소장).

_____, 'A propos de l'attentat coréen de Changhai',
1932.

_____, 'Droit d'asile politique', 1932년 5월 9일.

_____, 'LE JAPON EST LE FAUTEUR DE DESORDRES
ET DE GUERRE EN EXTREME-ORIENT', AGENCE KOREA,
1932년 12월 2일.

_____, 'MONSIEUR MATSUOKA, EXPLIQUEZ-VOUS...',
AGENCE KOREA, 1932년 12월 7일.

_____, 'J'ACCUSE LE JAPON!', AGENCE KOREA, 1932월
12월 10일.

_____, "KOREA", AGENCE KOREA. 1933.

_____, *Miroir cause de malheur et autres contes
Coreens*, Editions Eugene Figuiere, 1934(국립중앙도서관 소장).

_____, "L'AXE BERLIN-ROME-TOKIO MENACE sur la
Chine menace SUR LE MONDE", Regards, 1937년 8월 5일.

_____, 'Les effroyables pogromes japonais – n'ont pas
abattu la Corée-'.

_____, 'L'AGONIE DU JAPON'.

_____, 'UN PLAN SOMMAIRE DE PROPAGANDE'.

_____, *Cours de langue francaise, premier degre*,
1947(국립중앙도서관 소장).

_____, *Cours de langue francaise, DEUXIEME*

DEGRE, 1947(국립중앙도서관 소장).

‘SOCIÉTÉ DES NATIONS’, 1933년 1월 7일.

TÉLÉGRAMME VIA RADIO-FRANCE(SP53 DLT MR ETIENNE PGE 2/41W), ‘POLICY PROTECTING’, 1932.

‘TÉLÉGRAMME VIA RADIO-FRANCE, XF 96 CHENGTU 33 4 0820 AMPLIATION’.

‘Télégramme VIA COMMERCIAL(BR 0736 MKK702 WASHING TON 95)’.

T. GARAN KOUYATE, “AUTOUR D'UNE VIE COREENNE, par sou(Edit. Coréa)”, *Monde*.

‘WOMEN'S INTERNATIONAL LEAGUE FOR PEACE AND FREE DOM’, 1933년 2월 8일.

4) 자료 · 자료집

경희대학교 한국현대사연구원, 『한국문제 관련 유엔문서 자료집』上 · 下, 경인문화사, 2017.

　　　　　　　　　　　　　　　, 『유엔한국임시위원단 제2분과위원회 보고서-한국 측 요인 면담 기록(1948.1.26~3.6)』, 경인문화사, 2018.

국가보훈처 편, 『해외의 한국독립운동사료(Ⅰ)』, 1991.

　　　　　　, 『대한민국 독립유공자공훈록』12, 1996.

국민대학교 한국학연구소 편, 『중국지역 한인 귀환과 정책』, 1-8, 역사공간, 2004.

국사편찬위원회 편, 『대한민국사자료집(UN의 한국문제 처리에 관한 미국 무부 문서)』38-44, 1998~1999.

　　　　　　　　, 『대한민국사자료집(UN한국임시위원단 관계문서)』1-7, 1987~1990.

　　　　　　　　, 『대한민국임시정부자료집』1~51, 2005-2011.

　　　　　　　　, 『북한관계사료집』62~63, 2008.

　　　　　　　　, 『자료대한민국사(1945~1950)』1-15, 1968~2002.

　　　　　　　　, 『유럽한인의 역사』상 · 하, 2012-2013.

_____, 『한국독립운동사자료』 1-5, 1968-1978.

_____, 『한민족독립운동사』 6, 1989.

국제신문사 편, 「UN조선위원단보고서」, 1949.

金承學, 『韓國獨立史』, 獨立文化社, 1966(증보판).

김국태(옮김), 『해방3년과 미국』 I, 돌베개, 1984.

김석길, 『한국민족의 당면진로』, 건국실천원양성소지도부, 1948.

김영신 편역, 『장중정총통당안 중한국관련자료 집역』, 선인, 2011.

김종범, 『해방전후의 조선진상』 2, 돌베게, 1984.

김종범 · 김동운, 『解放前後의 朝鮮眞相-獨立運動과 政黨及人物』 2, 삼중당, 1945.

낙산동지회 편, 『大韓民國 建國을 위한 政治工作隊의 活動主史』, 1994.

大韓獨立抗日鬪爭總史編纂委員會 編, 『大韓獨立抗日鬪爭總史』 上, 育志社, 1989.

대한민국임시정부선전부 편, 『대한민국임시정부에 관한 참고문헌』 1, 1946.

대한민국임시정부기념사업회, 『프랑스소재 한국독립운동자료집』 1, 2006.

독립운동사편찬위원회 편, 『독립운동사자료집』 7, 독립유공자 사업기금운 용위원회, 1973.

_____, 『독립운동사』 6, 1975.

매헌윤봉길의사기념사업회, 『매헌윤봉길전집』 1-8, 선인, 2012.

몽양여운형선생전집발간위원회, 『몽양여운형전집』 1, 한울, 1991.

백범김구선생기념사업협회 편, 『金九主席最近言論集』, 1992.

백범김구선생기념사업협회 · 백범학술원 · 백범김구기념관 편, 『백범 김구 사진자료집』, 2012.

백범김구선생전집편찬위원회 편, 『백범김구전집』 1-13, 나남, 1999.

백범사상연구소 편, 『백범어록』, 화다출판사, 1978.

백범학술원 편, 『백범 김구선생 언론집(백범학술원 총서④)』 하, 나남, 2004.

_____, 『백범 김구선생의 편지(백범학술원 총서⑤)』, 나남, 2005.

삼균학회 편, 『소앙선생문집』 상 · 하, 횃불사, 1979.

새한민보사 편집국, 『임시정부 수립대강』, 새한민보사, 1947.

서영해 번역, 김성혜 해설, 장석흥, 『어느 한국인의 삶: 서영해 한국역사소설』, 역사공간, 2019.

선인문화사 편, 『해방공간신문자료집성』, 선인문화사, 1996.

신한정의사 편, 『임시정부혁명영수이력』, 신한정의사, 1946.

엄항섭 편, 『金九主席最近言論集』, 삼일출판사, 1948.

엄항섭, 『우리 임시정부』, 1946.

오소백, 『인간 김구』, 국제문예사, 1949.

外務省 編, 『日本外交文書 · 滿洲事變』 제2권 제1책.

우남이승만문서편찬위원회 편, 『이화장소장 우남이승만문서(동문편)』 6, 중앙일보사 현대한국학연구소, 1998.

유영익 · 송병기 · 이명래 · 오영섭 편, 『이승만 동문 서한집』 상 · 중 · 하, 연세대학교 출판부, 2009.

인민평론사 역편, 「美蘇共同委員會休會經緯」, 『世界의 눈에 비친 解放朝鮮의 眞相』, 1946.

일본외무성, 『不逞團關係雜件-朝鮮人의 部-在歐米』 8-米國留學 朝鮮人에 관한 건(1926년 3월 20일)』

임명삼 옮김, 『UN조선위원단보고서』, 돌베개, 1984.

宵海 張建相先生 語錄碑 建立會, 『宵海張建相 資料集 : 愛國志士 大韓民國臨時政府 國務委員』, 牛堂, 1990.

정규현, 『임시정부수립대강』, 새한민보사, 1947.

정시우, 『독립과 좌우합작』, 삼의사, 1946.

조선총독부편, 『조선총독부통계연보』 大正 9 · 大正 11, 조선총독부, 1922.

總理各國事務衙門(臺灣近代檔案館館藏號 : 01-25-013-01-004).

최중건, 『대한민국임시정부문서집람』, 知人社, 1976.

秋憲樹 편, 『資料韓國獨立運動』 1-2, 연세대학교출판부, 1971.

統監府, 『第一次 統監府統計年報』, 1907.

_____, 『第二次 統監府統計年報』, 1909.

_____, 『第四次 統監府統計年報』, 1909.

프레데릭 불레스텍스 지음, 이향 · 김정연 옮김, 『착한 미개인 동양의 현자』, 청년사, 2001.

한국유림운동 파리장서비건립위원회, 『한국유림독립운동 파리장서략사』,

한국유림운동 파리장서비건립위원회, 1973.

한국임시정부선전위원회 편(조일문 역), 『한국독립운동문류』, 건국대출판부, 1976.

한국정신문화연구원 편, 『한국독립운동사자료집–조소앙 편(1–4)–』, 1995~1997.

_____, 『한국독립운동증언자료집』, 1986.

한시준 外, 『中國內韓國近現代關係資料』, 국사편찬위원회, 1998.

한시준 편, 『대한민국임시정부법령집』, 국가보훈처, 1999.

5) 회고록 · 전기 · 평전

김구(도진순 주해), 『백범일지』, 돌베개, 2010.

김자동, 『상하이 일기』, 두꺼비, 2012.

金俊燁 編, 『石麟 閔弼鎬 傳』, 나남, 1995.

박영준, 『한강물 다시 흐르고』, 한국독립유공자협회, 2005.

白昌燮 · 張虎崗, 『항일독립운동사』, 兒童文學社, 1987.

서산정석해간행위원회 편, 『西山 鄭錫海』, 연세대학교 출판부, 1989.

선우진(최기영 엮음), 『백범 선생과 함께한 나날들』, 푸른역사, 2009.

양우조 · 최선화(김현주 정리), 『제시의 일기』, 혜윰, 1998.

우사연구회 편, 『남북협상–김규식의 길, 김구의 길』, 한울, 2000.

정석해, 『진리와 그 주변』 1 · 2(서산 정석해 자료집), 사월의 책, 2017.

趙擎韓, 『白岡回顧錄』, 韓國宗敎協議會, 1979.

黃順朝, 『敎育의 歷程』, 黃順朝 敎育遺稿集 刊行委員會, 1986.

2. 단행본

강호신 · 김남향 · 김명순 · 서연선 · 엄홍석 · 정진주, 『파노라마 프랑스』, 경상대학교출판부, 2010.

고정휴, 『한국독립운동의 역사』 54, 독립기념관 한국독립운동사연구소, 2009.

_____ 外, 『대한민국임시정부의 현대사적 성찰』, 나남, 2010.

구태훈, 『일본 근세 · 근현대사』, 재팬리서치21, 2008.

구대열,『한국 국제관계사 연구』1, 역사비평사, 1996.

김권정,『(한국인보다 한국을 더 사랑한 미국인) 헐버트』, 독립기념관 한국
　　독립운동사연구소, 2015.

김기승,『(대한민국 임시정부의 이론가) 조소앙』, 독립기념관 한국독립운
　　동사연구소, 2015.

김문환,『프랑스 언론 : 신문, 텔레비전, 라디오의 현황과 전망』, 커뮤니
　　케이션북스, 2001.

김민정,『프랑스 언론에 나타난 한국 : 르몽드와 르피가로 기사를 중심으
　　로』, 오름, 2016.

김상환,『경상남도 3·1독립만세운동』, 경인문화사, 2011.

김원태,『재외 한인언론의 역사와 현황 기초 연구 : 미국·일본·중국·중
　　앙아시아·러시아 한인언론사 및 언론인을 중심으로』, 집문당, 2005.

김정인·이정은,『한국독립운동의 역사』19, 독립기념관 한국독립운동사
　　연구소, 2009.

김진호·박이준·박철규,『한국독립운동의 역사』20, 독립기념관 한국독
　　립운동사연구소, 2009.

김희곤,『中國關內 韓國獨立運動團體研究』, 지식산업사, 1995.

＿＿＿,『대한민국임시정부 연구』, 지식산업사, 2004.

＿＿＿,『한국독립운동의 역사』23, 독립기념관 한국독립운동사연구소,
　　2008.

도진순,『한국민족주의와 남북관계』, 서울대학교출판부, 1997.

로렌스 와일리·장 프랑수아 브리에르 지음·손주경 옮김,『프렌치 프랑스 :
　　하버드의 석학이 분석한 프랑스인들의 삶』, 고려대학교 출판부, 2007.

박영석譯,『리턴보고서』, 탐구당, 1986.

박은경,『한국 화교의 종족성』, 한국연구원, 1986.

박태순·박봉성·김설아,『프랑스의 언론 지원정책 연구』, 한국언론진흥
　　재단, 2012.

白性郁博士 頌壽記念事業委員會 編,『白性郁博士 頌壽記念 佛敎學論文
　　集』, 동국대학교, 1959.

服部聰 著,『松岡外交 : 日米開戰をめぐる國內要因と國際關係』, 東京 :

千倉書房, 2012.

부산광역시사편찬위원회, 『부산의 자연마을-제1권』, 부산광역시, 2006.

釜山商業會議所編, 『釜山要覽』, 1921.

삼일동지회, 『釜山慶南 三一運動史』, 삼일동지회, 1979.

西山鄭錫海刊行委員會編, 『西山 鄭錫海』, 연세대학교 출판부, 1989.

서중석, 『한국현대민족운동연구』, 역사비평사, 1996.

서중석, 『남북협상 김규식의 길, 김구의 길』, 한울, 2000.

손과지, 『上海韓人社會史 : 1910-1945』, 한울, 2001.

심지연, 『미소공동위원회연구』, 청계연구소, 1989.

앙리 미셸·유기성 옮김, 『세계의 파시즘』, 도서출판 청사, 1978.

오인환, 『파리의 지붕밑』, 다락원, 1979.

유신순 지음·신승하 외 옮김, 『만주사변기 중일외교사』, 고려원, 1994.

윤병석, 『3·1운동사와 대한민국 임시정부 광복선언』, 국학자료원, 2016.

Ian Birchall 저 ; 배일룡·서창현 공역, 『서유럽 사회주의의 역사』, 갈무리, 1995.

이연복, 『大韓民國臨時政府30年史』, 국학자료원, 1999.

이용철·진영종·김영옥·이상엽·김경범, 『프랑스와 유럽』, 한국방송통신대학교출판부, 2002.

이준식, 『(민족의 독립과 통합에 바친 삶) 김규식』, 독립기념관 한국독립운동사연구소, 2014.

이해창, 『한국신문사연구』, 성문각, 1971.

앤드루 고든 지음, 문현숙·김우영 옮김, 『현대 일본의 역사』 2, 이산, 2015.

정두음, 『장제스와 국민당 엘리티스트 : 1930년대 藍衣社』, 선인, 2013.

정상천, 『나폴레옹도 모르는 한·프랑스 이야기』, 국학자료원, 2013.

_____, 『파리의 독립운동가 서영해』, 산지니, 2019.

정진석, 『두 언론 대통령 이승만과 박은식 : 언론을 통한 항일·구국투쟁』, 기파랑, 2012.

주섭일, 『프랑스의 나치협력자 청산 : 드골의 과거사 정리방식과 친일파 청산』, 사회와 연대, 2004.

제임스 D.윌킨슨 著·이인호, 『知識人과 저항 : 유럽 1930~1950년』, 문학과 지성, 1984.

프레데릭 불레스텍스 지음, 이향·김정연 옮김, 『착한 미개인 동양의 현자』, 청년사, 2001.

통합유럽연구회, 『도시로 보는 유럽통합사 : 영원의 도시 로마에서 EU의 수도 브뤼셀까지』, 책과 함께, 2013.

최문형, 『일본의 만주 침략과 태평양전쟁으로 가는 길』, 지식산업사, 2013.

최연구, 『르몽드』, 살림, 2015.

최호열, 『프랑스와 프랑스인』, 어문학사, 1999.

한국언론연구원, 『세계의 신문』, 1987.

한상도, 『한국독립운동과 국제환경』, 한울, 2000.

_____, 『한국독립운동의 역사』 24, 독립기념관 한국독립운동사연구소, 2008.

한시준 外, 『대한민국의 기원, 대한민국 임시정부』, 국가보훈처·독립기념관, 2009.

_____, 『한국독립운동의 역사』 25, 독립기념관 한국독립운동사연구소, 2009.

_____, 『(민족과 국가를 위해 살다가 간 지도자) 김구』, 독립기념관 한국독립운동사연구소, 2015.

한·유럽연구회 편, 『유럽 한인사 : 프랑스와 독립을 중심으로』, 재외동포재단, 2003.

許政, 『내일을 위한 證言』, 샘터사, 1979.

3. 논문

강대민, 「宵海 張建相의 生涯와 民族獨立運動」, 『文化傳統論集』, 1993, 491~492쪽.

권기현, 「김법린의 생애와 독립운동」, 『密敎學報』 7, 위덕대학교 밀교문화연구원, 2005.

김광재, 「광복 이후 상해 仁成學校의 재개교와 변천」, 『한국근현대사연구』

제54집, 2010.

김도형, 「프랑스 최초의 한인단체 '在法韓國民會' 연구」, 『한국독립운동사 연구』 60, 2017.

김민호, 「서영해의 재불선전활동과 독립운동」, 『서강인문논총』 53, 서강대 학교 인문과학연구소, 2018.

_____, 「자료 소개」, 『한국독립운동사연구』, 독립기념관 한국독립운동사 연구소, 2019.

김상현, 「김법린, 한국불교 새 출발의 견인차」, 『한국사시민강화』 43, 일 조각, 2008.

김점숙, 「미주 한인 이민사 자료의 현황과 수집방안」, 『한국사론』 39, 국사 편찬위원회, 2003.

김정민, 「워싱턴회의와 제네바 국제연맹회의 시기 이승만의 외교활동 – 그의 신문 스크랩을 통해 본 청원 및 공공외교 –」, 연세대학교 대학원 정치학 석사학위논문, 2017.

김정인, 「임정 주화대표단의 조직과 활동」, 『역사와 현실』 24, 한국역사연 구회, 1997.

김현정, 「滿洲에서의 美·日關係-1931年 9月 – 1932年 3月, 滿洲事變 前後期間을 中心으로-」, 이화여자대학교 대학원 정치외교학과 석사학 위논문, 1990.

김행선, 「미소공동위원회 재개를 전후한 우익진영의 동향과 양면전술」, 『漢城史學』 14, 한성사학회, 2002.

김희곤, 「신한청년당의 결성과 활동」, 『한국민족운동사연구』 1, 한국민족 운동사연구회, 1986.

_____, 「대한민국 정부수립과 백범 김구」, 『백범과 민족운동 연구』 3, 백 범학술원, 2005.

김희신, 「20세기 초기 한국 화교교육의 역사와 화교사회-서울지역 화교소 학을 중심으로-」, 『中國學報』 제77집, 한국중국학회, 2016.

나애리, 「1907년 프랑스 신문에 나타난 한국과 한국인들의 이미지」, 『프 랑스문화연구』, 11, 한국프랑스문화학회, 2005.

도진순, 「1945~1946년 미국의 대한정책과 우익진영의 분화」, 『역사와 현실』7, 한국역사연구회, 1992.

_____, 「1948~49년 김구 평화통일론의 내면과 외연」, 『정신문화연구』
27, 한국학중앙연구원, 2004.

박경석, 「南京國民政府 救災行政體系의 近代的 變貌 : 國民政府救濟水災
委員會를 中心으로, 1931~1932」, 연세대학교 대학원 박사학위논
문, 2002.

박명진, 「프랑스의 지방일간지 연구」, 『언론정보연구』21, 서울대학교 언
론정보연구소, 1984.

박성창, 「디아스포라와 로컬리티의 문화적 재현 : 서영해의 프랑스어 창작
을 중심으로」, 『로컬리티 인문학』16, 부산대학교 한국민족문화연구
소, 2016.

박용규, 「일제강점기 뉴욕 한인언론의 특성과 역할 – 디아스포라적 정체
성을 중심으로」, 『한국언론학보』60, 한국언론학회, 2016.

박한용, 「일제강점기 조선 반제동맹 연구」, 고려대학교 대학원 박사학위논
문, 2012.

방선주, 「1930년대의 재미한인의 독립운동」, 『한민족독립운동사』8, 국사
편찬위원회, 1990.

서익원, 『주간한국』, 1987년 3월 8일, 「한국인이 쓴 최초의 불어판 한국
소설 파리서 발견」

_____, 『주간한국』제1159호, 1987년 3월 15일, 「최초의 佛語소설 쓴
徐嶺海는 이런 人物 – 上」

_____, 『주간한국』제1160호, 1987년 3월 22일, 「최초의 佛語소설 쓴
徐嶺海는 이런 人物 – 中」

_____, 『주간한국』제1161호, 1987년 3월 29일, 「최초의 佛語소설 쓴
徐嶺海는 이런 人物 – 下」.

서중석, 「남북협상과 백범의 민족통일노선」, 『백범과 민족운동 연구』3, 백
범학술원, 2005.

석미자, 「만주사변 이후 남경국민정부 직업 외교관의 역할 연구(1931–
1936)」, 고려대학교 대학원 박사학위논문, 2012.

설혜심, 「한국 신문에 나타난 프랑스의 이미지, 1920~1999」, 『韓國史學

史學報』33, 한국사학사학회, 2016.

孫承會, 「萬寶山事件과 중국의 언론」, 『역사문화연구』28, 한국외국어대학
　　교 역사문화연구소, 2007.

손세일, 「이승만과 김구」, 『월간조선』통권 제317호, 2006.

양지선, 「일제의 만몽정책에 대한 한중의 인식비교」, 『東洋學』66, 단국대
　　학교 동양학연구원, 2017.

오대록, 「해방 후 대한민국임시정부 연구」, 단국대학교 대학원 박사학위논
　　문, 2014.

오정숙, 「프랑스에서 한국문학의 수용과 연구 현황에 대한 분석 및 전망」,
　　『프랑스학 연구』통권 제29호, 프랑스학회, 2004.

오주현, 「프랑스 언론의 이해」, 한국외국어대학교 통역번역대학원 석사학
　　위논문, 2004.

원희복, 「수지의 뿌리 찾기 아리랑」, 『주간경향』통권 1139호, 2015.

윤선자, 「이관용의 생애와 민족운동」, 『한국근현대사연구』30, 한국근현대
　　사학회, 2004.

_____, 「1919~1922년 황기환의 유럽에서의 한국독립운동」, 『한국근현
　　대사연구』78, 2016.

윤종문, 「1920년대 프랑스의 상하이 한인 독립운동에 대한 정책과 그 성
　　격」, 『한국근현대사연구』79, 한국근현대사학회, 2016.

윤휘탁, 「萬寶山사건 전후 동북아의 민족관계와 민족모순 : 중국인의 사건
　　인식을 중심으로」, 『역사학보』제210집, 2011.

_____, 「만주사변과 식민지 조선 언론의 반응」, 『한국민족운동사연구』제
　　37집, 한국민족운동사학회, 2012.

이교덕, 「滿洲事變과 國際聯盟 : 集團安全保障體制의 한계」, 고려대학교
　　대학원 박사학위논문, 1991.

이덕주, 「3·1운동과 제암리 사건」, 『한국기독교와 역사』7, 한국기독교역
　　사연구소, 1997.

이동현, 「미소공동위원회의 쟁점과 결말」, 『한국사시민강좌』38, 일조각,
　　2006.

이신철, 「1948년 남북협상직후 통일운동세력과 김구의 노선변화에 관한

연구」, 『한국사학보』11, 고려사학회, 2001.

이 옥, 「3·1운동에 대한 불·영의 반향」, 『3·1운동 50주년 기념논문집』, 동아일보사, 1969.

이용창, 「나혜석과 최린, 파리의 자유인」, 『나혜석연구』2, 2013.

이지영, 「제암리 학살사건의 전개와 성격」, 충북대학교 교육대학원 석사학위 논문, 2008.

이준식, 「만보산 사건과 중국인의 조선인식」, 『한국사연구』156, 한국사연구회, 2012.

이홍구, 「해방 후 백범 김구의 건국실천원양성소 설립과 운영」, 단국대학교 대학원 석사학위논문, 2007.

임종권, 「역사 연구에서 매체의 의미―프랑스 저널리즘의 역사―」, 『숭실사학』21, 숭실사학회, 2008.

장석흥, 「대한민국 임시정부 주불특파위원, 서영해의 독립운동」, 『한국근현대사연구』84, 한국근현대사학회, 2018.

장세훈, 「'부산 속의 아시아', 부산 초량동 중화가의 사회생태학적 연구」, 『경제와 사회』통권 81, 비판사회학회, 2009.

전상숙, 「파리강화회의와 약소민족의 독립문제」, 『한국근현대사연구』50, 한국근현대사학회, 2009.

정병준, 「해방 후 백범 김구의 건국노선과 평화통일 활동」, 『백범과 민족운동 연구』7, 백범학술원, 2009.

_____, 「태평양전쟁기 이승만과 중경임시정부의 관계와 연대 강화」, 『이승만과 대한민국임시정부』, 2009.

_____, 「3·1운동의 기폭제 : 여운형이 크레인에게 보낸 편지 및 청원서」, 『역사비평』119, 역사비평사, 2017.

_____, 「1919년, 파리로 가는 김규식」, 『한국독립운동사연구』60, 독립기념관 한국독립운동사연구소, 2017.

_____, 「중국 관내 신한청년당과 3·1운동」, 『한국독립운동사연구』60, 독립기념관 한국독립운동사연구소, 2019.

정용대, 「趙素昻의 유럽外交活動의 硏究」, 『삼균주의연구논집』10, 삼균학회, 1988.

_____,「駐파리위원부의 유럽外交活動에 관한 硏究」,『삼균주의연구논집』 13, 삼균학회, 1993.

_____,「大韓民國臨時政府의 外交活動에 관한 硏究」,『韓民國臨時政府의 法統과 歷史的 再照明』, 국가보훈처, 1997.

_____,「대한민국임시정부의 파리강화회의 및 유럽 외교활동」,『대한민국 임시정부수립 80주년기념논문집』하, 국가보훈처, 1999.

정용욱,「미군정기 이승만의 '방미외교'와 미국의 대응」,『역사비평』, 역사 비평사, 1995.

_____,「대한민국임시정부의 환국과 백범」,『백범과 민족운동 연구』7, 백 범학술원, 2009.

정인섭,「한국과 UN, 그 관계 발전과 국제법학계의 과제」,『國際法學會論 叢』, 제58권 제3호, 2013.

조동걸,「임시정부 수립을 위한 1917년의 대동단결선언」,『삼균주의연구 논집』9, 삼균학회, 1987.

조세현,「개항기 부산의 청국조계지와 淸商들」,『동북아 문화연구』25, 2010.

조준희,「김법린의 민족의식 형성과 실천−1927년 브뤼셀 연설을 중심으 로−」,『한국불교학』53, 2009.

진형주,「1930年代 日本과 歐美列强間의 外交關係가 中·日 戰爭에 미친 影響에 關하여」, 이화여자대학교 대학원 석사학위 논문, 1985.

최선웅,「한국민주당의 美蘇共同委員會 대응방안과 활동」,『韓國史學報』 54, 2014.

최요섭,「1947∼1948년 유엔한국임시위원단의 성립과 활동」, 서울대학 교 대학원 석사학위논문, 2005.

최정원,「한·불 설화와 문학작품에 나타난 거울에 대한 고찰」, 고려대학 교 대학원 박사학위논문, 2011.

하용운,「UN韓國臨時委員團(UNTCOK)硏究 − 5·10選擧期의 役割과 性格을 中心으로 −」, 한성대학교 대학원 석사학위논문, 1992.

한시준,「대한민국임시정부와 환국」,『한국근현대사연구』25, 한국근현대 사학회, 2003.

_____, 「백범 김구의 신국가 건설론」, 『백범과 민족운동 연구』 3, 백범학
　　술원, 2005.

_____, 「대한민국임시정부와 단국대학교」, 『동양학』 47, 단국대학교 동양
　　학연구소, 2010.

_____, 「도산 안창호의 피체와 석방운동」, 『역사학보』 210, 역사학회,
　　2011.

_____, 「백범 김구의 자주독립·통일국가 건설과 세계 평화의 꿈」, 『동양
　　학』 62, 단국대학교 동양학연구원, 2016.

_____, 「중경시기 대한민국 임시정부의 외교활동」, 『한국독립운동사연구』
　　53, 독립기념관 한국독립운동사연구소, 2016.

_____, 「대한민국 임시정부와 프랑스」, 『한국근현대사연구』 77, 한국근현
　　대사학회, 2016.

홍선표, 「1920년대 유럽에서의 한국독립운동」, 『한국독립운동사연구』
　　27, 독립기념관 한국독립운동사연구소, 2006.

황상재·최진우·조용현, 「유럽의 언론과 한국 : 프랑스·영국·독일 언
　　론에 나타난 한국의 이미지」, 『유럽연구』 제30권 3호, 2012.

황인순, 「근대 프랑스어설화집의 기술 체계 연구–〈거울, 불행의 원인〉을
　　대상으로」, 『구비문학연구』 45, 한국구비문학회, 2017.

Christophe Prochasson, "Sur l'environnement intellectuel de
　　Georges Sorel : l'École des hautes études social
　　es(1899-1911)", Cahiers Georges Sorel n°3, 1985.

찾아보기

저자소개

김민호(金敏鎬)

단국대학교 역사학과를 나와 동대학원에서 석사학위와 박사학위를 받았다.

한국근현대사를 전공하고, 매헌윤봉길의사전집편찬위원회 간사와 단국대학교 강사를 역임하였다. 독립기념관 한국독립운동사연구소 연구원으로 재직하고 있다.

주요논저로는
「李範奭의 생애와 독립운동」
「한국광복군 국내지대의 결성과 활동」
「대한민국임시정부 『보병조전초안』의 편찬과 성격」
「서영해의 재불 선전활동과 독립운동」
「해방 이후 서영해의 국내 활동과 역할」 등이 있다.